福建教育学院资助出版

"福建省'十三五'中小学名师名校长培养工程丛书"编委会
（福建教育学院培养基地）

丛书主编：郭春芳
副 主 编：赵崇铁　朱　敏
编 委 会：（按姓氏笔画排序）
　　　　　于文安　杨文新　范光基　林　藩　曾广林

名校长卷

主　　编：于文安
副 主 编：简占东
编　　委：陈　曦　林文瑞　林　宇

名师卷

主　　编：林　藩
副 主 编：范光基
编　　委：陈秀鸿　唐　熙　丛　敏　柳碧莲

福建省"十三五"名师丛书

融通教学

——我的地理教学主张

戴志龙 ◎著

厦门大学出版社
XIAMEN UNIVERSITY PRESS
国家一级出版社
全国百佳图书出版单位

图书在版编目(CIP)数据

融通教学:我的地理教学主张/戴志龙著. —厦门:厦门大学出版社,2021.2
(福建省"十三五"名师丛书/郭春芳主编)
ISBN 978-7-5615-8046-2

Ⅰ.①融… Ⅱ.①戴… Ⅲ.①中学地理课—教学研究 Ⅳ.①G633.552

中国版本图书馆 CIP 数据核字(2021)第 026421 号

出 版 人	郑文礼
责任编辑	郑 丹

出版发行	厦门大学出版社
社　　址	厦门市软件园二期望海路 39 号
邮政编码	361008
总　　机	0592-2181111　0592-2181406(传真)
营销中心	0592-2184458　0592-2181365
网　　址	http://www.xmupress.com
邮　　箱	xmup@xmupress.com
印　　刷	厦门集大印刷厂

开本	720 mm×1 000 mm　1/16
印张	13.25
插页	2
字数	232 千字
版次	2021 年 2 月第 1 版
印次	2021 年 2 月第 1 次印刷
定价	58.00 元

本书如有印装质量问题请直接寄承印厂调换

厦门大学出版社
微信二维码

厦门大学出版社
微博二维码

◎ 总　序

"百年大计,教育为本;教育大计,教师为本。"教师队伍建设是教育质量提升的关键。2018年,中共中央、国务院印发《关于全面深化新时代教师队伍建设改革的意见》,吹响了新时代教师队伍建设改革的集结号,提出教师队伍建设改革的目标是"到2035年,教师综合素质、专业化水平和创新能力大幅提升,培养造就数以百万计的骨干教师、数以十万计的卓越教师、数以万计的教育家型教师"。福建省委、省政府牢记习近平总书记"福建没有理由不把教育办好"的殷切嘱托,以高度责任感、使命感,坚持教育优先发展,始终将建设一支师德高尚、业务精湛、结构合理、充满活力的高素质专业化教师队伍作为基础工作,出台了一系列政策措施,激发广大教师投身教育综合改革的积极性、主动性、创造性。福建省教育厅为打造基础教育高层次领军人才队伍,实施"强师工程"核心项目——中小学名师名校长培养工程,旨在培养一批在省内外享有盛誉的名师名校长,促进我省教育高质量发展。

"十三五"期间,福建教育事业紧紧围绕"新时代新福建"发展战略,坚定不移走以提升质量为核心的内涵发展之路,着力推动规模、质量和效益的协调发展,努力让教育改革发展成果更多地惠及民生,让人民群众有更多的获得感。2017年,省教育厅会同财政厅启动实施了"十三五"中小学名师名校长培养工程,在全省遴选培养100名名校(园)长、培训1000名名校(园)长后备人选、100名教学名师和1000名学科教学带头人。通过全方位、多元化的综合培养,造就一批师德境界高远、政治立场坚定、理论素养深厚、教学能力突出(治校能力突出)、教学风格鲜明(办学业绩卓越)、教育视野宽阔、富有开拓创新精神、在省内外有较大影响力的名师名校长,为培育闽派教育家型校长和闽派名师奠定基础,带动和引领全省中小学教师队伍建设,为推进我省基础教育优质均衡发展、办好人民满意教育,为"再上新台阶、建设新福建"提供有力的人才保障。

为扎实推进福建省"十三五"中小学名师名校长培养工程,保障实现预期培养目标,福建教育学院作为本次名师名校长培养工程的主要承担单位,自接到任务起,就精心研制培养方案,系统建构培训课程,择优组建导师团队,不断创新培养方式,努力做好服务管理,积极探索符合名师名校长成长规律的培养路径,确保名师名校长培养培训任务高质量完成,助力全省名师名校长健康成长,努力将培养工程打造成全省乃至全国基础教育高端人才培养示范性项目。

在培养过程中,我们从国家战略需求、学校发展需求和教师岗位需求出发,积极探索实践以"五个突出"为培养导向,以"四双""五化"为培养模式的基础教育高端人才培养路径。其中"五个突出":一是突出培养总目标。准确把握目标定位,所有培养工作紧紧围绕打造教育家型名师名校长而努力。二是突出培养主题任务。2017年重点搞好"基础性研修",2018年重点突出"实践性研修",2019年重点突出"个性化研修",2020年重点抓好"辐射性研修"。三是突出凝练教学主张(办学思想)。引导培养对象对自身教学实践经验(办学治校实践)进行总结、提炼、升华,用先进科学理论加以审视、反思、解析,逐步凝练形成富含思想和实践价值、具有鲜明个性的教学主张(办学思想)。四是突出培养人选的影响力与显示度。组织参加高端学术活动,参与送培送教、定点帮扶服务活动,扩大名师名校长影响。五是突出研究成果生成。坚持研训一体,力促培养人选出好成果,出高水平的成果。

"四双":一是双基地培养。以福建教育学院为主基地,联合省外高校、知名教师研修机构开展联合培养、高端研修、观摩学习。二是双导师指导。按照理论联系实际原则,为每位培养人选配备学术和实践双导师。三是双渠道交流。参加省内外及境外高端学术交流活动,积极承办高水平的教学研讨活动,了解教育前沿情况,追踪改革发展趋势。四是双岗位示范。培养人选立足本校教学岗位,同时到培训实践基地见学实践、参加送培(教)活动。

"五化"：一是体系化培养。形成"需求分析—目标确定—方案设计—组织实施—效果评估"的培养链路，提高培养专业化、精细化、科学化水平。二是高端化培养。重视搭建高端研修平台，采取组织培养人选到全国名校跟岗学习、参加国内高层次学术会议和高峰论坛、承担省级师训干训教学任务等形式，引领推动名师名校长快速成长。三是主题化培养。每次集中研修，都做到主题鲜明、内容聚焦，坚持问题导向和结果导向，努力提升培养的针对性和实效性。四是课题化培养。组织培养对象人人开展高级别课题研究，以提升理性思维、学术素养和科研水平，实现从知识传授型向研究型、从经验型向专家型的转变。五是个性化培养。坚持把凝练教学主张（办学思想）作为个性化培养的核心抓手，引导培养人选提炼形成系统的、深刻的、清晰的教育教学"个人理论"。

通过三年来的艰苦努力，名师名校长培养工作取得了显著成效，积累了丰硕成果，达到了预期目标。名校长培养人选队伍立志有为、立德高远的教育胸襟进一步树立，办学理念、政策水平和管理能力进一步提升，立功存范、立论树典的实践引领能力进一步提高，努力实现名在信念坚定、名在思想引领、名在实践创新、名在社会担当。名师培养人选坚持德育为先、育人第一的教育思想进一步树立，教书育人责任感、使命感和团队精神进一步强化，教育理论素养进一步提升，先进教育理念进一步彰显，教育教学实践和创新能力进一步增强，独特教学风格和教学主张逐步形成，教育科研和教学实践均取得了丰硕成果。一是专项研究深。围绕教学主张或教学模式出版了38部专著。二是成果级别高。84位名校长人选主持课题130项，其中国家级6项；发表CN论文239篇，其中核心16篇；53位名师培养人选主持省厅级及以上课题108项，其中国家级7项；发表CN论文261篇，其中核心81篇。三是奖项层次高。3位获2018年教育部基础教育国家级教学成果奖二等奖；15人获得2017年、2018年福建省基础教育教学成果奖，其中特等奖3位、一等奖7位、二等奖5位；1位评上国家级"万人计划"教学名师；34位培养人选评上正高级职称教师；13位获"特级教师"称号；2位获"福建省优秀教师"称号。四是辐射引领广。开设市级及以上公开课、示范课203节；开设市级及以上专题讲座696场；参加长汀帮扶等"送培下乡"活动239场次；指导培养青年骨干教师442人。

教育是心灵的沟通，灵魂的交融，思想的碰撞，人格的对话，名师名校长应该成为教育的思想者。在我省名师名校长培养对象即将完成培养期时,福建教育学院培养基地组织他们把自己的教学(办学)思想以著作的形式呈现给大家,并资助出版了"福建省'十三五'名校长丛书""福建省'十三五'名师丛书",目的就是要引领我省中小学教师进一步探究教育教学本质,引领我省中小学校长进一步探究办学治校的规律,使名师名校长培养对象成为新时代引领我省教师奋进的航标,成为办人民满意教育的先行者。结束,是下一阶段旅程的开始,希望我省名师名校长培养对象不忘立德树人初心,牢记为党育人、为国育才使命,积极投身新时代新福建建设,为福建教育高质量发展再建新功。是为序。

福建教育学院党委书记、教授、博士

郭春芳

2020 年 8 月

◎ 前 言

在习近平新时代中国特色社会主义思想指引下,我作为福建省"十三五"名师培养人选,为培育学生核心素养,总结教学改革实践经验,努力实现理论创新,在福建省教育厅、福建教育学院的悉心培养下,带着"胜利从古田出发"的信念和省教育厅领导的勉励,三年来在哲学领域、教育理念、教学实践等方面领略前沿高端的思想,提升教育理论水平和教学实践能力,不断鼓起勇气走向高峰,努力成长为一位闽派名师。

这是一段让我终身受益的幸福旅程。我不仅得到了良师益友的悉心指导,而且对教育思想有了更多更深的研读了解,在教学实践中提炼出了自己的教学主张。先进的教育教学理论是教学主张提出的依据,也为教学主张的发展和完善奠定了基础并指明了方向。教学主张,就是系统、深入地思考和回答"开展什么样的教学""为什么要开展这样的教学""怎样开展这样的教学"等一系列教学的基本问题。我作为省名师培养人选,正不断完善教学主张的内容和实践形式,逐步建构属于自己的系统的教学理论。

"融通教学——地理教学主张"具有较高的理论价值和实践意义。融通,即融合通达。"融"是教学手段与途径,"通"是教学目的。"融通教学——地理教学主张"扎根学生需求的差异,围绕学生发展这一中心,从地理学科的育人价值出发,融合适当的教学方法、教学技术、教学资源,让学生弄通地理学科思想与知识,弄通地理学科素养与技能,实现地理学科教学的目标,促进教与学的交融,从而完善地理学科的教学文化。教学主张与教育教学实践的深度融合、与思想观念及价值观的深度融合,使得教学主张更加立体鲜活,实现知行统一。

本书力图进行庖丁解牛式的剖析,将教学主张的核心要素、理论依据、基本模式、课堂操作等结构要素完整而清晰地呈现在读者面前。相信读者能从本书中找到自己所希望了解的部分。本书共五章：第一章为融通教学的界定和意义，在介绍融通教学界定的基础上，阐述融通教学体现新时代教育发展的要求、教育现代化的要求、地理学科发展的要求；第二章为融通教学的本质，介绍了融通教学的理论依据、核心要素、主要目标、基本原则、教学模式；第三章为以融通教学培育地理学科核心素养，围绕人地协调观、综合思维、区域认知、地理实践力四个方面，分别从含义与解读、突出的重点进行原理解析，从融通教学设计、融通教学实施介绍实践策划；第四章为融通教学地理课堂实施，在阐述融通教学的课堂实施策略、课堂教学过程的基础上，从讲授型地理课堂、互动型地理课堂、探究型地理课堂、实践型地理课堂、讲评型地理课堂、移动型地理课堂、在线型地理课堂等方面阐述融通教学的地理课堂类型；第五章为融通教学在地理课程的拓展，介绍融通教学在地方课程的开发、研学旅行的开展等方面的应用。

  本书是在福建教育学院林藩教授的指导下完成的。在撰写过程中，还得到福建师范大学袁书琪教授、华东师范大学单中惠教授、福建教育学院陈俊英副教授等前辈的支持和帮助，在此致以诚挚的谢意！

戴志龙
2020 年 7 月

目 录
CONTENTS

第一章　融通教学的界定和意义 ………………………………… 1
 第一节　融通教学的界定 ……………………………………… 1
 第二节　融通教学是新时代教育发展的要求 ………………… 5
 第三节　融通教学是教育现代化的要求 ……………………… 15
 第四节　融通教学是地理学科发展的要求 …………………… 20

第二章　融通教学的本质 ………………………………………… 25
 第一节　融通教学的理论依据 ………………………………… 25
 第二节　融通教学的核心要素 ………………………………… 35
 第三节　融通教学的主要目标 ………………………………… 41
 第四节　融通教学的基本原则 ………………………………… 48
 第五节　融通教学的教学模式 ………………………………… 59

第三章　以融通教学培育地理学科核心素养 …………………… 80
 第一节　融通教学培育人地协调观 …………………………… 80
 第二节　融通教学培育综合思维 ……………………………… 85
 第三节　融通教学培育区域认知 ……………………………… 93
 第四节　融通教学培育地理实践力 …………………………… 105

第四章　融通教学地理课堂实施 ·············· 112
第一节　课堂实施策略 ·············· 112
第二节　课堂教学过程 ·············· 126
第三节　融通教学地理课堂类型 ·············· 141

第五章　融通教学在地理课程的拓展 ·············· 188
第一节　地方课程的开发 ·············· 188
第二节　研学旅行的开展 ·············· 191

参考文献 ·············· 196

第一章
融通教学的界定和意义

本章介绍融通教学的界定和意义,包括四方面:第一,从融通教学的概念含义、概念释义阐述"融通教学——地理教学主张"的界定。第二,从立德树人的要求、课程改革的要求、素养培育的要求、终身学习的要求等方面阐述融通教学是新时代教育发展的要求。第三,从信息化教学环境发展的要求、"互联网＋教育"教学要素重构的要求、教学过程性评价数据化的要求等方面阐述融通教学是教育现代化的要求。第四,从地理科学发展的要求、地理课程改革的要求、地理学科核心素养培育的要求等方面阐述融通教学是地理学科发展的要求。

第一节　融通教学的界定

"融通"一词较早就出现在教育领域。1918年,时任北京大学校长的蔡元培先生提出"融通文理"教育,"融通文理"主要是指知识的"交叉"与"融合",文科知识、理科知识最终走向知识的统一。曾经有学者使用"结合""交融""会通""贯通""兼容"等词语代替"融通"[1]。

教学主张是教师在教育教学实践基础上,关于教育教学本质性问题的理性升华和概括性的认识,是教育实践活动的指导思想。教学主张具有稳定性、普遍性、思想性、独特性、应用性、引领性等特征。教师不能没有教学主张,否则教育教学是不自主的、不深刻的。笔者在教育教学实践基础上加以凝练,提出了"融通教学——地理教学主张"。

一、融通教学的含义

"融通教学——地理教学主张"扎根学生的需求差异,围绕"学生发展"这一中心,从地理学科的育人价值出发,融合适当的教学方法、教学技术、教学资源,让学生弄通地理学科思想与知识,弄通地理学科素养与技能,实现地理学科教学的目标;促进教与学的交融,从而完善地理学科的教学文化。

"融"是教学的手段与途径。教师在教学中基于教学目标,融合学生发展核心素养与地理学科核心素养,融合教学内容、教学方法与信息技术,并通过运用互联网和信息平台实现信息技术与地理教学的融合;同时将课前精当准备、课堂精心授课、课后精准辅导等环节融会贯通,在组织教学中做到目标设定要精确、内容选择要精要、解题思路要精巧、拓展体验要精致。

"通"是教学的目标。地理是一门综合思维很强的学科,需要学生运用综合思维去理解、解释和解决地理问题。教师在教学过程中采用针对性强的思维方式,具体解决地理问题的一个个关键点,引导学生逐步内化所学的知识,不断提升解决问题的能力,实现学业水平进阶;同时注意渗透地理学科的思想和方法,让学生提升自我学习能力,逐步形成正确的价值观和具备关键能力,弄通地理学科思想与知识,弄通地理学科素养与技能,成为有思想、高素质、会应用的人才[2]。

"融通教学——地理教学主张"的核心要素包括情境、场景与教学空间、问题与思维、引导与互动、练习与反馈。"融通教学——地理教学主张"的理论依托主要是建构主义理论、教学交互层次塔理论、技术—教学—学科知识(TPACK)理论框架、高中地理课程理论。"融通教学——地理教学主张"的基本原则主要包括针对性原则、发展性原则、交互性原则、拓展性原则。"融通教学——地理教学主张"的教学模式基本程序是:数据诊断—融合运用—导学诊治—通达知晓—联系迁移。

地理课程由于其跨学科特性和综合性,理应担当融通教学主张实施的示范大任。地理课程融通教学的含义,就是充分体现地理学科的综合性,融合地理课程的各个方面和各个过程,实施融通教学改革,培育学生融会贯通的地理学科素养和学生发展素养。

二、融通教学的释义

融通教学作为教学主张是对教育教学本质性问题的理性升华和概括性的认识,可以从教学过程、教学方法、教学结果等不同视角来理解。

(一)从"教学过程"的视角理解

"融通教学——地理教学主张"从"教学过程"的视角,可以理解为"由融到通"的过程。第一,融通教学是"融合课程目标,达成核心素养"的过程。《普通高中课程方案(2017年版2020年修订)》(以下简称《普通高中课程方案》)、《普通高中地理课程标准(2017年版2020年修订)》(以下简称《高中地理课程标准》)的"前言"部分明确指出,各学科基于学科本质凝练了本学科的核心素养,明确了学生学习该学科课程后应达成的正确价值观、必备品格和关键能力,对知识与技能、过程与方法、情感态度价值观三维目标进行了整合。第二,融通教学是学生"融合知与行(实践)"的过程。学生的学习经历贯通学习与应用的全过程。地理教学实践中,既要遵循知识传授的规律,倡导启发式、参与式教学,使学生们都能通过自身的独立思考,逐步认知地理学科核心素养的要求;又要遵循价值认同的规律,注重知行统一,坚持教育与生活实际、社会实践相结合,使学生们通过自身的切身体验,践行地理学科核心素养。第三,融通教学是"融合师生的教与学"的过程。融通教学的教学基本模式是"数据诊断—融合运用—导学诊治—通达知晓—联系迁移",借助在线教学工具与网络资源,围绕地理教学内容,在师生之间、师生与平台之间开展教学互动,主要环节包括课前导学、在线授课、在线练习、在线讨论、同步测试、课后专题讨论、拓展活动等。教师在地理教学的不同阶段运用"测、融、启、治、通、联"等教学策略,学生根据具体学习任务采用"练、学、思、习、辨、行"等学习策略,优化教学过程,让学生在一个贯穿整节课的情境中,经历地理思维发展的过程,使学生形成一定的地理知识结构框架,能综合地理解、解释和解决地理问题,达成教学目标。

(二)从"教学方法"的视角理解

"融通教学——地理教学主张"从"教学方法"的视角,可以理解为"以融促通"的方法,即通过怎样的教学方法、教学手段实现融通教学的目标。

第一,融通教学是"融合技术—教学—学科知识"的方法,采用"基于目标融合内容、基于场景融合技术、基于学情融合方法"的实施策略,在地理课堂教学中,通过地理教学内容与信息技术深度融合创设"问题情境",用一个或多个问题来引发学生思考,从而进入主要学习内容中;教师根据"从发现问题到解决问题"的教学思路,开展"启发—导学—诊治"式教学,实现融通教学的目标。第二,融通教学是"融合线上教学与线下教学"的方法,将数据引入智慧课堂,借助即时、动态的教学诊断分析,进行针对性教学干预。课前,通过云平台向学生推送预习检测内容,获得诊断反馈,调整教学策略;课中,利用智能化的移动学习工具和应用支撑平台进行随堂测验、即时分析,实现对学生学习效果和能力的评估,及时解决学生在课堂学习过程中遇到的问题;课后,推送分层作业,开展个性化辅导。第三,融通教学是"融合课内学习与课外学习"的方法,探索基于信息技术的新型教学模式,实施因材施教、个性化学习,适时调整教学策略与教学方法,实施精准干预,有效推动不同层次学生的发展;重视生活应用,培养学生的责任感,将课内教学与课外引导有效结合,关注生活、关注乡土资源;发挥云平台优势,指导学生开展研究性学习项目,探索服务地方发展、服务生活提质,实现融通教学的目标。

(三)从"教学结果"的视角理解

"融通教学——地理教学主张"从"教学结果"的视角,可以理解为"会融会通"的结果。第一,融通教学要求教师达到"会融会通"的教学结果。教育信息化作为重要的引擎和驱动力,已经成为影响教育现代化进程的关键环节和核心要素,教师要秉持"互联网+教育"的思想,发挥互联网、云平台的大数据作用,摆脱以技术应用为本位的思路,更新教育理念、教学模式、学习方式、评价机制等,不断推动教育信息化的融合创新[3]。教师能够融合适当的教学方法、教学技术、教学资源进行信息化教学;能够借助信息化手段打破传统终结性评价,建立形成性与终结性相结合的评价,由仅注重知识传授向更加注重能力素质培养转变;关注表现性评价,引导学生交流、感悟、内化、迁移;既关注学生学习过程,又关注学习结果。第二,融通教学要求学生达到"会融会通"的学习结果。学生通过融通教学的学习经历,实现从"学会"到"会学",逐步内化所学知识,不断提升解决问题的能力,实现学业水平进阶;能够运用贯通课堂内外的平台,拓展自主学习的途径,提升地理自主学习能力。学会"融",即学会融合应用的技能与方法,学会迁移应用;实现"通",即弄通地理学科思想与知识、提高地理学业质量水平和地理自主学习能力;能够将知识与生活实际融会贯通,实现从课内到课外、从学科到生活应用的拓展,实现核心素养的提升。

这三种理解只是认识视角有所差异,其实质是联系、统一的,即都扎根学生的需求差异,围绕"学生发展"这一中心,发挥地理学科的育人价值,促进教与学的融合,完善地理学科的教学文化;帮助学生将知识与生活实际融会贯通,提升学生自学的能力,提升在真实世界的复杂情境中解决问题的能力。

第二节　融通教学是新时代教育发展的要求

一、立德树人的要求

(一)立德树人是教育事业的根本任务

只有把握立德树人的本质内涵,才能真正回答培养什么人、怎样培养人、为谁培养人这一系列教育事业的根本问题。中华民族是世界上最重视教育的民族之一。"教"表达的是知识和技能的传授,"育"强调的是品行和德性的养成。《左传》有言:"太上有立德。"说的是把培育高尚品德作为为人在世最高价值追求。《孟子》有言:"人之所以异于禽兽者几希;庶民去之,君子存之。"说的是人和动物最根本的区别在于人有道德追求。在传统的价值观念里,不重视道德培养的教育不是成功的教育。立德与树人呈现了一个完整的教育理论体系,立德是方法,树人是目的,立德是过程,树人是成效。立德树人就是要求培养德才兼备、德智体美劳全面发展的人,是中国教育发展的必然要求[4]。

"立德树人"所立的"德",不仅仅是指道德品质和道德能力,还包括理想信念、人生价值追求和法律素养等,它是一个人的思想政治素质的综合体现,是一个人世界观、人生观、价值观、道德观、法制观的集中反映。"树人"的目标是促进人的全面发展。人的社会属性不仅意味着人必须在人与人之间的关系中具有良好品德,合乎理性地、善良地生存着,还需要具有与其智能相适应的创造性,有能力创造美好的生活、美好的社会。"立德树人"是一个社会系统工程,事关整个国家的教育生活和教育发展,不仅是学校教育的任务,社会、家庭等也应有所贡献,尤其是社会环境对学生成长的影响很大[5]。

我国教育家陶行知的老师、西方教育思想大师杜威(John Dewey)认为,教育是培养未来的合格公民。这种注重社会价值、注重生活取向的道德教育对我们的道德教育不无借鉴。杜威的道德教育从伦理学上来探讨道德的内涵,从心理学上来探讨道德个体的形成机制,从社会学上来研究道德的现实意义[6]。杜威指出,道德有三个部分:知识、感情、能力。先有知识,知道因果利害及个人与社会的关系,然后可以见诸行为。不过单有知识,而没有感情以鼓舞之,还是不行,所以,又要以感情引导他的欲望,使他爱做,不得不如此做,培养坚定的社会情感。但是,单有知识和感情还没有用,还须有实行的能力,对于知道了要做和爱做、不得不做的事体,用实行能力去对付它[7]。杜威认为德育首先应将教育的社会属性放在学校教育规划的首位",将"学科德育"理解为"通过学科教学增强学生理解和参与社会生活的能力、智慧和情感"[8]。

2018年9月10日,全国教育大会在北京召开,会议明确把立德树人融入思想道德教育、文化知识教育、社会实践教育各环节,贯穿基础教育、职业教育、高等教育各领域,学科体系、教学体系、教材体系、管理体系要围绕这个目标来设计,教师要围绕这个目标来教,学生要围绕这个目标来学。凡是不利于实现这个目标的做法都要坚决改过来。2020年10月,中共中央、国务院印发了《深化新时代教育评价改革总体方案》,明确提出要落实立德树人根本任务。

(二)融通教学符合立德树人的要求

杜威在《教育中的道德原理》中描述:"在与人类生活和自然的相互作用有关的社会生活的一切方面都与地理有关联,或者说,地理与作为社会相互作用的情景的世界有关系。因此,凡是与人对自然环境的依赖性有关,或者凡是与通过人的生活引起环境变化有关的任何事实,都会成为地理的事实","湖泊、河流、山岳和平原的最终意义不是自然的,而是社会的,是它在规定和指导人类的相互关系中所起的作用"等[9]。通过地理教育正确认识人地关系,可以唤起和加强对故乡的热爱,了解人类历史与自然环境的密切结合,了解国家间日益密切的联系[10]。

"融通教学——地理教学主张"是在地理教学实践中加以凝练的,注重在日常教学中发挥地理学科的育人功能,培育地理学科核心素养,让学生成为有思想、高素质、会应用的人才。地理学科逻辑体系中的顶级关系是人地关系,人地协调观是地理学科核心素养系统中的核心,引领着其他几个地理学科素养的培育。综合思维思路的顶层建构,往往是从人地关系及其协调来考虑的。区域认知的对象就是区域人地关系的特点及其形成机制,以及人地关系的评价和治理。地理实践力从根本上说,也就是在真实情境中发现、分析和解决地理问题的活动能力。在地理教学中,教师要大力拓展人地协调内容的广度和高度,在国家大政方针的层面上看待人地关系,真正意识到中学地理教师培养学生家国情怀的重大责任[11],培养学生树立正确的价值观念。例如,对人地关系秉持正确的人口观、资源观、环境观和发展观等。

二、课程改革的要求

(一)中华人民共和国成立以后的课程改革历程

南京师范大学项贤明教授在《基础教育课程改革如何从理念转化为行动——基于我国70年中小学课程改革历史的回顾与分析》一文中,将新中国课程改革从总体上分成"模仿和探索时期(1950—1965年)""改革开放初期(1978—1985年)"和"改革发展时期(1986年至今)"三个阶段。中小学课程改革是基础教育改革最为基本、最为核心的改革[12]。1999年国务院批转教育部《面向21世纪教育振兴行动计划》,国家基础教育课程改革相关工作逐步启动。2014年3月,教育部发布《关于全面深化课程改革落实立德树人根本任务的意见》,提出了课程改革主要任务。2014年12月,教育部启动普通高中课程方案和课程标准的修订工作。2017年12月,包括14门课程的普通高中课程方案和课程标准(2017年版)修订完成,并经国家教材委员会审查通过,由教育部印发。2018年8月,教育部发布《关于做好普通高中新课程新教材实施工作的指导意见》,2019年教育部启动义务教育课程修订工作,开始新一轮的义务教育课程改革。

(二)课程改革的教学思想

北京师范大学郭华教授在《70年:课堂教学改革之立场、思想与方法》一文中,提出新中国70年的课堂教学改革,围绕提高教学质量、处理教与学的基本关系、促进学生的全面发展而展开。课堂教学改革的立场从"大面积提高教学质量"发展为"为了每一个学生的发展";指导思想从"调动学生的积极性"向"落实学生的主体地位"转变;推进方式由"自上而下的推动"向"上下结合的多样化自主探索"拓展。开辟了一条主要以教学实验来改革课堂教学、提高教学质量的道路,确立了"学生主体"的教学思想,形成了有利于落实学生主体发展的多样综合的课堂教学结构与模式[13]。

"教师主导、学生主体"深入人心,成为共识。那么如何落实学生的主体地位?中国著名教育家叶澜教授认为"要从生命的高度来看待教学,让课堂充满生命的活力"[14]。教学认识论认为:确立学生的主体地位,必须从根本上把教学活动看作是"学生个体"的认识活动,揭示教学中学生个体与人类认识总体相比在认识内容、方式、路径和机制方面的特殊性,正确认识教师与学生在教学活动中的地位、作用及其相互关系[15]。教师的作用,是将人类认识成果转化为学生个体能够自主操作的对象,帮助学生简约地"亲历"人类发现与建构知识的典型关键环节,使教学过程成为学生个体主动"发现"和探索的认识过程。在这样的教学活动中,学生是教学的主体[16]。正如杜威指出,"让学校的功课麻木,让儿童们躲避它,无非是由于缺乏有控制力的动机,缺乏一个保证某种意义的目标,在他们这一方缺乏问题。我要重申:当这种对目的和目标的保证能被带进所有学校的时候,我们就会拥有教育的新生,我们就会在课堂上拥有新生命"[17]。因此,教学中要培养学生的问题意识,让学生善于发现问题、思考问题,找到解决问题的方法。

(三)融通教学符合课程改革的要求

基础教育课程承载着党的教育方针和教育思想,规定了教育目标和教育内容,是国家意志在教育领域的直接体现,在立德树人中发挥着关键作用。地理教育工作者在前期高中课程改革实践的基础上,不断总结提炼并继承已有经验和成功做法,在继承中前行,在改革中完善,使地理课程体系充满活力[18]。

当前,在立德树人和落实社会主义核心价值观等教育思想的引领和指导下,基础教育已经进入了全面提高质量的内涵式发展新阶段——培育和发展学生的核心素养。在深化地理课程改革的过程中,"融通教学——地理教学主张"着眼于"促进人的全面发展",注重理论联系实践,既深入贯彻学生发展核心素养的内涵要求,又高度关注地理学科和不同学段的突出特点;关注信息化环境下的教学改革,关注学生个性化、多样化的学习和发展需求,促进人才培养模式的转变,对地理课程改革进行了有益探索。

"融通教学——地理教学主张"是在地理教学实践中加以凝练的,着眼点是"促进学生的全面发展",落脚点是地理学科教学的研究与实践,对搭建课内外教学组织模式、整合优化地理教学内容、优化地理教学方法、设计符合认知规律的活动方案、促进师生共同发展等方面进行有益的探索。具体表现在:

第一,搭建课内、课外教学组织模式。在教学实践研究的基础上,融通教学以理论扩展、实践扩展、技术扩展三维视角为出发点,构建了地理教学课内、课外课程组织模式,开展基于网络平台的线上、线下学习,采用现代地理信息技术、网络信息技术,展开自主阅读、课外实践、研讨探究、地理实验等活动,克服传统教学组织模式存在的课堂时空局限,最大程度发挥教学资料信息的学习效益。

第二,整合优化教学内容。教学内容体系是学科教育目标的具体化和依托,直接决定着学生以何种形式的学习过程构建怎样的学科知识结构、领悟什么样的学科价值,对提高教学水平、落实课程标准、践行学科素养培育起着极其重要的作用。融通教学在《高中地理课程标准》的指导下,明确地理课程培养目标,从学科内容整合的角度,采用专题化、模块化等方式优化、整合教学内容。

第三,优化教学方法。教学方法的改革借鉴学科前沿思想,把科学研究和技术应用的新成果与学生学习过程紧密结合,并通过实践互动、师生互动、测试评价等教学环节优化教学方法,培养学生地理学科思想、学科思维等,锻炼学生发现问题、解决问题的能力。融通教学以丰富的地理实践活动打造"从学科教学走向学科教育",培养地理学科核心素养;注重学生个性化培养,让学生从多样化视角看问题,构建属于学生自己的"地理世界",培育学生通过思考表达个性化的地理思维。

第四,设计符合认知规律的活动方案。融通教学为学生设计符合认知规律的活动方案,提供个性化的地理课程,凸显以学生为本的课程理念,注重教学与实践融合,实现课程的结构性创新,具体表现为实践活动课程、专题化课程的设计使得知识内容被整合优化,提高了教学效率。这是课程体系、课程内容、教学方法的深度改革创新和具体化,为地理教学提供了一种全新的视角,具有教学实践的应用价值。

第五,促进师生共同发展。师生共同进行符合教育规律的地理课程教学活动,培养了师生的创新精神和实践能力。融通教学不仅满足学生学习需求、赋予学生选择学习方式的权利,还使教师团队通过课程研发与实施,实现了知识传授、学生地理学科核心素养培育等目标,进而实现了教师专业成长。

三、素养培育的要求

(一)学生发展核心素养

21世纪以来,核心素养的研究引起了许多国家和国际性组织的重视,经济合作与发展组织(OECD)率先提出了"核心素养"的结构模型(如图1-1所示)。

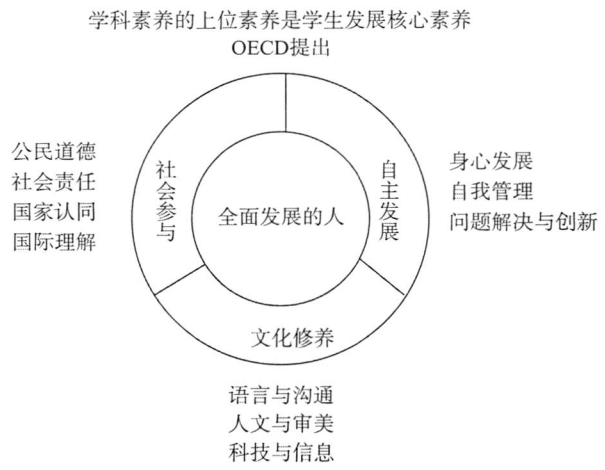

图1-1 "核心素养"的结构模型

随后,许多国际组织、国家纷纷启动以"核心素养"为基础的教育目标体系研究(见表 1-1),并在此基础上进行课程改革,以期全面提升教育质量。

表 1-1 部分国际组织、国家以"核心素养"为基础的教育目标体系研究

层次		内容					
		经济合作与发展组织(OECD)	联合国教育科学文化组织	欧洲联盟	美国	日本	新加坡
文化修养（使用工具互动）	语言与沟通	互动使用语言、符号与文本的能力	文字沟通；数字与数学	母语交流；外语交流；数学素养	交流沟通与合作	语言技能；数量关系技能	—
	人文与审美	互动使用知识与信息的能力	文化艺术	文化意识与表达	—	—	—
	科技与信息	互动使用科技的能力	科学与技术	数字化素养；科技素养	信息素养；媒体素养；通信技术素养	信息技能	信息与沟通
自主发展（自主行动）	身心发展	在复杂大环境中行动的能力	身体健康	—	灵活性与适应性	适应力	适应力；自我决策
	自我管理	设计人生规划与个人计划的能力	—	主动与创新意识	主动性与自我导向；健康素养；理财素养	自律	自我意识；自我管理
	问题解决与创新	维护权利、利益、限制与需求的能力；反思	学习方式与认知	学会学习	创造与创新；批判思维与问题解决	发现与解决问题能力；创造力；逻辑思维能力；批判思维能力；元认知	批判与创造性思考

续表

层次		内容					
		经济合作与发展组织（OECD）	联合国教育科学文化组织	欧洲联盟	美国	日本	新加坡
社会参与（在异质群体中进行互动）	公民道德	与他人建立良好关系的能力	社会情绪	社交和公民素养	社会与跨文化素养；公民素养；创作与责任	建立人际关系能力	尊重、关怀社会性意识；人际关系
	社会责任	合作能力				社会参与	正义、责任；公民素养
	国家认同	管理与解决冲突的能力			领导与负责	—	和谐
	国际理解				全球意识；环保素养	可持续发展	全球意识；跨文化素养

（二）中国学生发展核心素养

中国学生发展核心素养以培养"全面发展的人"为核心，分为文化基础、自主发展、社会参与三个方面，综合表现为人文底蕴、科学精神、学会学习、健康生活、责任担当、实践创新等六大素养，具体细化为国家认同等18个基本要点（如图1-2所示）。各素养之间相互联系、相互补充、相互促进，在不同情境中整体发挥作用。核心素养是党的教育方针的具体化，是连接宏观教育理念、培养目标与具体教育教学实践的中间环节。党的教育方针通过核心素养这一桥梁，可以转化为教育教学实践可用的、教育工作者易于理解的具体要求，明确学生应具备的必备品格和关键能力，从中观层面深入回答"立什么德、树什么人"的根本问题，引领课程改革和育人模式变革。地理课程对培育学生发展核心素养独具优势，地理教学特别要融合"国家认同""国际理解""信息意识""人文情怀"等素养的培育。

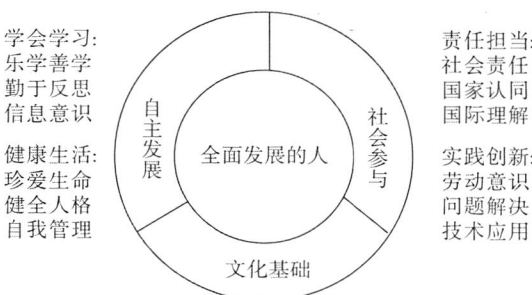

图 1-2　中国学生发展核心素养

(三)《关于深化教育体制机制改革的意见》的要求

2017年中共中央办公厅、国务院办公厅印发《关于深化教育体制机制改革的意见》,要求在培养学生基础知识和基本技能的过程中,强化学生关键能力培养;培养认知能力,引导学生具备独立思考、逻辑推理、信息加工、学会学习、语言表达和文字写作的素养,养成终身学习的意识和能力;培养合作能力,引导学生学会自我管理,学会与他人合作,学会过集体生活,学会处理好个人与社会的关系,遵守、履行道德准则和行为规范;培养创新能力,激发学生好奇心、想象力和创新思维,养成创新人格,鼓励学生勇于探索、大胆尝试、创新创造;培养职业能力,引导学生适应社会需求,树立爱岗敬业、精益求精的职业精神,践行知行合一,积极动手实践和解决实际问题。

(四)融通教学促进学科核心素养的提升

"融通教学——地理教学主张"围绕"让学生发展,成为有思想、高素质、会应用的人才"这一中心,在实践中不断探索如何培育学生核心素养,提升学生的学科核心素养。从地理学科的育人价值出发,融合适当的教学方法、教学技术、教学资源,让学生弄通地理学科思想与知识,弄通地理学科素养与技能。在教学实践中,形成以地理学科核心素养为导向的教学取向,即根据地理学科核心素养的特点,贯彻"以学生为本"的课程理念,以学生为中心,以地理课程标准为依据,根据学生年龄特征与生活经验,依据教材主题,用学科思维整合相关学习内容,通过融合教学内容和教学方法,采取恰当的教学策略,科学设计地理教学过程,引导学生通过自主、合作、探究等学习方式,在自然、社会等真实情境中开展丰富多样的地理实践活动[18];倡导新颖的教学方式,如问题式教学等;努力创新适合培育学生地理学科核心素养的学习方式;在教学活动过程中,要更加关注地理学科思想、地理思维方式的培养[19]。通过地理学科核心素养的培育,促进学生发展核心素养的全面提升,实现立德树人的根本目标。

四、终身学习的要求

由联合国教科文组织1996年出版、欧洲委员会前主席雅克·德洛尔(Jacques Delors)任主席的国际21世纪教育委员会向联合国教科文组织提交的报告——《教育:财富蕴藏其中》(原译为《学习:内在的财富》),提出了21世纪教育的整体愿景。就像联合国教科文组织1972年出版的《学会做人:教育世界的今天和明天》一样,《教育:财富蕴藏其中》被普遍认为是世界教育和学习思想领域具有里程碑式意义的文献。报告重申并拓展了《学会做人:教育世界的今天和明天》中提到的"终身学习"理念,以终身学习模式为背景,报告建立在教育和生活的四大支柱基础上,即学会认知、学会做事、学会共同生活、学会生存[20]。

所谓学会认知,是培养学会学习的能力,更多是为了掌握认识的手段,而不是获得经过分类的系统化知识的本身。由于信息及知识的累积速度加快,而其学习内容往往又转瞬即逝,教育单传授知识技能是行不通的。现在的学习能力不同以往,更强调学会学习、思考及创造,教育者本身也面临挑战与继续学习的需要。因此,"认知"将是一个在认识和实践之间无数次反复、不断完成而又重新开始的过程。

学会做事是指获得一种能力,能够应付各种情况,同时也是个人的素质(交往能力、与他人共事的能力、管理和解决冲突的能力等)所具有的知识以及实际本领结合在一起所形成的。新时代,将从学会掌握某种职业的实际技能转向注重培养适应世界变化的综合能力(个人素质),包含劳动技能以外的合作精神、创新精神、冒险精神、交往能力,这些精神与能力更多地要从工作实践和人际交往中去培养。

学会共同生活是要学会与他人一起生活。培养学生能够应付与他人、与群体、与民族之间出现"紧张关系的能力"。教育应当促进每个人的全面发展,即身心、智力、敏感性、审美意识、个人责任感、精神价值等方面的发展。人际关系不仅仅是个人发展的重要方面,而且是衡量个人发展的尺度。学会共处,还体现在学会平等对话、互相交流、互相尊重。教育需要的手段之一是对话、交流、讨论。

学会生存或学会做人是要充分发展每个人的人格,要求人人都有较强的"自立能力和判断能力",并加强人们在实现集体命运过程中的个人责任感,能够根据社会和自身的双重要求,确立人生坐标。此提法与"立德树人"所倡导的"树人"的目标是接近的,希望促进人的全面发展。人的社会属性不仅意味着人必须在人与人之间的关系中具有良好品德,合乎理性地善良生存,还需要具有与其智能相适应的创造性,有能力创造美好的生活、美好的社会[21]。

"融通教学——地理教学主张"重视培养学生终身学习能力,借助信息技术培养学生自我教育的意识和能力,注重"基于问题"的学习,培养学生发现未知、创造性地解决问题的能力。重视学生小组合作、交流互动的学习方式,培养学生的交往能力、与他人共事的能力、管理和解决冲突的能力等。倡导学生的平等意识,鼓励学生在交往、互动、共享的过程中,相互了解、相互帮助,共同完成对知识的积极建构。

第三节 融通教学是教育现代化的要求

一、信息化教学环境发展的要求

信息技术深刻地改变了各行各业对劳动者知识、能力、素养的要求,工业时代建立起来的教育体系已不能适应信息时代的人才培养要求。信息化教学环境已经影响到教什么和怎么教。在信息时代,借助信息技术对教育进行变革是信息时代对教育的诉求。技术能够对当前教学环境进行拓展,并已超越了单为教师提供讲解和展示需要的媒体,发展为表达、互动、交流、模拟、探究、评价的工具[22]。

国内外在提升信息化教学环境方面开展了许多工作。中国十分重视教育信息化环境建设工作。2012年教育部等九部委联合出台了推广"三通两平台"工程的文件;2015年教育部发布《关于"十三五"期间全面深入推进教育信息化工作的指导意见》;2017年以来,教育部连续多年印发"教育信息化工作要点"。目前,主要的教育云平台有国家教育资源公共服务平台、各省级教育资源公共服务平台以及各地各校运用其他工具开发的平台。许多国家和地区都很重视信息化教学环境的建设。例如,美国提出"个性化云",开展教育云计算项目。该项目通过云计算技术,多所学校间实现了互联互通,学生可以根据各自的不同情况为自己设定不同的学习路径。既可以选择本校的课程,也可以选择其他学校的课程。新加坡提出实施智慧教育计划,目标是提供一个延伸至课堂以外的以学习者为中心的交互式学习环境,主要包括三部分:一是为学习者提供随时随地的学习机会;二是为学习者提供交互式数字学习资源,激发学生进行独立的、个性化学习;三是通过整合各类应用程序和信息技术,为学习者提供交互式智能学习,促进师生合作学习,提高学生的学习效果。

  随着信息技术的发展,建设网络强国、数字中国、智慧社会已经提升为国家战略思想。让教育信息化促进教育公平和均衡发展,使每个人共享优质教育资源成为迫切任务。在这个过程中,融通教学生逢其时,提出在教学中融合学生发展核心素养与地理学科核心素养,融合教学内容、教学方法与信息技术,重视云平台学习这种网络在线学习模式,不仅为中学生提供个性化的开放式学习服务,也为教师提供了灵活的教学空间。针对一些中学生在课外用手机娱乐多于学习的现象,融通教学着力开发吸引学生的在线地理教学资源,让学生在课外将碎片的时间充分利用起来,既可以"趋利避害",又可以有效拓宽中学生课外学习的途径,增强学生的学习兴趣,使他们获得与常规教学不同的知识体验。在教学实践中,融通教学依托福建省教育资源公共服务平台,结合钉钉软件平台、问卷星、智学网等平台,按教学章节内容使教学资源系列化,重点建设初中地理、高中地理的导学案、微课资源、交互式练习、课件资源。同时,按照学生自学、听讲、探究、体验、问题解决这五种在线学习方式进行分类,规划在线地理教学资源,主要包括诊断支持类教学资源、导航支持类教学资源、交互支持类教学资源、认知性支持类教学资源和评价反馈支持类教学资源,使地理教学资源专题化、模块化。

  融通教学不仅开发基于信息化教学环境的中学地理教学资源、开展日常性的信息化教学,还站在教学理念的高度,以更广阔的视野对日新月异的信息化教学环境下的地理教学进行整体思考,包括教学资源开发建设、教学模式构建、教学策略运用、教学交互、教学资源的共建共享、社会实践的延伸应用等问题,体现了信息化时代的教学要求。地理信息技术既是地理课程的学习内容,又是学习地理及其他课程的工具,信息化环境中地理融通教学更显得必要。

二、"互联网+教育"教学要素重构的要求

教育部在研究人工智能助推教师队伍建设文件时,组织专家研究"互联网+教育"的本质和内涵,提出推进"互联网+教育"的目的就是推动教育信息化的融合创新,达成体系变革。为此,必须彻底摆脱以技术应用为本位的发展思路,以促进教育创新作为出发点和落脚点。这种创新,虽然是基于技术的原始创新和集成创新,但更为重要的是教育理念、教学模式、学习方式、评价机制、管理体制的创新。只有这样,才能不断推动信息技术在与教育的融合中展现出变革教育的力量[3]。

教育信息化作为重要的引擎和驱动力,已经成为影响教育现代化进程的关键环节和核心要素,要抓住时机加快发展"互联网+教育",推进教育深层次、系统性变革;运用"互联网+教育"构建未来教育新生态,利用信息技术为教师、学生、课堂、学校等全面赋能。"互联网+教育"正在触发教育教学模式变革。人才培养目标的转变亟须课程教学内容体系重构,重视创新思维和协作能力培养的内容将得到加强,推行跨学科内容整合成为必然趋势。信息技术的发展能支持形成更加智能化、个性化的教学环境,为学生提供更加个性化、定制化的学习方案,长期困扰教育教学的规模化与个性化的矛盾将得以有效解决。"互联网+教育"全面推动教育评价方式创新。融合了智能技术的教育系统将实现对教与学全过程的跟踪监测和无感式、伴随性的数据采集,实现基于大数据的多维度综合性智能化评价。通过对学生情感、态度、思维和行为等方面表现的综合分析,使教学评价更加全面、立体和多元;通过建立教学质量监测系统,开发智能化评价工具,让老师、家长、同学等更多主体介入评价过程,有利于保障评价结果的科学性和有效性[3]。

"融通教学——地理教学主张"体现了"互联网+教育"对教学要素的全面重构。融通教学的核心要素包括:情境、场景与教学空间,问题与思维,引导与互动,练习与反馈。其中,创设有价值的情境、场景与教学空间是践行融通教学的前提;生成有价值的问题、促进学生独立思考是践行融

通教学的基础；教师的正确引导和师生间的互动是践行融通教学的核心；必要的练习和及时反馈是践行融通教学的关键。

"融通教学——地理教学主张"基于"互联网＋教育"的思想创设有价值的情境、场景与教学空间，融合线上线下教学资源，创新服务供给模式，在课内外提供丰富的地理教学教育资源。在教学实践中，融通教学根据需要选择在线工具，结合平台资源适时开展在线同步教学、在线异步教学；根据平台分层推送的功能，开展"分层推送，精准指导"，给不同学生推送不同的学习任务和作业。融通教学重视交互性练习的开发以及在线同步教学、在线异步教学的差异化训练，通过平台交流功能，开展针对性的辅导，实现学生个性化学习。

"融通教学——地理教学"主张基于"互联网＋教育"的思想在课堂生成有价值的问题、促进学生独立思维。在地理课堂教学中，通过地理教学内容与信息技术深度融合创设问题情境，用一个或多个问题来引起学生思考，进入主要学习内容中；教师根据从发现问题到解决问题的教学思路，开展"启发—导学—诊治"式教学；通过融合信息技术、教学方法、地理教学内容，借助在线教学工具与网络资源，围绕地理教学内容，在师生之间、师生与平台之间开展教学互动，主要环节包括课前导学、在线授课、在线练习、在线讨论、同步测试、课后专题讨论、拓展活动等。在实施过程中，教师起主导作用，要设计教学环节的在线形式，要选择教学活动的在线平台，要对教学内容进行处理整合。为达到良好的教学效果，教师需要运用合适的教学策略，例如，在不同阶段采用"测、融、启、治、通、联"等教学策略；需要指导学生运用不同的学习策略，例如，根据具体学习任务采用"练、学、思、习、辨、行"等学习策略。"问题的解决过程"让学生在一个贯穿整节课的情境中，经历地理思维发展的过程，使学生形成一定的地理知识结构框架，能综合地理解、解释和解决地理问题。

三、教学过程性评价数据化的要求

教学过程性评价数据化是指学生在课堂中所表现出的各种反映他们在自然状态下的细微而又真实的行为具有隐形的特点，往往难以察觉；此时，信息化工具的介入可以实现学生过程性的学习信息记录和整合，并且能够最大限度地保留这些数据，帮助教师对学生进行更科学的评价。这是将大数据的理念和方法应用于教育的一个表现[23]。

传统课堂往往存在学生主体作用发挥不足,教学互动性不足,课堂分层教学展开不充分、针对性不强,学习评价机制单一等问题。究其原因,主要是学生学业反馈不及时,评价指导滞后。信息技术发挥的作用越来越大,不仅使得人们对知识的学习越来越方便和个性化,而且重塑了学习边界,学习不再以物理空间为划分依据;技术催生出更广阔、更开放的数字化虚拟学习空间,便于开展课堂练习与反馈;学生的学习行为、学习状态、学习结果等信息成为可捕捉、可量化、可传递的数字信息,并且由信息化系统自动完成,不仅记录的过程更容易,而且记录的内容更系统、更全面。

"融通教学——地理教学主张"力求将数据引入智慧课堂,借助即时、动态的教学诊断分析,进行针对性教学干预,达到让学生弄通学科思想与知识、学科素养与技能的教学目的。教学实践中,通过云平台系统记录、分析学生的学习行为数据,从知识点的掌握程度、教学资源使用情况、练习完成情况等,在课前、课中、课后开展教学过程数据化评价。课前,教师通过云平台向学生推送预习检测内容,获得诊断反馈,准确掌握来自学生的第一手学情资料;根据教学目标和学情,调整教学策略,修改教学设计方案;针对学生存在的学习问题,布置学生课前讨论,提出小组意见。课中,教师及时解决学生在课堂学习过程中遇到的问题:一是根据预习反馈,组织小组讨论,展示讨论成果,教师再进行小结;二是利用智能化的移动学习工具和应用支撑平台,在课中进行随堂测验、即时分析,实现对学生学习效果和能力的评估,制定个性化辅导策略;三是练习巩固环节,开展人机互动、师生互动、生生互动等多样化互动交流,对薄弱知识点进行练习巩固、补充讲解。课后,在课前预习测评分析、课中随堂测验即时分析等数据的支撑下,实现学生学习效果的可视化,便于教师有针对性地推送分层作业给学生,开展个性化辅导。同时,教师根据学生意见反馈,改进、优化教学资源。

"融通教学——地理教学主张"围绕"学生发展"这一核心,探索基于信息技术的新型教学模式,实施因材施教、个性化学习;借助信息化手段打破传统终结性评价,建立形成性与终结性相结合的评价,由仅注重知识传授向更加注重能力素质培养转变;关注表现性评价,引导学生交流、感悟、内化、迁移;既关注学生学习过程,又关注学习结果,发挥评价对学生的激励作用,让学生在发现自我闪光点和进步的基础上获得更多的感触体验,更好地激发学生学习的积极性与创造力。在地理课堂运用云平台大数据作为支撑,实现学生答题情况、反馈信息的可视化呈现,适时调整教学策略与教学方法,实施精准干预,有效推动不同层次学生的发展。

第四节　融通教学是地理学科发展的要求

一、地理学科发展的要求

地理学的研究对象、学科性质、应用领域都有独特性和其他学科不可替代的价值。

地理学作为一门古老的知识门类,早在我国春秋战国时期和古希腊时期,就有关于地球形状大小、海陆分布、气候带的推测和山川、民族、物产等方面的记述[24]。地理作为学科至今已经历过古代、近代与现代三个发展阶段,形成复杂的科学体系。地理学作为拓展知识疆界而进行的广泛的、创造性的探索研究的一部分,对科学做出了巨大贡献。地理学的发展在很大程度上归功于地理学者的孜孜以求。徐霞客是我国古代著名地理学家,北京大学于希贤教授认为:徐霞客一生所追求的就是人与大自然的和谐共处,他把山形水势、晴空阴云情趣化、拟人化、性格化,体现了对大自然的热爱。《徐霞客游记》很好地说明了中国传统科学是一种活的科学,不仅将人纳入景观宇宙之中,而且在生存危机中关注对自身生活方式的调节,以适应自然环境,达到大自然与人类社会的协调发展[25]。

现代地理学以地理信息技术、遥感技术、卫星定位技术为手段,研究的对象涉及人类活动与地球环境的各个圈层,成为一门研究地球表层自然要素与人文要素相互作用及其时空变化规律的科学,具有跨越自然科学与社会科学的性质。地理学具有鲜明的区域性、综合性和实践性特点,对解决当前世界性的人口、资源、环境与可持续发展问题具有重要作用[26]。

《高中地理课程标准》指出,地理学是研究地理环境以及人类活动与地理环境关系的科学,具有综合性和区域性等特点。地理学兼有自然科学和社会科学的性质,在现代科学体系中占有重要地位,对于解决当代人口、资源、环境和发展问题,建设美丽中国,维护全球生态安全具有重要作用[18]。

地理教育工作者要提高自己的理解视野,深刻认识地理学。地理学的理论和方法,在许多领域得到重视和应用,比如城乡规划、区域经济学、社会学、流行病学、人类学、生态学和环境科学等领域,都广泛应用着地理学的视角,比如应用空间与尺度等地理学概念。地理学的影响已超出其专业从业者范围。

二、地理课程改革的要求

《高中地理课程标准》指出,地理课程是一门基础学科课程,其内容反映地理学的本质,体现地理学的基本思想和方法。地理课程旨在使学生具备人地协调观、综合思维、区域认知、地理实践力等地理学科核心素养,学会从地理视角认识和欣赏自然与人文环境,懂得人与自然和谐共生的道理,提高生活品位和精神境界,为培养德智体美全面发展的社会主义建设者和接班人奠定基础[18]。

德国地理学家阿尔夫雷德·赫特纳(Alfred Hettner)关于地理学的教育价值,从三个方面加以概括:一是地理知识对生活的价值,整个实际生活都是建立在地理知识之上;二是培养能力的价值,地理教育必须超出事实理解而去认识因果联系,从而促进归纳、推理能力的形成;三是品德价值,通过地理教育唤起和加强对故乡的热爱,了解人类历史与自然环境的密切结合,了解国家间联系的日益密切[10]。《地理教育国际宪章》是这样概括地理教育价值的:地理教育为今日和未来世界培养活跃而负责的公民所必需。这就要求地理教学不仅承担着培养学生具有一定的地理知识素养和掌握地理基本技能,还承担着培养学生兴趣、良好的情感意志和科学精神的任务。例如,宽大的胸襟、对广袤山川特有的情感和对地理学习独到的兴趣,"尊重自然""只有一个地球"等科学的人地观、环境观、资源观、可持续发展观,以及全球意识、国际意识、道德意识、法制意识等[27]。

福建师范大学袁书琪教授指出,地理教育工作者要做新时代的地理人。地理课程不能只是复制—复现式的教学[28]。俗话说"要给学生一碗水,教师得有一桶水",从地理教师的专业素养出发,教师拥有更广博的学科背景知识,更宽广的学科视野,更清晰的学科发展脉络,才能实现培养目标。地理教师不能只满足于旧有的地理学科知识,而应该多理解地理学目前的一些研究主题以及趋势,多利用现代地理学者的研究成果指导学科教学,与时俱进,培养未来的建设人才[24]。

三、地理学科核心素养培育的要求

中国学生发展核心素养是党的教育方针的具体化、细化，是学科育人价值的集中体现，是学生通过学科学习而逐步形成的正确价值观念、必备品格和关键能力[18]。华东师范大学段玉山教授指出，我国地理课程的发展历史，经历了从"双基"到"三维目标"再到"核心素养"的发展历程。地理学科核心素养是在特定情境下综合应用地理知识、技能和态度解决问题的必备品格和关键能力，它是知识与技能、过程与方法、情感态度与价值观合为一体的整体表现。它描述了学生进行地理学习后应该具备的必备品格和关键能力，而能力主要包括知识与技能，品格包括情感态度与价值观。地理学科核心素养的提出，既展现了地理学科对人的核心素养发展的独特贡献与作用，又体现了地理学科独特的育人价值，从而促进地理教育在实现人的全面发展方面的学科价值回归[29]。

地理学科核心素养主要包括人地协调观、综合思维、区域认知和地理实践力（如图 1-3 所示），人地协调观是地理课程最为核心的价值观，蕴含着学科发展史、各种地理观念与地理思想，如人口观、资源观、环境观和可持续发展思想。这些地理观念与思想，不仅是学生观察社会、思考人生的保证，也是形成正确地理价值观、地理意识与地理品质的保障。综合思维与区域认知是学生分析、理解自然地理过程与规律、人地关系地域系统的重要思想和方法。地理综合思维能力包括推理与判断、比较与分析、信息获

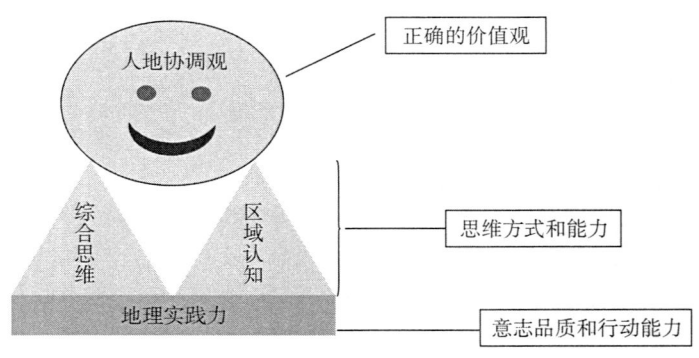

图 1-3　地理学科核心素养的构成

取与筛选、论证与探究等；区域认知侧重时空视角、地理眼光，主要是对区域要素类别、特征及其关系的认知能力。地理实践力指具备的意志品质和行动能力。地理课程有很强的实践性，地理实践包括学生实践体验和社会参与，具体是指地理考察、观察、观测、绘图、调查、模拟、实验等各种地理体验性活动。

地理学科核心素养与《关于深化教育体制机制改革的意见》、中国学生发展核心素养、经济合作与发展组织（OECD）提出的学生发展核心素养之间有着密切联系，可以基于中国学生发展核心素养建立素养对照表（见表1-2）进行分析。

关于核心素养与学科素养的联系，华东师范大学钟启泉教授指出，核心素养为我们提供了学校课程发展的思想武器。一方面，它为我们荡涤应试教育的污泥浊水提供了有力的理论支撑；另一方面，又为我们寻求新时代学校课程的创造性实践提供了清晰的指引。核心素养作为学校课程的灵魂，有助于学科固有的本质特征以及学科素养的提炼，有助于学科边界的软化以及学科群或跨学科的勾连，有助于学科教育学的重建；也可能为一线教师整体地把握学校课程、打破分科主义、消解碎片化的以知识点为中心的灌输，提供视野和机会[30]。

表1-2 基于中国学生发展核心素养的素养对照表

层次		内容			
		中国学生发展核心素养	《关于深化教育体制机制改革的意见》	学生发展核心素养（OECD提出的）	高中地理课程标准（2017年版2020年修订）
文化基础	人文底蕴	人文积淀	加强美育	人文与审美	欣赏自然、人文环境；美丽中国；生活品位
		人文情怀			
		审美情趣			
	科学精神	理性思维	独立思考逻辑推理	问题解决与创新	综合思维
		批判质疑			
		勇于探究	勇于探索		区域认知

续表

层次		内容			
		中国学生发展核心素养	《关于深化教育体制机制改革的意见》	学生发展核心素养（OECD 提出的）	高中地理课程标准（2017 年版 2020年修订）
自主发展	学会学习	乐学善学	学会学习；语言表达和文字写作	语言与沟通	兴趣爱好；专题地图
		勤于反思			
		信息意识	信息加工	科技与信息	地理信息技术
	健康生活	珍爱生命	身心健康：加强体育和心理健康教育	身心发展	学业发展
		健全人格			
		自我管理	合作能力：自我管理；与他人合作；过集体生活	自我管理	
社会参与	责任担当	社会责任	社会参与责任担当：处理好个人与社会关系；道德准则和行为规范	社会责任；公民道德	全球生态；人地协调观
		国家认同	国防教育	国家认同	家国情怀；世界眼光；国家安全；国家版图
		国际理解		国际理解	
	实践创新	劳动意识	职业能力：精益求精的职业精神；劳动教育	科技与信息	职业倾向
		问题解决	创新能力：好奇心；想象力；创新创造；动手实践解决实际问题		地理实践力；解决实际问题
		技术应用		问题解决与创新	地理工具

第二章

融通教学的本质

本章介绍融通教学的本质,包括五方面内容:第一,从建构主义理论、教学交互层次塔理论、技术—教学—学科知识(TPACK)理论框架、高中地理课程理论等方面阐述"融通教学——地理教学主张"的理论依据;第二,融通教学的核心要素包括情境、场景与教学空间,问题与思维,引导与互动,练习与反馈;第三,介绍融通教学的主要目标,即培育地理学科思想和素养、提高地理学业质量水平、培养地理自主学习能力;第四,介绍融通教学的基本原则,即针对性原则、发展性原则、交互性原则、拓展性原则;第五,介绍融通教学的教学模式的基本程序——数据诊断—融合运用—导学诊治—通达知晓—联系迁移。

第一节　融通教学的理论依据

"融通教学——地理教学主张"基于建构主义理论、教学交互层次塔理论、技术—教学—学科知识(TPACK)理论框架、高中地理课程理论等提出了核心要素、基本原则、教学模式、实施策略和教学过程,这些理论依据为教学研究、教学实践提供了指导。

一、建构主义理论

(一)建构主义理论简介

建构主义又称结构主义,是行为主义发展到认知主义后的进一步发展,最早提出者是瑞士的心理学家让·皮亚杰(Jean Piaget),之后美国心理学家杰罗姆·布鲁纳(Jerome Seymour Bruner)、苏联利维·维果斯基(Lev Vygotsky)等学者进一步丰富了建构主义的内容。

皮亚杰认为学习与发展的关系密切,学习是基于已存在的一定水平的认知结构发展的,发展是内部认知结构在高层次上的协调与重构,所以能够导致内部认知结构发生变化的学习才是发展。在学习新的概念与规则的过程中,如果和已有认知结构产生了冲突,就会导致内部认知结构的重构,因而其主张知识是由认知主体主动建构的。维果斯基是社会建构主义理论的先驱,他认为社会文化是人们认知发展的重要因素,并在此基础上提出了两个非常重要的观点:语言促进人们的认知建构和最近发展区的概念。最近发展区指学习者真实的发展水平与潜在的发展水平之间的差距。学习者真实的发展水平是指其能够独立解决问题的能力,潜在的发展水平则是指在他人的指导下或是与能力较强的同伴合作时,能够解决问题的能力。布鲁纳认为人的认识过程是把新获得的信息与已有的认知框架联系起来,通过积极建构形成新的认知,是主动发现的过程。教师的作用是为学习者提供一种能够独立探究的情境,引发学习者的兴趣,产生认知需求,激发自主探究的动机,鼓励学习者自己去发现事实之间的联系,而不是提供现成的知识。建构主义目前有多种不同的流派。它们的共同特点是:知识是发展的,是主动建构而不是被动接受的,强调学习者在学习中的主动作用,其核心观点是学习者在已有经验的基础上,通过与外界的相互作用,自己去发现并转换复杂的信息,得到新的知识经验,既包含了对新信息的意义建构,也包含对已有经验的改造与重组[22]。

(二)建构主义理论的启发

建构主义理论对"融通教学——地理教学主张"很有启发。根据建构主义的观点,学习中的四大核心因素分别是情境、协作、对话和意义构建。融通教学强调发挥学生的主体地位;"融通教学——地理教学主张"的核心要素包括：情境、场景与教学空间，问题与思维，引导与互动，练习与反馈；在教学实践中，倡导创设有价值的情境、场景、教学空间，注意引发学生对所学材料的兴趣，重视学生在教学过程的体验感知。

"融通教学——地理教学主张"注重基于问题的学习，利用精心设计的问题激发学生学习和探究的兴趣，让学生经过一系列的思考、质疑、判断、比较、选择，以及相应的分析、综合、概括等认识活动，发现未知、创造性地解决问题。同时，在教学中为引导学生对知识进行有意义的建构，在有限的课堂教学时间内突破教学难点、解决教学堵点，采用学生小组合作尝试、交流互动的学习方式。课堂上，教师提供充足的学习支撑材料，将学生按一定标准分成若干个学习小组开展课堂活动；小组成员根据教师提出的学习问题和支撑材料，先进行自主学习，然后在小组内部交流互动，学生相互陈述自己解决问题的思路，利用集体智慧解决学习问题，并在班级展示学习成果。融通教学倡导学生的平等意识、重视学生的进步，努力使学生在宽松、和谐的氛围中，在交往、互动、共享的过程中，相互了解、相互帮助，共同完成对知识的积极建构。

二、教学交互层次塔理论

（一）教学交互层次塔理论简介

我国学者陈丽在总结了美国远程教育专家迈克尔·穆尔（Michael G. Moore）、希尔曼（Hillman），英国教育技术学者戴安娜·劳里拉德（Diana Laurillard），丁兴富等国内外学者的观点之后提出教学交互层次塔理论。穆尔将远程教育中的交互分为学习者与教师、学习者与学习者以及学习者与学习资源之间的交互这三种类型。希尔曼认为学习者必须通过媒体操作才能进行以媒体为中介的学习活动，所以远程学习中存在着学生与界面的交互。丁兴富认为学生、教师以及资源是远程教育教学必不可少的要素。劳里拉德于2001年提出学习过程的会话模型，认为在学生学习过程中存在两种层面的交互，即学习者行为与教师创设的学习环境之间的交互，以及学习者的概念与教师的概念之间的交互。陈丽提出的教学交互层次塔理论清晰地界定了时空分离状况下的学习交互的类别、内涵和逻辑关系，其中，操作交互涵盖了学习者客观上的交互对象和交互方式，信息交互涵盖了学习者主观上的交互对象和方式，而概念交互涵盖了交互的终极目标[31]。

陈丽认为，在线学习的教学交互是一种发生在学生和学习环境之间的事件，它包括学生和教师，以及学生和学生之间的交流，也包括学生和各种资源之间的相互交流和相互作用。教学交互模型由三个层面所组成：学生与媒体的操作交互，学生与教学要素的信息交互，学生的概念和新概念的概念交互。这三个层面的教学交互在学习过程中可能同时发生，学习者的学习在这三个层面的教学交互共同作用下完成。其中信息交互包括三种形式：学生与学习资源的交互，学生与学生的交互，学生与教师的交互。这三种形式的信息交互相互补充。根据在线学习的教学交互模型，陈丽把学习过程中的三个不同层面的教学交互按照其抽象的程度，从上到下形象地呈现出来，由此形成了教学交互的层次塔（如图2-1所示）[32]。

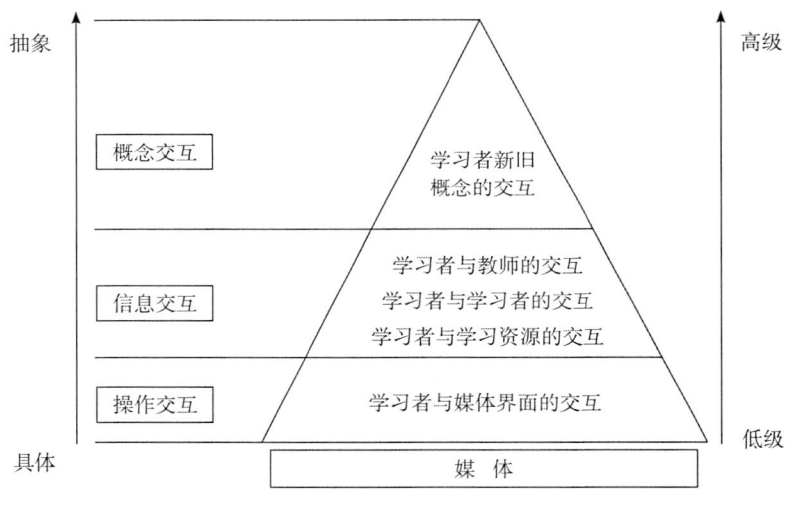

图 2-1 教学交互的层次塔

（二）教学交互层次塔理论的启发

教学交互层次塔理论形象地概括出三个层面的教学交互对学习的不同意义及相互依存关系，对融通教学的教学设计与实践很有帮助。"融通教学——地理教学主张"的教学过程重在教学诊断、教学诊治、教学评价，基于线上、线下的学习环境，创建学生感兴趣的在线地理教学空间，开发地理教学资源，通过微课、交互式练习等，开展学生与平台、学生与学生、学生与教师等的交流互动，帮助学生发现问题、认识不足、解决问题，让学生乐学、善学、会学，达到改进和提升的教学目的。

融通教学的在线地理教学主要依托福建省教育资源公共服务平台构建教学环境,运用在线教学工具,结合地理教学资源,开展在线同步教学、在线异步教学,其重要环节包括课前导学、在线授课、在线练习、在线讨论、同步测试、课后专题讨论、拓展活动等。教师在实施过程中起主导作用,设计教学环节的在线形式,选择教学活动的在线平台,对教学内容进行整合。为达到良好的教学效果,教师、学生在不同阶段运用合适的教学策略与学习策略,开展不同层次的教学互动[33]。

在操作交互方面,关注学生与媒体的操作交互,融通教学提出在线教学资源的开发设计应重视以学习者为中心,遵循简约设计原则,充分考虑个性化需求的交互功能,侧重考虑如何让学习者在较短的时间内熟悉操作,以适应新的学习环境,追求在最短时间内帮助学习者完成学习任务;应尽量减少资源内容呈现量,要突出在线教学资源"短、小、精、活"的特点。在线教学资源内容的设计应重视以知识点为核心,遵循问题导向式设计原则、内容积木式设计原则,以利于学生在学习过程中分步学习,逐个掌握[34]。

在信息交互方面,关注学生与教学要素的信息交互。融通教学基于"互联网+教育"的思维方式,运用信息技术打造出智能、高效的教学环境,实现在课前、课中、课后全过程应用信息交互,并促进教学目标的达成。在课前阶段主要用于学情分析、预习测试;在课堂阶段主要用于创设教学环境,开展师生互动、生生互动、人机互动等教学活动;在课后阶段主要用于个性化辅导、拓展应用。大数据使师生间的教学互动更加精准有效,做到"以数为据、以学促教",教师根据信息交互及时调整教学活动,学生根据信息交互了解本人答题情况、同伴学习状况,有助于学生认识自身不足,及时矫正[35]。在师生信息交互过程中,教师应根据学生需要解决的学习问题和课堂时间有限的实际情况,设计精致的拓展体验环节。"精"即精简,体现在用较少时间解决问题;"致"即别致,体现在用与众不同的想法或方式让学生茅塞顿开、受益倍增,有效突破地理教学的重点、难点[2]。

在概念交互方面,关注学生的原有概念和新概念的概念交互。融通教学提出在线教学的交互设计要关注检测性原则、师生共同发展原则等。在线地理交互练习要符合学生的学习水平,要有启发性、阶梯性、渐进性;激趣式交互练习,有利于学生积极主动地参与学习活动;突破式交互练习,以启发学生主动探索知识和思考问题、实现能力发展为目标;拓展式交互练习,对某个知识点从多个侧面、多个角度合理发散,让学生解决符合他们现有认知水平和基础的新问题[36]。

三、技术—教学—学科知识(TPACK)理论框架

(一)技术—教学—学科知识(TPACK)理论框架简介

整合技术的学科教学知识(technological pedagogical content knowledge,TPACK):美国学者庞耶·米什拉(Punya Mishra)博士和马修·凯勒(Matthew Koehler)博士在美国学者舒尔曼(L.Shulman)教授的"学科教学知识"概念基础上,对其进行扩展,提出了将技术知识、学科内容知识和教学法知识相结合的概念框架,并将其称之为整合技术的学科教学知识(TPACK),强调了技术、教学法和学科内容三个核心要素不是独立的,而是一个不可分割的有机整体。该框架不仅包含技术知识(TK)、教学法知识(PK)和学科内容知识(CK)三个独立元素,还包含由两个独立元素复合而成的三个核心元素,整合技术的学科内容知识(TCK)、学科教学法知识(PCK)和整合技术的教学法知识(TPK);最后由三个核心元素复合形成第七元素——TPACK(如图 2-2 所示)[37]。

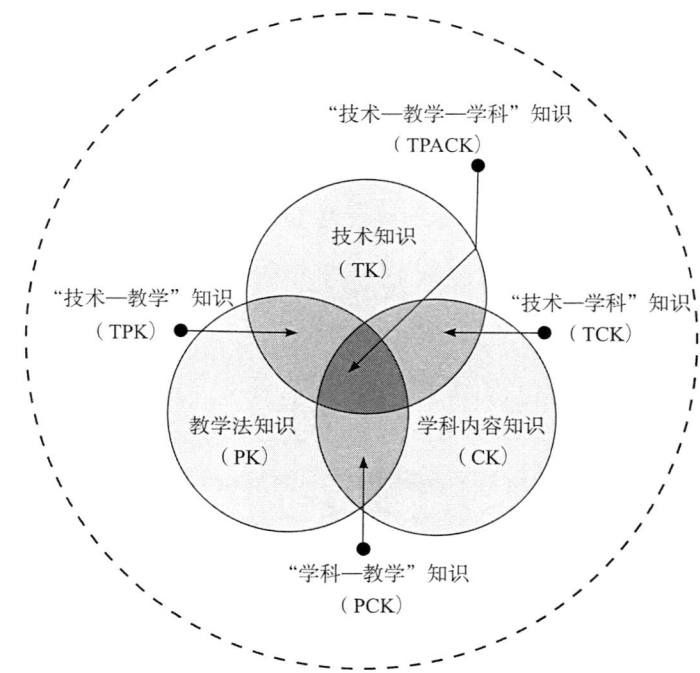

图 2-2　分解观念下的整合技术的学科教学知识模型

TPACK 框架的七个元素分别为:

第一元素——技术知识(TK):指从传统低科技(如铅笔、纸)到数字技术(如互联网、数字视频、交互式白板和软件程序)的各种技术。

第二元素——教学法知识(PK):指与"教和学的过程、实践或方法"相关的知识,由基本的教育理论知识、教育观念、教学知识组成。

第三元素——学科内容知识(CK):是要教授或被学习的真实的学科内容知识,例如地理教学内容。

第四元素——学科教学法知识(PCK):将学科内容与教学法结合,目的是发展更好的教学实践,涵盖了教学、学习、课程、评估的核心。对地理教师而言,是指地理学科特定的教学方法,例如地理读图分析方法。

第五元素——整合技术的学科内容知识(TCK):可理解为技术和地理学科内容知识互相影响和互相限制的方式,是"技术如何创建地理学科内容"的知识。例如地理信息系统(GIS)、虚拟现实技术(VR)、增强现实技术(AR)在地理教学中的运用。

第六元素——整合技术的教学法知识(TPK):是指各种技术如何能够应用于教学的知识,以及技术如何改变教师教学方式的知识。

第七元素——整合技术的学科教学知识(TPACK):指在学科领域中,教师将技术融入教学的知识,体现"技术—教学—学科知识"的融合运用。例如,地理教学中,采用小组合作学习的方式,各小组使用 AR 软件观察地球的运动。

在 TPACK 的框架中,TPACK 包含两个含义:一是强调整体性,代表 TPACK 整个框架,其中包含七个元素;二是代表七个元素中的一个,即由 TK、PK、CK 三个核心知识交叉复合形成的第七元素[22]。

(二)技术—教学—学科知识(TPACK)理论框架的启发

当前,建设网络强国、数字中国、智慧社会已经提升为国家战略,教育信息化发展日新月异,先进的技术必然对教育教学产生重要影响。在"互联网+教育"大环境下,信息技术融入学科教学过程中。TPACK 理论框架的七个组成部分相互作用、相互影响,对教学具有指导意义。TPACK 理论框架描述了教师对于信息技术的理解以及"将特定的学科内容与教育学知识融合"。TPACK 理论框架的指导意义在于:使教师从技术的被动使用者到主动使用者,从消费教学资源到创造教学资源;使教师清楚选择技术手段的原因及其要取得的效果;所设计的教学活动交互性强,往往寓教于乐,有利于激发学生学习的兴趣;注重因材施教,适应不同学生的学习能力与需要。TPACK理论框架结构整合了教师的技术知识、教学法知识和学科知识,它不是三要素的简单叠加,而是一个复杂、动态、多维视角的整合体。TPACK理论框架下的教学是一种灵活、互动性强、整合知识的实践过程[38]。

"融通教学——地理教学主张"依据TPACK理论框架,提出基于场景融合技术、基于目标融合内容、基于学情融合方法的教学策略[33],要求教师要根据教学场景设计原则,思考在课前、课堂及课后,如何把握好信息技术的应用,如何在具体的教学内容、活动环节采用合适的信息技术手段、呈现方式,如何转变学生学习方式与教师教学方式。

"融通教学——地理教学主张"开展了基于TPACK理论框架的地理教学实践,并基于TPACK整体框架进行思考,提出要注意以下几点:

第一,教师要有融合的思想。信息技术为地理教学提供了智能的教学环境、丰富的资源、灵活的信息组织形式,但促进学生有效学习的影响因素不单是技术装备的好坏、师生技术水平的高低,关键是教师要具有"技术—教学—学科知识"融合的思想,不能停留在用技术丰富课堂教学的工具使用层面。

第二,教师要有运动变化的观念。在TPACK框架三个要素中,学科内容固然是教学法选择、技术选用的基本依据,但技术的革新同样会引发对教学法、学科内容的思考与重构,教学法也会影响到具体技术、学科内容的组织系统。TPACK结构中的七个组成部分相互作用、相互影响,其中任何一个要素的变化都可能引起整个结构的变化。

第三,要体现学生的主体地位。在教学方法的选择上,要多选择能够体现学生主体地位的现代教学方法;在教学设计、教学实施的过程中,也要发挥学生主体地位,体现"以学为主"的智慧课堂观。

第四,教师要有课堂管理的意识。融合技术的地理课堂在教学内容组织、教学环境创设、教学方式选择等方面具有较强的开放性、操作性、互动性,必然要求教师提高课堂管理的意识,依据学情随时调整教学策略及教学内容,提高课堂教学效率[38]。

四、高中地理课程理论

(一)《高中地理课程标准》内容要求

基础教育课程规定了教育目标和教育内容,是国家意志在教育领域的直接体现。教育部印发的《普通高中课程方案》和《高中地理课程标准》蕴含先进的教育理念,指引普通高中地理课程改革的方向。《高中地理课程标准》明确了地理课程基本理念,指出:(1)培养学生必备的地理学科核心素养。通过高中地理学习,使学生强化人类与环境协调发展的观念,提升地理学科方面的品格和关键能力,具备家国情怀和世界眼光,形成关注地方、国家和全球地理问题及可持续发展问题的意识。(2)构建以地理学科核心素养为主导的地理课程。围绕地理学科核心素养培养的要求,构建科学合理、功能互补的课程体系,坚持基础性、多样性、选择性并重,满足不同学生自身发展的需要;精选利于地理学科核心素养形成的课程内容,力求科学性、实践性、时代性的统一,满足学生现在和未来学习、工作、生活的需求。(3)创新培育地理学科核心素养的学习方式。根据学生地理学科核心素养形成过程的特点,科学设计地理教学过程,引导学生通过自主、合作、探究等学习方式,在自然、社会等真实情境中开展丰富多样的地理实践活动;充分利用地理信息技术,营造直观、实时、生动的地理教学环境。(4)建立基于地理学科核心素养发展的学习评价体系。准确把握地理学科核心素养的水平划分,以学业质量标准为依据,形成过程性评价与终结性评价相结合的学习评价体系,科学测评学生的认知水平,以及价值判断能力、思维能力、实践能力等的水平,全面反映学生地理学科核心素养的发展状况。[18]

(二)《高中地理课程标准》的指导

"融通教学——地理教学主张"有鲜明的地理学科特点,以《高中地理课程标准》为教育教学指导依据。《高中地理课程标准》包括课程性质与基本理念、学科核心素养与课程目标、课程结构、课程内容、学业质量、实施建议六个方面,指导着地理教材分析、地理教学设计、学生情况诊断、地理课堂教学,检验教学目标的达成(如图 2-3 所示)。

《高中地理课程标准》提出了地理学科核心素养、地理学业质量标准,实现了教、学、考的统一,对融通教学教学实践的具体指导体现在以下几

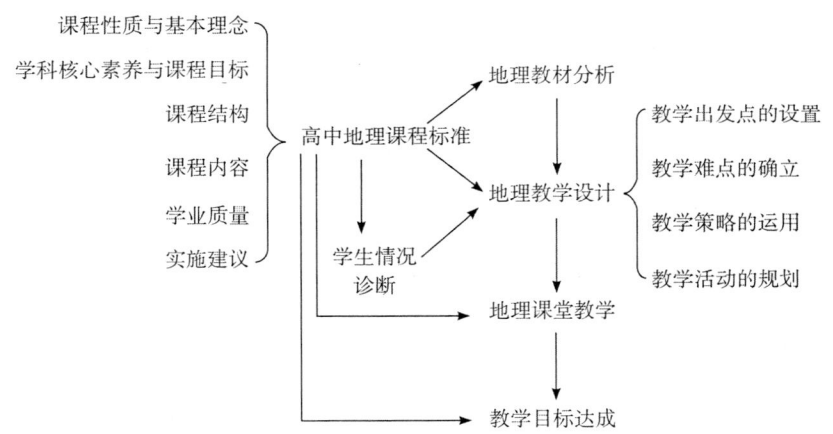

图 2-3 《高中地理课程标准》指导教学模式图

方面：

第一，《高中地理课程标准》指导教师进行学生情况分析。地理学业质量水平结合课程内容，采用"表现性"水平描述的方式，测评学生在"什么情境"状态下"能做什么事情"，"做到什么程度"[39]，可作为学情诊断的依据；教师立足于具体的课堂类型、教学内容，以学生在学习前所拥有的"基础知识、认知思维、学科素养"等为诊断内容，准确把握学生学业质量水平以及学习疑难点、薄弱点、易错点；进而对学生的学习问题进行归因分析，对学生学习过程中可能遇到的困难等进行分析预判。

第二，《高中地理课程标准》指导教师进行教材分析、教学设计。教师在课前备课环节，应研究《高中地理课程标准》的课程内容、学业质量水平要求，建立完整的地理思维体系，不仅针对授课内容备课，还要了解此项知识在整个高中地理知识体系中的地位与作用；不仅针对现阶段学业质量水平要求，还要关心如何进阶、如何衔接的问题，做到"对标"备课。教师在教学设计时要做到"融优"设计，应分析不同版本的教材"如何体现课程标准的要求"，参考不同版本教材的知识结构、活动设计、插图等内容，融合各版本教材的优点，取长补短、灵活运用。教学设计与课件的基本功能是教学，对教学内容及其呈现、教学过程及其控制的设计，应由教学目的所决定。因此，要考虑教学设计与课件所选素材的实用性、代表性；要遵循一定的设计原则，例如，创设情境，激发兴趣；化繁为简，突出重点；化静为动，形象直观；化远为近，生动逼真等；要注意不是简单的素材拼接，而要根据教学内容与过程，把文字、图片、动画、声音、影像等素材以恰当的显示方式进行有机的组合,利用编辑工具绘制、加插相关的地理要素,从而形成一个具有教师自己个性化的实用的课件。这样的教学设计与课件针对性更强,实用价值更大,内容更新容易,可以随时根据所教班级学生的特点,对课件内容进行修改、补充或删除,也更有利于融合不同版本教材的教学资源[40]。

第三,《高中地理课程标准》指导教师开展地理课堂教学,检验教学目标的达成。《高中地理课程标准》的课程内容中,每个模块或主题由内容要求、教学提示、学业要求组成,并提供教学与评价案例。教师在教材分析、学生情况分析的基础上,在教学设计时做出教学决策,例如,课堂教学出发点的设置、教学难点的确立、教学策略的运用、教学活动的规划等,并落实到地理课堂教学。在《高中地理课程标准》的实施建议中,提出更多的运用学生思维结构评价、表现性评价等。在教学过程中,教师应采用多种教学方法,引导和鼓励学生独立思考,体验解决问题的过程,逐步学会分析问题、解决问题。这就要求地理教师在教学中打破旧的课堂教学模式,改变学生单一、被动的学习方式,形成发挥学生主体性的多样化的学习方式,促进学生在教师指导下主动地、富有个性地学习,让学生真正成为学习的主人[41]。

第二节 融通教学的核心要素

融通教学的核心要素包括:情境、场景与教学空间,问题与思维,引导与互动,练习与反馈。其中,创设有价值的情境、场景与教学空间是践行融通教学的前提;生成有价值的问题、促进学生独立思维是践行融通教学的基础;教师的正确引导和师生间的互动是践行融通教学的核心;必要的练习和及时反馈是践行融通教学的关键。

一、情境、场景与教学空间

捷克教育家扬·阿姆斯·夸美纽斯(Comenius Johann Amos)曾说:"一切知识都是从感官开始的","在可能的范围内,一切事物应尽量地放在感官的跟前,一切看得见的东西应尽量地放在视官的跟前,一切听得见的东西应尽量地放到听官的跟前……假如有一个东西能够同时在几个感官上面留下印象,它便应当用几个感官去接触。"[42]福建师范大学余文森教授认为,教学情境就是以直观方式再现书本知识所表征的实际事物及其相关背景。教学情境所提供的是学生认识过程中的形象与抽象、实际与理论、感性与理性以及旧知与新知的关系和矛盾。直观可以使抽象的知识具体化、形象化,有助于学生感性认识的形成,并促进理性认识的发展[43]。

场景通常指场面、情景。加拿大社会学家和作家欧文·戈夫曼(Erving Goffman)被称为早期的场景主义者,他提出场景是教堂、咖啡馆、诊室等物理隔离地点的空间概念,场景中的每个人都在社会舞台上扮演着不同的角色,并根据自己所处的情境调整行为。美国传播学家乔舒亚·梅罗维茨(Joshua Meyrowitz)的场景理论丰富了"场景"的内涵。他提出"信息获取模式",即一种由媒介信息所营造的行为与心理的环境氛围,突破了原来的空间性指向,提出场景是一种感觉区域,区分了"作为文化环境"的媒介场景与"作为内容"的具体场景。随着技术的发展,美国技术界资深记者罗伯特·斯考伯(Robert Scoble)等人使场景理论进一步发展。他提出的"场景",同时涵盖了基于空间的"硬要素"和基于行为与心理的"软要素",是具体的、可体验的复合场景,也更加尊重人的地位和作用[44]。

地理知识具有丰富、生动的内容,而描述它的语言文字、地理图表等则比较概括、抽象,学生在学习中需要透过语言文字、地理图表等联想它们所代表的实际事物。地图被称为地理的"第二语言",地理空间概念的培养是教学重点,也是难点。如果教师在课堂创设恰当的教学情境、在课内外结合场景运用信息技术创设虚实结合的教学空间,就能帮助学生把它们联系起来去思考,突破理解上的障碍。从教育心理学角度讲,这样的学习是有意义的学习。

在地理课堂教学中,传统的教学场景在数字化、智能化时代日益显露出不足,《高中地理课程标准》强调教师要借助大数据、人工智能、"互联网+"等,为学生提供自主学习、探究学习和合作学习的开放空间,加深学生对地理事物、地理现象形成过程的认识。当前,地理学科与信息化教学不断深入融合。例如,在线地理教学是按照教学课程安排或活动任务,由教师和学生组成共同体,借助在线教学工具与在线教学资源,教师和学生之间、师生与网络学习环境之间相互作用的一系列操作行为,在线地理教学充分运用虚实结合的教学空间完成教学任务。

在教学实践中,创设有价值的情境、场景与教学空间是践行融通教学

地理教学主张的前提,要注意以下几点:

第一,遵循必要的要求、原则,例如,紧扣教学目标、贴近学生实际、教学情境设计内含地理原理等要求;基于场景融合技术、基于目标融合内容、基于学情融合方法等原则;真实性原则,真实性是前提和基础。

第二,要引发学生对所学材料的兴趣,教学过程重视学生的体验感知。

第三,要充分发挥互联网作用,将地理教学内容与信息技术相融合,立体式传播,增强体验感,使地理知识的传播更深刻、更精准、更有效,使学生容易理解。

二、问题与思维

福建师范大学袁书琪教授指出,发现地理问题位居地理学科能力之首,因为只有能够在特定情景中发现地理问题,才有可能运用地理学科知识和技能,去分析和解决客观世界无处不在的地理问题。要能发现地理问题,地理课程就不能只是复制—复现式的教学,而是要整合地理学科知识和技能,为用而学,学以致用。这些正是地理课程改革的愿景[28]。

苏格拉底提出"知识的助产术"。苏格拉底在教育过程中,对学生提出的问题不予直接回答,而是采取反诘法,逐步揭发对方思维中的矛盾,激发其积极思考、修正错误、寻求正确的答案,得到一般性的概念。这种方法有助于启发学生积极思考,努力探索,通过自我判断去获得知识。课堂上,在针对学生的问题进行教学时,不应由教师包办代替,而是要让学生自己去独立解决;当学生不能独立解决问题时,教师启发、引导大家一起解决。这体现出更深层次的针对性,即不仅针对学生的问题,也针对学生的能力。这种针对性,使学生的学习能力不断得到提高,使教师的主导性不断转化为学生的主体性,进而达到"教师少教、学生多学"的理想效果[43]。

在教学实践中,生成有价值的问题、促进学生独立思考是践行"融通教学——地理教学主张"的基础,要注意以下几点:

第一,通过地理教学内容与信息技术深度融合创设"问题情境",用一个或多个问题来引起学生思考,进入主要学习内容;问题的设计要依托情境,要以学生的认知水平和知识基础为起点。例如,贴近学生知识水平、生活实际和社会现实,便于学生理解问题情境。

第二,蕴含的问题能给学生提供探究的空间,即呈现的问题利于激发学生学习和探究的兴趣。学生经过一系列的思考、质疑、判断、比较、选择,以及相应的分析、综合、概括等认识活动,发现未知,创造性地解决问题。

第三,体现关联性,一方面,"问题"与《高中地理课程标准》和地理教材相联系,"问题"使地理教学内容的结构化与关联性更加突出,便于学生找到解决问题的基本依据和资源;另一方面,"问题的解决过程"让学生在一个贯穿整节课的情境中,经历地理思维发展的过程,使学生形成一定的地理知识结构框架,能比较全面地理解、解释和解决地理问题。

第四,体现层次性,根据学生的认知结构特点、认知水平,围绕问题设计不同层次的可操作的学习链条,注重地理知识间的内在联系,按照"由浅入深"的思路帮助学生建立知识体系。

第五,体现生成性,即关注课堂生成的问题,教师要避免用预设的问题链过度"牵引"学生的现象,要善于激发学生发现问题、提出问题、学会思考,鼓励学生呈现开放性思维,真正做学习的主人。

第六,体现地理时空特点、综合思维,要引导学生基于特定时间、空间背景思考地理问题。一方面突显具体问题具体分析的学习原则;另一方面,培养学生运用综合的观点认识地理环境的思维方式和能力。地理环境是一个综合体,在不同时空组合条件下,地理要素相互作用,综合决定着地理环境的形成和发展。综合思维有助于学生从整体的角度,全面、系统、动态地分析和认识地理环境,以及它与人类活动的关系。

三、引导与互动

孔子提出"不愤不启,不悱不发,举一隅不以三隅反,则不复也"的思想,这句话既讲了教学方法,也讲了学习方法,指出教育者要激发学生主动思考的能力,让受教育者开启活泼的心灵、生动的智慧,能够独立思考。地理课堂教学不能仅是展现教材上现成的结论,而应引导学生深入到知识的发现或再发现,去揭示隐含于其中的思维过程,这样才有利于学生真正理解、掌握知识。

《学记》提出:"君子之教,喻也。道而弗牵,强而弗抑,开而弗达,道而弗牵则和,强而弗抑则易,开而弗达则思,和易以思,可谓善喻也。"意思是说:要引导学生而不要牵着学生走,要鼓励学生而不要压抑他们,要指导学生学习门径,而不是代替学生作出结论。引而弗牵,师生关系才能融洽、亲切;强而弗抑,学生学习才会感到容易;开而弗达,学生才会真正开动脑筋思考,做到这些就可以说得上是善于诱导了。

教学是教与学的交往、互动,师生双方相互交流、相互沟通、相互启发、相互补充。在这个过程中教师与学生分享彼此的思考、经验和知识,交流彼此的情感、体验与观念,丰富教学内容,求得新的发现,从而达到共识、共享、共进,实现教学相长和共同发展。教学交往昭示着教学不是教师教、学生学的机械相加。随着教学技术的发展,传统的教师教和学生学,将不断让位于师生互教互学,形成"教学共同体"[43]。

在教学实践中,教师的正确引导和师生间的互动是践行"融通教学——地理教学主张"的核心,要注意以下几点:

第一,教师要善于捕捉启发、引导的切入点。学生并不是任何时候都需要启发、引导,一般来说需要启发的时刻是:在学生遇到新问题而没有方法时;学生因对概念、结论产生的背景和条件不清楚、缺乏抽象思维能力而想不通时。教师要在适当时候帮助学生消除自主学习中的认知障碍,指导学生吸收新知识。

第二,教师要善于引导学生变换视角,突破桎梏。引导学生变换审视问题的视角,突破以往的思维桎梏,看透学习问题的本质,找到通达真理的道路。如果学生只是局限在固有的思维定式里,就只能徒劳地做无谓的努力;相反,如果学生拥有这种突破精神,就具有潜在的创新能力,有利于找到解决学习问题的正确方向。

第三,要尽量全程、全员交流互动。教师要根据教学目标的需要,思考在课前、课堂及课后,如何运用好信息技术,以合适的呈现方式进行师生之间、学生之间的交流互动,帮助学生及时调整认知;让所有学生参与问题解决的整个过程,即使在分组学习时,也避免每个小组仅负责解决问题的某个方面或某个环节的现象,以保证对地理问题的全面认识和综合思维训练。

第四,要体现引导互动的递进式原则、应用性原则。教学中利用递进式的学习任务,让学生逐步建构知识、完善认知;通过知识迁移应用,形成学习能力提升。引导学生交流表达、思考辨析、内化感悟,达到通达无碍、知晓透彻的目的;学生在自我调适和主动发展中深化、理解、感知,达到"内化于心、外化于行"的教学效果。

第五,要关注课堂效率。教学过程是学生自主建构和教师价值引领相统一的过程。即使学生具备一定的自主学习能力,教师仍然需要注意课堂活动的引导,使学生互动不偏离教学目标,要避免忽视教师作用的唯学生自主化的倾向,而导致课堂低效或无效的现象。

四、练习与反馈

《论语》第一句话就是"学而时习之,不亦说乎?"《论语》一书中"习"字出现过三次,即"学而时习之""传不习乎""习相远也"。前两个"习"字,都与掌握知识有关,即是对已学的知识、技能进行熟练和巩固,含有温习、练习、实习的意思[45]。

学生在课堂上的学习既包括学,也包括习。课堂练习是学生课堂独立活动中的一项重要活动。一方面,它能使学生将刚刚理解的知识加以应用,在应用中加深对新知识的理解;另一方面,它能即时暴露学生对新知识理解应用上的不足,以使师生双方及时订正、改正错误和不足。美国教育家和心理学家布鲁姆(B.S.Bloom)非常强调教学的反馈,他不仅要求反馈的科学性,而且要求反馈的及时性。通过课堂练习的即时反馈,学生本人可以及时了解到自己在课堂上的学习进展情况、存在问题,没有掌握的内容当堂可以认识到并可以有意识地去解决,起到强化、督促、纠正学生学习的作用。这种即时反馈也让教师及时了解学生对知识和技能的掌握程度,检验自己的教学方法和教学效果,对于还存在某些问题或学习有困难的学生及时给予指导,对于过易或过难的题目适当地进行修正,根据收集到的结果调整自己的教学方案,使课堂教学成为一个具有自我反馈和纠正功能的系统[43]。

在教学实践中,必要的练习和及时反馈是践行"融通教学——地理教学主张"的关键,要注意以下几点:

第一,课堂练习与反馈作为课堂教学的有机组成部分,穿插在课堂教学的全过程。基于线上、线下学习环境,通过课前导学、课堂练习、课后检测等环节,引导学生在各阶段完成相关测试。

第二,课堂练习与反馈的智能化。信息技术发挥的作用越来越大,不仅使人们对知识的学习越来越方便和个性化,而且重塑了学习边界,学习不再以物理空间为划分依据;技术催生出更广阔、更开放的数字化虚拟学习空间,便于开展课堂练习与反馈;学生的学习行为、学习状态、学习结果等信息成为可捕捉、可量化、可传递的数字信息,并且由信息化系统自动完成,不仅记录的过程更容易,而且记录的内容更系统、更全面。

第三,课堂练习与反馈的诊断功能。融通教学的教学过程重在教学诊断、教学诊治、教学评价,在教学实践中体现为从发现问题到解决问题。其中,教学诊断是一个收集信息、分析信息,从而发现问题,并对产生学习问题的原因归纳分析的过程。教师在信息收集、信息分析的基础上,透视数据背后的问题,分析学生学业水平以及学习疑难点、薄弱点、易错点,正确分析、揭示学习问题的实质及成因,预判学生学习过程中可能遇到的困难,围绕"诊断出什么问题、为什么存在这样的问题"出具诊断性评价,进而做出诊断决策。例如,课堂教学出发点的设置、教学难点的确立、教学策略的运用、教学活动的规划等。

第四,基于课堂练习与反馈的精准教学。在云平台大数据的支撑下,实现学生答题情况、反馈信息的可视化呈现,教师可以在电子白板、平板电脑等终端上即时分析学生行为、知识掌握情况等;教师可以精准设定教学目标,适时调整教学策略与教学方法,实施精准干预,有效推动不同层次学生的发展。

第五,教师要围绕"学生发展"这一核心,借助信息化手段打破传统终结性评价,建立形成性与终结性相结合的评价;关注表现性评价,引导学生交流、感悟、内化、迁移;既关注学生学习过程,又关注学习结果,发挥评价对学生的激励作用,让学生在发现自我闪光点和进步的基础上获得更多的感触体验,更好地激发学生学习积极性与创造力。

第三节 融通教学的主要目标

一、培育地理学科思想和素养

（一）《地理教育国际宪章》的要求

国际地理联合会地理教育委员会于1992年发布的《地理教育国际宪章》中指出:"地理学者提出以下问题:它在哪里？它是什么样子的？它为什么在那里？它如何出现？它带来什么影响？怎样使它有利于人类和自然环境？"这一系列问题的提出,引导人们思考地理内涵。"它在哪里"对应空间定位,"它是什么样子的"对应事象特征,"它为什么在那里""它为何改变"和"它带来什么影响"等问题对应因果关系,"它如何出现"和"它如何改变"等问题对应过程分析,"怎样使它有利于人类和自然环境"对应人地关系[46]。同时,《地理教育国际宪章》中指出,地理教育应培养学生提出地理问题的能力、处理地理信息的能力(收集、处理、分析、评价地理信息)、表达交流能力(口头表达、文字表述、图解表达)、解决地理问题能力、地理思维能力、地理实践能力等[47]。

(二)《高中地理课程标准》内容要求

《高中地理课程标准》提出,学科核心素养是学科育人价值的集中体现,是学生通过学科学习而逐步形成的正确价值观念、必备品格和关键能力。地理学科核心素养主要包括人地协调观、综合思维、区域认知和地理实践力,它们是相互联系的有机整体。高中地理课程的总目标是通过地理学科核心素养的培养,从地理教育的角度落实立德树人根本任务。具体目标是:第一,学生能够正确看待地理环境与人类活动的相互影响,深入认识两者相互影响的不同方式、强度和后果,理解人们对人地关系认识的阶段性表现及其原因,认同人地协调对可持续发展具有重要意义,形成尊重自然、和谐发展的态度。第二,学生能够形成从综合的视角认识地理事物和现象的意识,对地理各要素之间的相互作用关系有较强的分析能力,并在一定程度上解释地理事物和现象发生、发展的过程,从而较全面地观察、分析和认识不同地方的地理环境特点,辩证地看待地理问题。第三,学生能够形成从空间—区域视角认识地理事物和现象的意识,对地理事物和现象的空间格局有较强的观察力,并运用区域综合分析、区域比较、区域关联等方法认识区域,简要评价区域现状和发展。第四,学生能够运用所学知识和地理工具,在室内、野外和社会的真实环境中,通过考察、实验、调查等方式获取地理信息,探索和尝试解决实际问题,具备活动策划、实施等行动能力[47]。

(三)融通教学的主要目标

培育学生地理学科思想和学科素养是融通教学的主要目标之一,契合融通教学从"教学过程"视角的理解,体现为"由融到通"的过程。第一,融通教学是"融合课程目标,达成核心素养"的过程。融合知识与技能、过程与方法、情感态度价值观等三维目标成为学科的核心素养,学生学习学科课程后应达成正确价值观念、必备品格和关键能力。第二,融通教学是学生"融合知与行（实践）"的过程，学生的学习经历贯通学习与应用的全过程。第三，融通教学是"融合师生的教与学"的过程，融通教学的教学基本模式是"数据诊断—融合运用—导学诊治—通达知晓—联系迁移"，教师在地理教学的不同阶段运用"测、融、启、治、通、联"等教学策略，学生根据具体学习任务采用"练、学、思、习、辨、行"等学习策略，优化教学过程，让学生在一个贯穿整节课的情境中，经历地理思维发展的过程，使学生形成一定的地理知识结构框架，能综合地理解、解释和解决地理问题，达成教学目标。

通过地理学科核心素养的培育，促进学生发展核心素养的全面提升，实现立德树人的根本目标。

二、提高地理学业质量水平

（一）学业质量标准

学业质量标准是依据国家课程标准的目标、内容，以及学生身心发展和认知水平特点所设定的总体和各学科的具体质量指标，由总体标准和学科分类表现标准组成。学业质量标准规定不同学段、不同年龄段的学生在完成课程学习之后，应达到的知识掌握程度、基本素养和能力发展水平，不仅是国家进行学业质量监测与评估的标准参照，是衡量学校教育质量的准则之一，也是学生个体用以自我评估的依据。学业质量标准具有"标杆与导向、区分和告知、参照和比较、改进与激励"等功能。学生学业质量标准的侧重点不在于课程设计，而是评价标准设计，因而学生学业质量标准的重心在于对学生学习活动应该达成的成果的设计、评价标准的设计和评价方式的设计。从操作上看，学业质量标准是依据国家课程标准的目标、内容以及学生身心发展和认知水平特点所设定的总体和各学科的具体质量指标，由总体标准和学科分类表现标准组成。因此，学业质量标准主要的落脚点在学生身上，即关注学生群体和个体的学习结果与进展情况。[48]

（二）高中地理学业质量标准

《高中地理课程标准》凝练了地理学科核心素养，研制了基于地理学科核心素养的学业质量标准，在设计上实现了教、学、考的统一。地理学业质量标准是以地理学科核心素养及其表现水平为主要维度，结合课程内容，从问题情境、知识和技能、思维方式、实践活动和价值观念等维度进行描述,对学生学业成就表现的总体刻画[18]。依据不同水平学业成就表现的关键特征,学业质量标准将学业质量划分为不同水平,并描述了不同水平学习结果的具体表现,帮助教师和学生把握教与学的深度和广度,为阶段性评价、学业水平考试和升学考试命题提供重要依据,促进教、学、考有机衔接,形成育人合力[18]。地理学业质量水平分为四级。每一级水平主要表现为学生整合不同的地理学科核心素养,在不同复杂程度的情境中,运用各种重要概念、思维、方法和观念解决问题的关键特征。水平 1 至水平 4 具有由低到高逐渐递进的关系。《高中地理课程标准》提出,学业质量标准是高中学业水平考试命题的依据,其中水平 2 是合格考的依据,水平 4 是等级考的依据。地理课程标准和学业水平考试之间有密切联系(如图 2-4 所示),表现为:第一,地理学科核心素养及表现水平是学业质量标准的基本框架,框定了学业质量标准不同水平所能应对的情境,学生应该达到的能力水平;第二,地理课程内容填充了学业质量标准的基本内容,使学业质量标准在不同水平上,有了可考查的地理事象、规律、原理和可解决的地理问题[39]。

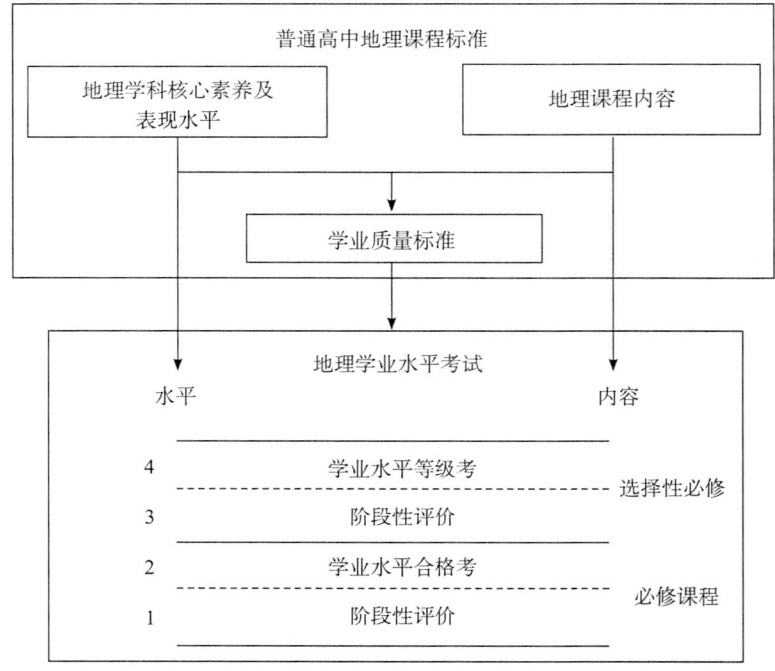

图 2-4 地理课程标准和学业水平考试的关系

(三)融通教学的主要目标

提高学生地理学业质量水平是融通教学的主要目标之一,契合融通教学从"教学方法"视角的理解,体现为"以融促通"的方法,即通过怎样的教学方法、教学手段实现融通教学的目标。第一,融通教学是"融合技术—教学—学科知识"的方法,采用基于目标融合内容、基于场景融合技术、基于学情融合方法的实施策略,实现融通教学的目标。第二,融通教学是"融合线上教学与线下教学"的方法,教育信息化作为重要的引擎和驱动力,已经成为影响教育现代化进程的关键环节和核心要素,要秉持"互联网＋教育"的思想,摆脱以技术应用为本位的思路,更新教育理念、教学模式、学习方式、评价机制等,不断推动教育信息化的融合创新[3]。第三,融通教学是"融合课内学习与课外学习"的方法,在课前准备、课堂授课、课后辅导等环节,发挥互联网、云平台的大数据作用,开展师生互动、生生互动、人机互动等教学活动,使师生间的教学互动更加精准有效,实现融通教学的目标。

在教学实践中,要注意以下几点:

第一,通过地理学业质量标准,把教和学联系在一起。学业质量标准是核心素养和课程内容有机结合后制定的,可以直接指导教师课堂教学和教育评价。它是促进核心素养进入学科和课程标准、用以指导教育评价的桥梁[49]。学业质量标准具备"可测量、可参照、可比较、可操作"的特点[48],教师用它来指导和评价教学,就能够更加清晰地知道哪些内容要教到什么程度,要培养学生哪些学科能力和素养。

第二,学业质量标准让学生的学习成就与核心素养及其表现挂上钩。学业质量不等于学业成绩,其内涵更为深广,是从"培养什么人"的描述推演出来的系列体系。学业质量标准不是考查学生对学科知识本身的熟悉程度,而是考查学生把所学知识迁移到真实生活情境中所表现出的能力和品格。

第三,学业质量标准促进学习方式的变革,由"教为中心"转向"学为中心"。教师要以学生的基础和需求为出发点,整合教学内容,设计师生互动的教学过程,凸显地理学科实践;以学习方式的改变促进真实学习、深度学习的发生,促进学生主动学习、合作学习意识与能力的形成[50]。

第四,促进学生地理学业质量水平进阶。与地理核心素养划分的4个水平等级相对应,地理学业质量水平也确定为4级,保证了两者水平层级的一致性。教学中，教师要思考在各水平间建立子目标，并将这些子目标排成一个序列、提供一个清晰的理解路径有利于学习目标的达成，从而让学生感受连贯、有序的学习体验，引导学生在自我调适和主动发展中深化理解感知，达到学习能力提升的目的。

三、培养地理自主学习能力

（一）自主学习

苏联教育家瓦·阿·苏霍姆林斯基（Васи́лий Алекса́ндрович Сухомли́нский）曾这样说过："只有能够激发学生去进行自我教育的教育，才是真正的教育。"

华中师范大学李家清教授提出自主学习的内涵可以界定为："自主学习是指在学生学习过程中，能够主动激发其内在的学习动机，使其自主选择学习内容和专题；合理有效地管理学习时间，主动运用认知、元认知和资源管理等学习策略来监控、调节和管理学习过程，并对学习结果进行自我检测和评价，有效提升学习的主动意识、反思精神和交流合作能力的一种学习方式。"自主学习具有以下特征：一是主动性。只有发挥主体意识，变被动为主动，才能充分挖掘学生自身的学习潜力，即来自学生内部的动机，这是自主学习源源不断的动力；二是独立性。自主学习要求学生能够尽量摆脱对教师或他人的依赖，独立地选择学习内容，管理和规划学习时间，并对学习活动和学习结果进行合理的评价与反思；三是认知性。在自主学习中，学习策略包括认知策略、元认知策略和资源管理策略，学生能够有意识、有目的地运用这些策略来调控和管理地理学习过程，才能体现自主学习的认知性；四是内化性。自主学习既是一种学习方式，更是一种学习原则，学生只有通过自主学习方式的学习，将自主性运用到新的学习方式和学习情境中，才能发挥自主学习的效力，提高学习能力[51]。

（二）自主学习能力的培养

美国心理学家奥苏贝尔（David Pawl Ausubel）认为，老师在教学中应当引导学生努力探讨观念之间的联系，指出它们的异同，消除学生认识中表面的或实际存在的不一致之处，使学生在学习中产生横向和纵向的融会贯通[52]。北京大学附属中学单超老师的研究团队认为提高学生自主学习的关键在于学生迁移能力的培养,提出由侧重引导学生自主得出结论转为自主解决问题,由强调学习方式转为强调学习结果,即学生能够应用学科思维,根据图文资料自主解决真实情境中的地理问题,并描述了培养地理迁移能力的教学路径(如图 2-5 所示)[53]。良好的自主学习能力能够使学生热爱学习,主动去挖掘地理知识中蕴藏的独特内涵和乐趣,对提高学习效率很有帮助。

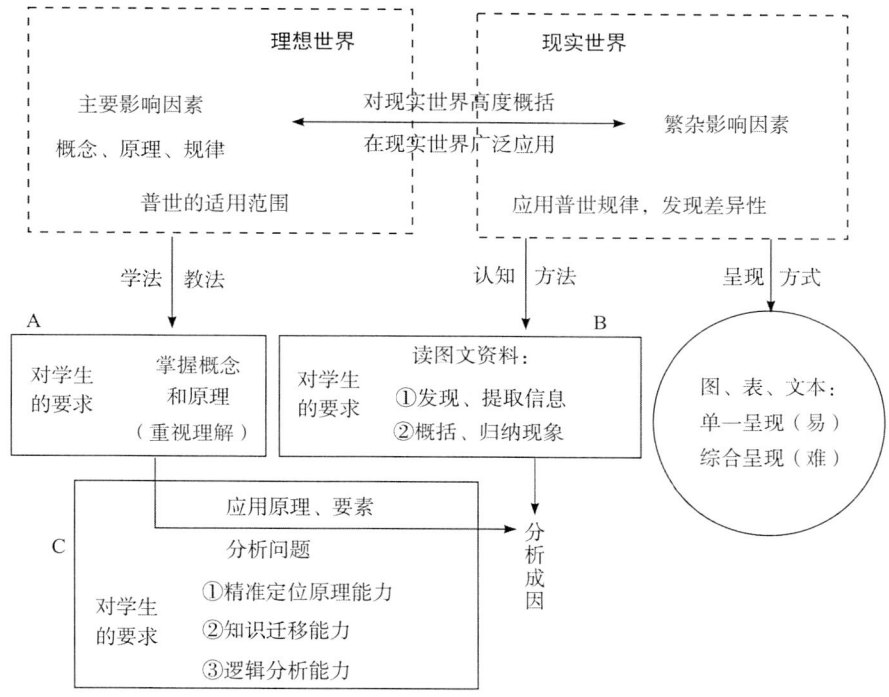

图 2-5 培养地理迁移能力的教学路径

(三)融通教学的主要目标

培养学生地理自主学习能力是融通教学的主要目标之一,契合融通教学从教学结果视角的理解,体现为会融会通的结果。第一,学生通过融通教学过程,从学会到会学,能运用贯通课堂内外的平台,构成自主通达的学习途径网络;学会"融"即学会融合应用的技能与方法,学会迁移应用;实现"通",即弄通地理学科思想与知识、提高地理学业质量水平和地理自主学习能力。第二,学生通过融通教学过程,将知识与生活实际融会贯通,实现从课内到课外、从学科到生活应用的拓展,实现核心素养的提升。

在教学实践中,教师重视培养学生地理自主学习能力,应注意做到以下几点:

第一,唤醒是教育的真谛,是教育的最高境界。正是教育的启发和引领,才使本来潜藏于身体和心灵内部的能量从沉睡中苏醒[54]。教师要尽可能唤起学生对所学东西的兴趣,在教学过程中注意调动学生主动进行知识迁移的兴趣和意识。

第二,通过导学诊治,组织学生开展自主学习、合作学习、信息化学习,引导学生交流表达、思考辨析、内化感悟,寻找知识的内在联系,学会融合应用的技能与方法,学会迁移应用,达到通达无碍,知晓透彻的目的。

第三,把课堂问题由预先设计变为生成问题,鼓励学生相互启发,共同解决问题,在解决问题的过程中,相互激疑、相互质疑、相互释疑,提升探究新问题的能力和反思意识。

第四,有意识地引导学生进行拓展训练,帮助学生将知识与生活实际融会贯通,不断提升自我学习的能力,提升在真实世界的复杂情境中解决问题的能力。学生在自我调适和主动发展中深化、理解、感知,达到"内化于心、外化于行"的教学效果。

第四节　融通教学的基本原则

融通教学追求在有限的课堂时间内,通过创新学习方式,既面向全体,又关注个体,实现教师教学效率与学生发展效益之间的平衡,这就要求教师对教学目标、教学内容、教学环境、学生情况等方面既要通盘考虑,也要注意局部特点,在教学设计与实践中遵循必要的原则。融通教学的基本原则包括针对性原则、发展性原则、交互性原则、拓展性原则等。

一、针对性原则

(一)"乔布斯之问"的启发

在国际教育技术领域,有一个颇为著名的"乔布斯之问"。苹果公司创始人史蒂夫·乔布斯(Steve Jobs)生前提出:"为什么计算机改变了几乎所有领域,却唯独对学校教育的影响小得令人吃惊?"在世界各国大力开展教育教学信息化之后,人们发现教育信息化的大投入并没有得到相应的大回报。可以说,"乔布斯之问"并不只是给技术提出问题,还给教育提出了尖锐的问题。在教育领域,"乔布斯之问"这一问题的核心可以理解为:教育信息化的实际效果与期望值之间存在巨大落差;寻找问题的根源,其实不在于设备技术不够完善、信息化不够彻底,而在于信息化过程中,需要有"与之相伴的主流教育思想"的引导[55]。

(二)《高中地理课程标准》内容要求

我国十分重视教育信息化的推进。《高中地理课程标准》强调教师要借助大数据、人工智能、"互联网+"等,为学生提供自主学习、探究学习和合作学习的开放空间,加深学生对地理事物、地理事象形成过程的认识,进而总结归纳地理规律。融通教学要求地理教师充分发挥互联网作用,思考在课前、课堂及课后,如何把握好信息技术的应用,如何在具体的教学内容、活动环节采用合适的信息技术手段、呈现方式,如何转变学生学习方式与教师教学方式,使知识的传播更深刻、更精准、更有效。

(三)针对性原则的界定与体现

融通教学的针对性原则是指为获得最佳的教学效果,教师运用针对性的教学策略,对教学内容、教学方法、教学技术进行融合、优化设计;发挥学生在教学中的主体性,指导学生采用针对性的学习方法;教学过程针对性选择活动方案,体现教学过程最优化。融通教学的针对性原则,体现在以下三个具体方面:

1. 运用针对性的教学策略

教师在教学中要体现主导性,运用针对性的教学策略,对教学内容、教学方法、教学技术进行融会贯通、优化设计。教师要具有"技术—教学—学科知识"融合的思想,不能只停留在用技术丰富课堂教学的工具使用层面,而是运用 TPACK 理论框架在地理课堂的教学内容组织、教学环境创设、教学方式选择等方面优化设计、灵活运用。教师要提高课堂管理能力、服务能力,依据学情随时调整教学策略及教学内容,提高课堂教学效率。教师要从技术的被动使用者到主动使用者,从消费教学资源到创造教学资源,要清楚选择技术手段的原因及其要取得的效果。教师设计的教学活动要注意寓教于乐,激发学生学习的兴趣;要注意因材施教,适应不同学生的学习能力与需要[38]。随着信息技术的发展,教师信息素养的提升显得日益重要,信息技术将可以承担知识传授方面的部分工作,教师工作重心将更多转向对学生能力培养、素养培育、心理干预、人格塑造等方面。

2. 采用针对性的学习方法

发挥学生在教学中的主体性,学生应学会主动获取知识的途径,提高自主学习、合作学习的能力。教师要有针对性提高学生地理学习方面的信息素养,指导学生采用针对性的学习方法。学生要在教师的帮助下,学会通过不同方法达成学习目标。心理学研究表明,学生的认知方法取决于年龄心理特征。初中生的心理特征主要表现为课堂注意力比较短暂,容易分散;观察事物和现象比较片面、肤浅、粗略;直接经验比较少,理解能力弱;思维以具体形象思维为主;想象一般从感性出发,贫乏单调;记忆以机械记忆为主,不够牢固。教师适宜选用以直接感知为主的方法、以象征符号认知为主的方法、讲述法、讲读法、启发式谈话法、游戏法、角色扮演法等,激发学生地理学习兴趣,帮助学生学会相应方法 达成学习目标。高中生的心理特征与初中生有很大差异,主要表现为课堂注意力比较集中、持久;观察事物和现象比较全面、深刻、细腻精确;直接经验比较丰富,理解能力强;思维以抽象逻辑思维为主;想象一般从理性出发,丰富且具有创造性;记忆以意义记忆为主,建立在理解的基础上比较牢固。教师适宜选用讲解法、练习法、实习法、案例法、决策法、发现法、课题研究法等,鼓励学生独立思考、观察、练习、讨论和实践操作[56]。

3. 选择针对性的活动方案

在教学过程中应针对性地选择活动方案,体现教学过程最优化。苏联教育家巴班斯基(Ю.К.Бабанский)提出"教学过程最优化"的定义。教学过程最优化是在全面考虑教学规律、原则、现代教学的形式和方法、该教学系统的特征以及内外部条件的基础上,为了使过程从既定标准看来发挥最有效的(即最优的)作用而组织的控制。最优化不是什么特别的教学法或教学手段,而是在教学规律和教学原则基础上,教师对教育过程的一种目标明确的安排,是教师有意识的、有科学根据的一种选择,是最好的、最适合于该具体条件的课堂教学和整个教学过程的安排方案[57]。融通教学重视教学过程的最优化。"融"是教学的手段与途径,教师在教学中全面考虑教学规律、原则、现代教学的形式和方法、教学环境等,寻求在教学过程中最有效的(即最优的)的途径。具体表现为在教学过程中,课前,教师运用大数据进行学情诊断,借助技术手段(包括大数据采集、教育数据挖掘分析、数据可视化技术)形成数据报告,并且透视数据背后的问题,正确分析学生的学习情况,形成相应的学习对策,并通过交流互动指导学生发现问题、认识不足,激发学生自我矫正、改进和提升的欲望。课堂上,教师正确分析揭示学生学习问题的实质及成因,实施精准教学,有的放矢地融合教学内容、教学方法与信息技术,提供学习素材、学习方法、交流机会,采用针对性强的思维方式,具体解决问题的一个个关键点,引导学生逐步内化所学知识,提升解决问题的能力,实现学业水平进阶。课后,教师依据云平台数据统计,精准辅导学生,根据统计数据发现不同学生存在的不同问题,有针对性地给不同学生推送不同的学习任务和作业,实现学生个性化学习。

二、发展性原则

(一)"钱学森之问"的启发

在中国教育界有一个颇为著名的问题叫"钱学森之问"。钱学森是我国著名科学家,在世界科学领域影响巨大。钱学森生前提出:"为什么我们的学校总是培养不出杰出人才?"钱老的这一问一直引发着国人的思考。新中国培养了一大批杰出人才,在各领域取得巨大进步。但是中国教育培养出的"大师级人物"、诺贝尔奖获得者屈指可数。面对"钱学森之问",各级教育部门和教育工作者都在努力寻求解决的办法和措施。中共中央办公厅、国务院办公厅印发的《关于深化教育体制机制改革的意见》为教育工作者指明了努力的方向。该文件要求在培养学生基础知识和基本技能的过程中,强化学生关键能力培养;培养认知能力,引导学生具备独立思考、逻辑推理、信息加工、学会学习、语言表达和文字写作的素养,养成终身学习的意识和能力;培养创新能力,激发学生好奇心、想象力和创新思维,养成创新人格,鼓励学生勇于探索、大胆尝试、创新创造。

(二)古今中外名家的启示

"授人以鱼,不如授之以渔。"这句话出自《老子》。说的是传授给人既有知识,不如传授给人学习知识的方法。道理很简单,鱼是目的,捕鱼是手段;鱼是结果,渔是方法。一条鱼能解一时之饥,却不能解长久之饥,如果想常有鱼吃,就要学会捕鱼的方法。以此类推,"授人以渔,不如授人以欲"。"欲"就是植根于内心的兴趣、愿望和为之而努力的激情,它时刻影响着人的行为。诺贝尔物理学奖获得者李政道先生说:"对于青少年,最关键的是从小要有好奇心,遇到问题就追问下去,这种精神比考试得好分数更重要。"[58]

杜威认为,兴趣不是通过对它进行思考或有意识地引导而获得的,而是通过思考和引导那些支撑并推动它的(活动)条件获得的。作为一种机能,智慧是在解决现实的各种困惑中被激发出来,而教育的基本职责无疑就是创造各种对象性、中介性活动,使得人的智慧得以激发。

(三)发展性原则的界定与体现

融通教学的发展性原则是指为培养学生的发展意识与发展能力,地理教学中注重激发学生的学习兴趣与欲望,注重将地理知识的获得与地理科学方法的训练相统一,为学生奠定坚实的地理知识基础,为学生探索新知识和掌握地理探究的方法创造条件,让学生在自我调适和主动发展中深化理解感知。融通教学的发展性原则,体现在以下两个具体方面:

1. 培养学生"主体性"学习的发展意识

融通教学的发展性原则关注学生从"要我学"向"我要学"的转变,注重激发学生的学习兴趣与欲望,给予学生学习知识的希望与动力,寻找自身新的发展增长点,强化自身内驱力,在自我激励中走向成功。在教学过程中,通过创新学习方式,运用云平台开展信息化教学,师生使用云平台完成课前预习、课堂练习、课后分层作业。具体操作是:课前,教师通过云平台推送课前导学,学生自习并完成检测练习。云平台根据大数据智能计算出学生的现有知识与所学新知识之间的"距离",提供精准、个性化的学习计划;课堂,教师通过云平台指导学生学习授课内容,开展交流互动,完成课堂检测练习。云平台实时记录学生的学习轨迹,包括交流互动情况、解题过程、答题时间、纠错行为等,进而智能分析其思维过程、学习情绪变化等,形成学生个性化的学习成长档案,供师生查看,便于学生了解自己的学习情况,便于教师调整教学策略,提高教学效果;课后,教师根据学生知识掌握情况,通过云平台推送分层作业,帮助学生自我反思、建构知识体系。学生则通过自我检测,一方面明确认识自己的不足及其原因所在,形成新的求知欲;另一方面实现认知迁移,促进知识内化、自我提升发展。

2. 培养学生"主动性"学习的发展能力

融通教学的发展性原则关注学生从"学会"向"会学"的转变,提倡教师不仅要教授知识,也要注重培养学生"主动性"学习的发展能力。在教学过程中,组织学生开展自我纠错、交流互动,激发学生自我矫正、改进和提升的欲望;引导学生在表达、互辩、思考中实现"通"的达成;引领学生不断探寻,步步深入,激活学生重组、整合知识的能力,诱发解决新问题需要的判断、综合、论证等思维能力,最终到达思想的新高度,唤醒学生的潜能而实现教育的目的[2]。融通教学关注地理科学方法教育。如果在地理教学中以先给出结论再进行演绎推导的方式传授知识,学生难以认识到科学方法在地理学习中的作用,会使丰富生动的地理知识变得枯燥无味。因此,在地理教学过程中,要特别注重对学生进行地理科学方法教育。地理知识只是为学生的认知发展提供了一种智力操作材料,而地理科学方法则为学生在思维和行为上操作这些材料提供了手段和工具。如果学生在学习地理知识的同时掌握了地理科学方法,他就能运用这些方法去寻求自己尚未知晓的新知识,去探求各种问题的答案。发展性原则将地理教学引导到注重地理知识获得与地理科学方法训练相统一的轨道,为学生奠定坚实的地理知识基础,为探索新知识和掌握地理探究的方法创造了条件[59]。

三、交互性原则

(一)古今中外名家的启发

《论语·子罕》中记载了孔子与乡下人之间的交互。子曰:"吾有知乎哉?无知也。有鄙夫问于我,空空如也。我叩其两端而竭焉。"意思是,孔子说:"我有很全面的知识吗?其实并没有。有一个乡下人问我,我对他提的问题并没有确切的答案。我只是从问题本末或正反两个极端去反问他,引导他,追根溯源,这样对此问题就可以逐步搞清楚了。"这是典型的孔子对学问求知的态度,也体现了孔子高超的分析问题、解决问题的教学方法。首先,在求问的学生面前表现得很谦虚,以便于下一步的启发,让学生感受到是在和老师一起探讨问题,学生也就非常虔诚地求问索答。然后,孔子再对学生所不了解的事,逐步进行理解沟通、刨根问底,直到学生恍然大悟。这实际是让学生自己思索的过程。不但把有疑问的事解决了,还让学生学会了思考问题的方法。

我国教育家陶行知曾说过:"活的人才教育不是灌输知识,而是将开发文化宝库的钥匙,尽我们知道的交给学生。"联合国教科文组织的报告《学会生存——教育世界的今天和明天》中也指出,未来社会的文盲,将不是没有掌握一定知识的人,而是那些不会学习的人。因此,我们要培养学生良好的地理思维习惯,让学生学会自己去获取知识。美国著名学者黛博拉·梅耶尔(Deborah Mayer)非常重视学生"思维习惯"的培养,她认为培养学生的"思维习惯"是教育过程的核心问题,并提出"五大思维习惯"——依据、观点、关系、推断和相关性。

(二)《高中地理课程标准》内容要求

《高中地理课程标准》的"实施建议"中提出,教师应尝试更多地运用问题式教学、实践教学、信息技术支持下的教学。问题式教学是用"问题"整合相关学习内容的教学方式,以"问题发现"和"问题解决"为要旨,在解决问题的教学过程中,教师应引导学生运用地理的思维方式,建立与"问题"相关的知识结构,并能够由表及里、层次清晰地分析问题,合理表达自己的观点[18]。

《高中地理课程标准》的"实施建议"中还提出,应当开展思维结构评价,地理学科核心素养的培养需要重视学生地理学习过程中的思维发展。基于"可观察的学习成果结构"分类理论,可将学生学习结果表现出来的思维状况分为无结构(思维混乱)、单点结构(只能涉及单一的要点或要素)、多点结构(可涉及多个要点或要素、但无法建立相互之间的关系)、关联结构(能够涉及多个要点或要素,而且能够建立合理的联系)和拓展抽象结构(能够更进一步抽象认识或给出教师预想之外的答案)。教师应将教学的重点从只关注孤立"知识点"或单一的"正确"结论,拓展到关注学生对地理问题的完整认识过程[18]。

(三)交互性原则的界定与体现

融通教学的交互性原则是指围绕学生良好的地理思维的培养,在地理教学中融合信息技术、地理教学资源,明确交互的作用(教学诊断、情境创设、教学问题生成等),通过不同交互类型的交互(语言、文字、信息化、肢体动作等多感官的交互)开展师生交互、生生交互、人机交互等不同主体间的交互。融通教学的交互性原则,体现在以下三个具体方面:

1. 明确开展交互教学的目的、基本流程

融通教学的交互性原则明确开展交互教学的目的,重点围绕学生良好地理思维的培养。融通教学的教学过程重在教学诊断、教学诊治、教学评价,基于线上、线下的学习环境,开展教师与学生、学生与学生、学生与资源等之间的交流互动,帮助学生发现问题、认识不足,进而解决问题,达到培养学生良好地理思维的教学目的。地理教学中,重视学生地理思维习惯、地理思维方式和问题解决能力的培养,而这些能力的核心就是地理问题的发现与提出、地理问题的探究与解决、地理成果的表达与交流,由此构成了解决具体地理问题的基本流程(如图 2-6 所示)。这正是地理观念、方法的体现[60]。

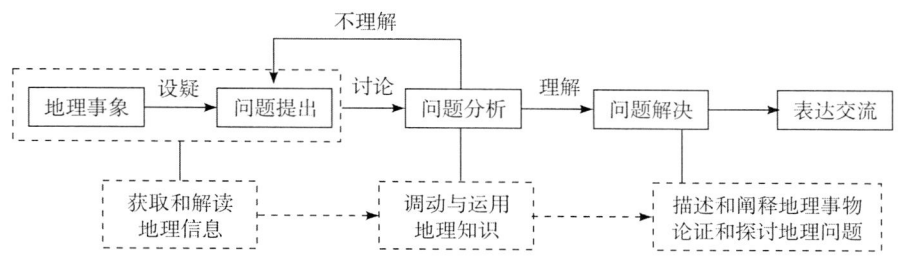

图 2-6 解决具体地理问题的基本流程

2. 注重开展交互教学的实效

开展交流互动应注重实效,一是发挥云平台的大数据作用,与传统教学相比,可以大幅提高交流互动的参与率,不仅使交流互动的覆盖面更广,而且可以深入探讨问题;二是可以使用数据分析功能,发现学生学习态度的变化,利于教师从非智力因素方面挖掘学生的学习潜能;三是利用递进式的学习任务,引导学生交流表达、思考辨析,通过交流互动发现学生学习疑难点、薄弱点、易错点,有利于教师准确把握学情、学生学业水平,正确分析揭示学习问题的实质及成因,即发现"不通之处,不通的原因";四是发挥云平台的载体作用,结合微课、微视频、进阶练习,为学生提供学习素材、学习方法、交流机会,逐步建构知识、完善认知;五是通过拓展式交互练习对知识迁移应用,对知识点从多个侧面、多个角度合理发散,让学生解决符合他们现有认知水平和基础的新问题。从而提升学生解决问题的能力,实现学业水平进阶[36]。

3. 信息化提升交互教学的水平

融通教学借助信息化提升地理课堂交互教学的水平，基于新一代信息技术与学科教学的深度融合，开发利用各种新媒体、新技术，创设有利于学生合作探究、自主学习的环境，通过教学过程中的交流互动、数据分析、评价反馈等，突出学习的过程性评价，给师生带来全新的教学体验，促进师生改变传统教学行为，提高课堂教学效率和学习质量。地理教学中，师生运用云平台的移动讲台、在线测试、课堂活动云平台直播、学生电脑活动界面课堂转播、分组评比、系统随机挑人回答问题等功能，实现了师生间、生生间的互动交流，让学生积极主动地参与课堂活动，有效提高了课堂学习效率。

地理教学中，教师使用信息技术和教育资源，解决地理教学中的重难点问题，准确选择信息技术与教学内容的结合点，灵活运用云平台互动课堂的辅助工具，有效培养了学生的创新精神和实践能力，促进了教学过程的优化及学生学习方式的转变。教师根据教学需要设置问题、布置任务，调动学习气氛，创设轻松愉悦的学习环境，尽量使每位学生都进入学习、思考、交流、讨论的状态。教师关注学生个体的学习差异，开展小组合作时，注意考虑不同学习水平学生的组合，搭建学生互助帮扶的关系；对学生小组合作探究提供有针对性的指导，及时进行点评、提升[35]。

四、拓展性原则

（一）孔子育人的启发

《论语·子路》中记载了孔子关于"学习目的"的看法。子曰："诵《诗》三百，授之以政，不达；使于四方，不能专对；虽多，亦奚以为？"意思是：孔子说："熟读《诗经》三百首，交给他政治任务，他却办不通。让他出使外邦，他又不能独立应对。这样即使《诗经》读得再多，又有什么用呢？"[61]《诗经》共305首，实际上是西周初年至春秋中叶的历史从内政外交到风土民情，无所不包。孔子认为读通了《诗经》，就应该能通达治国理政，受命出访，不能主君一句句教你怎么说话，那没法教，因为不知道会遇到什么情况，所以你必须自己下判断，自己应对，不辱使命。这是孔子对"学习目的"的看法。孔子认为，学习必须有明确的目的，要"学以致用"。《诗经》是孔子教授学生的主要内容之一。他教学生诵《诗经》,不主张死背硬记《诗经》,而是希望学生要学以致用,把《诗经》的思想用于指导政治活动,用于社会实践。

(二)《高中地理课程标准》内容要求

《高中地理课程标准》的"课程结构"中提出"立德树人"是教育的根本任务,是学习目的,要求切实将地理学科核心素养的培养贯穿于地理课程的设计和实施中。在地理学科内容方面,要充分体现地理学科的本质和价值,展示其核心思想和独特视角;在社会需求方面,要响应党和国家提出的"创新、协调、绿色、开放、共享"的发展理念,展示地理学与社会的关联;在学生发展方面,要密切联系学生的生活经验,让学生在自然和社会的大课堂中学习对其终身发展有用的地理知识[18]。

(三)拓展性原则的界定与体现

融通教学的拓展性原则是指在日常性地理教学的基础上,针对学生感兴趣的知识以及个性化学习需求,进行适当延伸、补充、拓展和整合,开发和培育学生的潜能和特长,培养学生学以致用的本领;通过思维拓展、实践拓展等方式,提高学生自主学习、终身学习的能力,培养学生适应终生发展和未来社会发展所需的必备品格和关键能力。融通教学的拓展性原则,体现在以下三个具体方面:

1. 知识点的"点状""线状"拓展,注重拓展的深度

许多学生有能力解决符合他们现有认知水平和基础的新问题。融通教学发挥云平台随时随地可以学的优势,在课堂练习阶段、课后辅导阶段进行拓展训练。教师对某个知识点从多个侧面、多个角度合理发散,例如,选择学生容易出错的题目改造变形进行拓展训练,同时,题目注意不刻意求难,要符合学生的学习水平,要有阶梯性、渐进性,让学生感到别开生面,深受启发。例如,在"等值线"系列专题学习之后,学生懂得等温线、等高线、等降水量线等方面的知识,教师进行迁移拓展,提供关于"等流时线"的拓展练习,培养学生的发散思维,提高其地理学习能力和学科素养[36]。

2. 知识点的"面状"拓展,注重拓展的广度

地理是一门综合性较强的学科。地理事物通常是复杂的,地理事物与其他事物之间存在着不同程度的联系;同时,教材中所叙述的往往只是一般原理,在现实生活中一些实例不可能完全遵循一般原理。因此,在地理学习过程中,必须从大地理的角度,从学科融合和空间综合的角度,分析地

理现象、地理规律，解决地理问题。例如，"流域的综合开发——以美国田纳西河流域为例"一课，诺克斯维尔市（Knoxville）的降水季节分布表现出"冬末春初多降水，夏秋季降水相对较少"的特征，而该区域属于季风气候，降水的整体特征是"夏多冬少"，两者之间看似矛盾。这时，教师需要抓住机会进行知识点的"面状"拓展，让学生懂得地理空间尺度的"活学活用"。首先，指出在地理学中，尺度是指地理事象在空间和时间上的量度，即空间范围大小和时间间隔长短，又可指观察和研究地理事象时所采用的空间和时间单位；基于地理学、景观生态学，应用层次理论，地理空间可以分为大、中、基本三种尺度[62]。接着分析：夏季，来自墨西哥湾的暖湿气团受阿巴拉契亚山的抬升，东坡降水较多，而诺克斯维尔市在阿巴拉契亚山的西侧，处于背风坡一侧，降水较少。冬季，来自极地的冷气团，在南下的过程中，随着纬度的降低，冷气团变暖，经过五大湖地区湿度变潮湿，这种气团受阿巴拉契亚山的抬升，西北坡降水较多。可见，气候除了与海陆位置有关外，还要考虑地形等其他要素。海陆位置属于大尺度，地形属于中、基本尺度。最后，指出区域地理的学习旨在帮助学生掌握区域认知方法，熟练运用所学原理、技能对区域进行综合分析，推理、预测区域地理要素的发生发展过程。学生不能拘束于教材的案例，要能拓展迁移应用。

3. 能力的拓展，注重拓展的可持续

信息化时代，知识的积累速度加快，而其学习内容往往转瞬即逝，教育仅传授知识技能是行不通的，要树立"终身学习"的理念，培养学生"学会学习"的能力，掌握认识的手段；让学生有能力在自己的一生中抓住和利用各种机会，去更新、深化和进一步充实最初获得的知识，使自己适应不断变革的世界[21]。

教学实践中，教师在不同阶段运用"测、融、启、治、通、联"等教学策略，围绕"学生发展"这一中心，力求达到"通""联"的学习目的；学生在自主学习的过程中，学会地理学习方法，提高信息提取和综合信息处理的能力，有利于达成会融会通的教学结果。学生学会"融"，即学会融合应用的技能与方法，学会迁移应用；实现"通"，即弄通地理学科思想与知识、提高地理学业质量水平和地理自主学习能力，提升学生的核心素养。

第五节　融通教学的教学模式

一、教学模式

(一)教学模式

教学模式是在一定教学思想或教学理论指导下,建立起来的较为稳定的教学活动结构框架和活动程序。作为结构框架,突出了教学模式从宏观上把握教学活动整体及各要素之间内部的关系和功能;作为活动程序则突出了教学模式的有序性和可操作性[63]。

系统完整的教学模式是从近代教育学形成独立体系后开始的,"教学模式"这一概念与理论在20世纪50年代以后才出现。不过在中外教学实践和教学思想中,很早就有了教学模式的雏形。古代教学的典型模式就是传授式,其结构是"讲—听—读—记—练"。其特点是教师灌输知识,学生被动机械地接受知识。到了17世纪,随着班级授课制度的实施,夸美纽斯提出了以"感知—记忆—理解—判断"为程序结构的教学模式。19世纪,德国教育家约翰·弗里德里希·赫尔巴特(Johann Friedrich Herbart)认为教师的任务就是选择正确的材料、以适当的程序提示学生,形成学生的学习背景,他提出了"明了—联合—系统—方法"的四阶段教学模式;后来,赫尔巴特的学生把这四段加以发展,威勒(Ziller)将"明了"分为分析及综合两个阶段,增四段为五段,莱因(Rein)进一步发展为"预备—提示—联合—总结—应用"的五阶段教学模式。19世纪20年代,杜威提出了"以儿童为中心"的"做中学"为基础的实用主义教学模式,基本程序是"创设情境—确定问题—占有资料—提出假设—检验假设"。

随着多媒体和互联网应用的迅猛发展,建构主义的学习理论与教学理论得到广泛应用。建构主义学习理论主张以学生为中心,强调学生是信息加工的主体,是知识意义的主动建构者;认为知识不是由教师灌输的,而是由学习者在一定的情境下通过协作、讨论、交流、互相帮助(包括教师提供的指导与帮助),并借助必要的信息资源主动建构的,因此情境创设、协商会话和信息提供是建构主义学习环境的基本要素。建构主义的教学理论强调教师要成为学生主动建构意义的帮助者、促进者,课堂教学的组织者、指导者,而不是课堂的"主宰"和知识灌输者;要求学生主要通过自主发现的方式进行学习[64]。

(二)融通教学的教学模式

融通教学的教学模式注意吸收、借鉴优秀理论,努力做到既发挥教师的指导作用,更要充分体现学生的学习主体作用,既注意教师的教,又注意学生的学,把教师和学生两方面的主动性、积极性都调动起来。融通教学教学模式的基本程序是数据诊断—融合运用—导学诊治—通达知晓—联系迁移,教师要进行导学诊治方案设计规划(如图 2-7 所示),在不同阶段运用"测、融、启、治、通、联"等教学策略,学生根据具体学习任务采用"练、学、思、习、辨、行"等学习策略。其最终目标是要通过这种教学模式来优化学习过程和学习效果,围绕学生发展这一中心,力求达到通、联的教学目标。

教学策略	教师	信息技术运用	组织形式	学生	学习策略
测	学情诊断	推送资源、数据反馈	异步教学	知识链接	练
融	融合设计	深度融合、体验感知	同步教学	自主学习	学
启	启发引导	创设场景、逐层引导	同步教学	思考内化	思
治	精准教学	融合运用、师生互动	同步教学	合作尝试	习
通	答疑解惑	达标训练、数据验证	同步教学	交流互辩	辨
联	联系迁移	推送资源、拓展提升	异步教学	学以致用	行

图 2-7　导学诊治方案设计规划示意

二、数据诊断

(一)"诊断"的概念

"诊断"概念用于教育著作中最早出现在法国心理学家比纳(Binet)发

表的《诊断异常儿童智力的新方法》一文中。之后,布鲁姆又提出了"诊断性评价"的概念并论述了"形成性评价"的诊断意义。苏联著名教育家巴班斯基提出"教育会诊"的概念。1957年,卡尔梅科娃(Калмыковой)出版《学生智力发展诊断问题》,对学生接受能力诊断进行了专门研究[65]。我国学者毕天璋等出版了《教育诊断学》一书,初步构建了教育诊断学的学科体系。

教育诊断具有两种含义。狭义的教育诊断是把教育的"病理现象"作为诊断的对象。例如,日本筑波大学教研会主编的《现代教育学基础》认为"教育诊断用以诊断学习不良这一症状的原因,所以它的出发点是治疗和矫正。"广义的教育诊断是把教育的所有偏常现象作为诊断对象。例如,我国学者毕天璋认为,教育诊断是对教育中的偏常现象进行判断并制订教育对策的理论、程序和方法,并且认为"偏常现象"有两层含义:一是相对于"正常"而言的,即教育工作和学生发展中的偏差和失误;二是相对于"中常"而言的,即教育工作和学生发展中的超常现象和低常现象[66]。

融通教学教学过程的课前诊断,属于狭义的教育诊断,特指中学地理教学诊断,研究对象是智力正常的中学生,主要是针对"学生在中学地理学习过程中存在的欠缺"所作的诊断,为后续的教学诊治提供帮助。中学地理教学诊断是指依据课程标准等,基于线上、线下学习环境,运用大数据准确把握学情、学生学业水平以及学习疑难点、薄弱点、易错点,指导学生发现问题、认识不足,激发学生自我矫正、改进和提升的欲望。

(二)诊断过程

教师依据地理课程标准、地理学业质量水平,立足于具体的课堂类型、教学内容,以学生学习前所拥有的"基础知识、认知思维、学科素养"等为诊断内容;基于线上、线下学习环境,通过课前导学、师生交流、试题检测等途径收集诊断数据,运用大数据、学习分析技术作为诊断工具分析数据,准确把握学生学业水平以及学习疑难点、薄弱点、易错点,对学习问题的原因进行归纳分析,预判学生学习过程中可能遇到的困难等,做出具体的诊断性评价,进而做出诊断决策。例如,课堂教学出发点的设置、教学难点的确立、教学策略的运用、教学活动的规划等。诊断决策一方面为后续的教学诊治提供帮助,另一方面,教师通过课堂实践来检验教学诊断决策是否符合诊断依据的要求。教师明确诊断过程进而有序开展融通教学(如图2-8所示)。

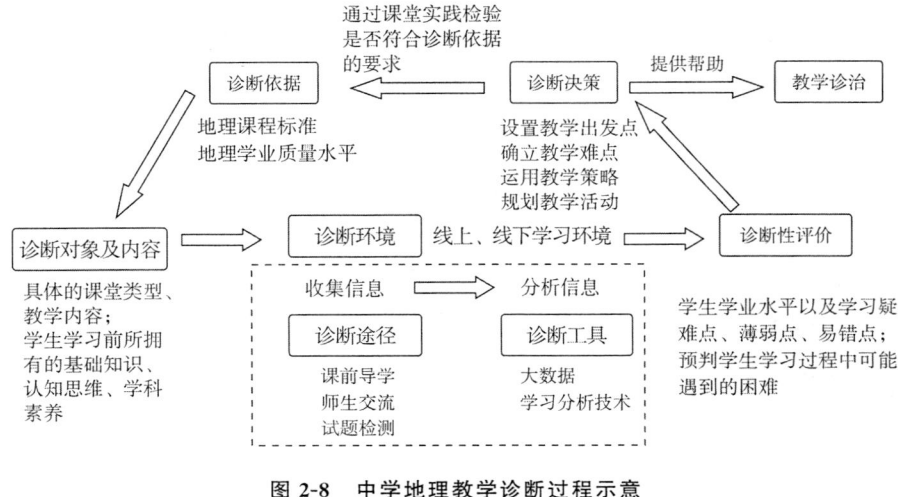

图 2-8 中学地理教学诊断过程示意

(三)诊断依据

中学地理教学诊断依据主要是《高中地理课程标准》和地理学业质量水平。《高中地理课程标准》在设计上实现了教、学、考的统一，每个模块或主题由内容要求、教学提示、学业要求组成，并提供教学与评价案例。中学地理教学诊断的目的在于促进诊断对象的素质发展，其核心是一个价值评判过程，评判的中心是品质，而品质也是核心素养的追求，这就要求诊断以核心素养为导向，以地理课程标准为依据。地理学业质量标准是以地理学科核心素养及其表现水平为主要维度，结合课程内容，是对学生学业成就表现的总体刻画。地理学业质量水平分为四级，每一级水平主要表现为学生整合不同的地理学科核心素养，在不同复杂程度的情境中，运用各种重要概念、思维、方法和观念解决问题的关键特征。地理学业质量水平结合课程内容，采用"表现性"水平描述的方式，测评学生在"什么情境"状态下"能做什么事情"，"做到什么程度"，可作为中学地理教学诊断依据。

(四)诊断对象及内容

诊断对象及内容主要为具体的课堂类型、教学内容、学生学习前所拥有的基础知识、认知思维、学科素养等。首先，针对不同的地理课堂类型设计不同的课前诊断方案。例如，在新授课的课前，采用课前导学的形式了解学生的认知基础；在复习课的课前，采用小测的形式了解学生知识的薄弱点；在讲评课的课前，采用试题分析了解学生的疑难点、易错点等。在地理实验课的课前，采用访谈的方法，了解学生的合作交流能力、实验操作能力、探究意识等。其次，针对不同的地理教学内容，开展对教材的诊断分析。融合各版本教材的优点，取长补短、融"优"设计，灵活运用。第三，针对学生学习前所拥有的基础知识、认知思维、学科素养，开展学情的诊断分析，重点研究学生的"已知、未知、能知、想知以及怎么知"等，"已知"指学生已有的知识、能力和方法储备；"未知"指学生在应达到的学习目标和实现目标前，涉及的未掌握的知识、能力和方法；"能知"指学生的最近发展区；"想知"指学生的学习倾向；"怎么知"体现了学生的认知风格和学习策略等[67]。教师只有了解学生的认知障碍、地理学业质量水平情况，才能更好帮助学生扫除认知障碍，实现地理学业质量水平进阶。

（五）诊断性评价

融通教学的教学过程重在教学诊断、教学诊治、教学评价，在教学实践中体现为从发现问题到解决问题。其中，诊断是一个收集信息、分析信息，从而发现问题，并对产生学习问题的原因归纳分析的过程。教师在信息收集、信息分析基础上，透视数据背后的问题，分析学生学业水平以及学习疑难点、薄弱点、易错点，正确分析、揭示学习问题的实质及成因，预判学生学习过程中可能遇到的困难，围绕"诊断出什么问题、为什么存在这样的问题"出具诊断性评价。诊断性评价的第一部分是"诊断出什么问题"，主要是依据学情分析，诊断出学生对知识点掌握的缺陷；第二部分是"为什么存在这样的问题"，既包括学生的学习态度、学习习惯等非智力因素，也包括学生地理思维、地理概念掌握情况等智力因素。

（六）诊断决策

教师根据诊断性评价，结合教学要求、学生情况、学习问题归因分析等，制定具体的诊断决策，包括课堂教学出发点的设置、教学难点的确立、教学策略的运用、教学活动的规划等，及时调整教学进度，对课堂学习活动进行深入细致的设置与规划。教师做出的"诊断决策"不是固定不变，是动态的、可验证的。"诊断决策"不仅为后续的课堂"教学诊治"提供帮助，教师还可以通过课堂教学检验"诊断决策"是否符合"诊断依据"的要求，所做的教学调整是否有效解决学习问题。

总之，融通教学力求开展即时、动态的课前诊断。教师通过课前诊断过程，对学生情况了解越透彻，越能精准诊治"教学堵点"，越能帮助学生取得学业进阶。教师虽然在课前付出了更多时间，但教学效果更显著。

三、融合运用

（一）基于课标融合教材

《高中地理课程标准》提出地理学科核心素养、地理学业质量标准，实现了教、学、考的统一。其中，地理学业质量水平采用"表现性"水平描述的方式，关注学生在什么情境下能做什么事情、做到什么程度。教师依据《高中地理课程标准》研究课程内容、学业质量要求等，通过课前数据收集、分析学情，明确地理教学的重点、难点，细化具体教学目标，融合教学内容，精心设计信息化教学环境下的教学环节、教学活动。

在教学设计时，在使用现行教材的基础上，教师应分析不同版本的教材"如何体现课程标准的要求"，参考不同版本教材的知识结构、活动设计、插图等内容，融合各版本教材的优点，取长补短、灵活运用。教师还应根据学校条件、生源特点等情况，设计符合教学实际的师生活动。

（二）基于学情融合方法

在数据诊断的基础上，教师应在课前针对"教学堵点"，依据"技术—教学—学科知识"融合的思想（如图2-9所示）进行教学方案设计，利于进行课堂的启发引导、精准诊治[38]。

（三）基于场景融合技术

1. 构建智慧教学场景

在地理课堂教学中，传统的教学场景在数字化、智能化时代日益显露出不足，《高中地理课程标准》强调教师要借助大数据、人工智能、"互联网＋"等，为学生提供自主学习、探究学习和合作学习的开放空间，加深学生对地理事物、地理事象形成过程的认识，进而总结归纳地理规律。因此，地理教师需要构建智慧教学场景，充分发挥互联网作用，将教学内容与信息

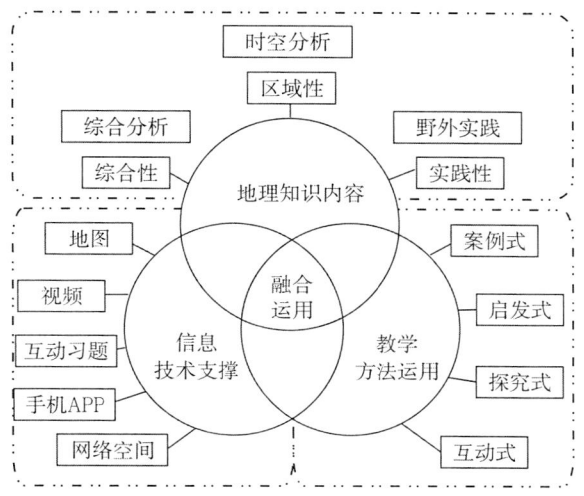

图 2-9 "信息技术—教学方法—地理知识"融合示意图

技术相融合,立体式传播,增强体验感,使知识的传播更深刻、更精准、更有效。

2. 遵循的要求与原则

教师进行基于场景融合技术的教学设计时,要遵循三个要求、四个原则。三个要求分别是紧扣教学目标、贴近学生实际、教学场景设计遵循地理原理。四个原则分别是:一是真实性原则。真实性是前提和基础,要引发学生对所学材料的兴趣,学习过程重视学生的体验感知;二是交互性原则。交互性展现生命力,在教学过程中,师生之间、学生之间的交流互动要贯彻全程,以帮助学生及时调整认知;三是递进式原则。在教学过程中,利用递进式的学习任务,让学生逐步建构知识、完善认知。四是应用性原则。通过知识迁移应用,提升学习能力。

3. 技术融合的实践应用

教师要思考在课前、课堂及课后,如何把握好信息技术的应用?如何在具体的教学内容、活动环节采用合适的信息技术手段、呈现方式?如何转变学生学习方式与教师教学方式?在课堂中,教师关注教学场景信息技术的应用,通过地理教学与信息技术深度融合,关注学生的感知,培养学生发现问题、分析问题和解决问题的能力,有效落实学科核心素养的培育。

四、导学诊治

(一)导学诊治的提出

孔子提出"不愤不启,不悱不发,举一隅不以三隅反,则不复也"的思想,这句话既讲了教学方法,也讲了学习方法,指出教育者要激发学生主动思考的能力,让受教育者开启活泼的心灵、生动的智慧,能够独立思考,是典型的"启发式"教学思想。

苏格拉底提出"知识的助产术"。苏格拉底在教育过程中,对学生提出的问题不予直接回答,而是采取反诘法,逐步揭发对方思维中的矛盾,激发其积极思考、修正错误、寻求正确的答案,得到一般性的概念。这种方法有助于启发学生积极思维,努力探索,通过自我判断去获得知识。

融通教学重视在地理课堂开展"启发—导学—诊治"式教学,通过融合信息技术、教学方法、地理教学内容,创设教学场景、启发学生,引导学生自主学习、合作学习,实施精准教学,解决"教学堵点"。导学诊治促进师生共同发展,需要师生明确角色定位,教师由传统课堂的"教导核心"转为"设计、支持、服务",其角色是学生成长的导师。与传统课堂相比,"导学诊治"提供了智能的教学环境、丰富的资源、灵活的信息组织形式,但促进学生有效学习的影响因素不单是技术装备的好坏、师生技术水平的高低,关键是教师要具有"技术—教学—学科知识"融合的思想,要具有为学生服务的意识,所以教师在地理教学中发挥"设计、支持、服务"的作用。与传统课堂相比,学生更加需要自学、合作,要成为学习的主人,将原有知识与新知识相联系。

(二)目标指引,创设情境

教学目标是教学活动的出发点和归宿,是教学设计优先考虑的问题。在教学目标的指引下,教师融合教学内容、教学方法、信息技术等,运用合适的教学策略,及时调控教学环境,引导教学活动的方向,优化教学过程,取得教学预期效果。

教学目标在教学活动中发挥着指向、评价和激励等作用。明确的教学目标一方面指引着教师创设教学情境,并基于教学情境开展教学活动,达成预期目标;另一方面,教学目标是学习者自我激励、自我评估、自我调控的重要手段。由于教学目标能提供给学生一个明确的方向,使学生清楚通过学习所要达到的具体目标,所以在学习过程中,它可以有效激发学生学习的内部动力,增强学习的兴趣,帮助学生根据目标指引的方向不断调整学习方式,克服困难,为达成预定的学习目标而努力。

杜威认为,无论思与做都要先占有具体对象,它不能凭空而起,"情境"是认识产生的必要条件。作为一种机能,智慧是在解决现实的各种困惑中被激发出来,而教育的基本职责无疑就是创造各种对象性、中介性活动,使得人的智慧得以实现。基于这样的认识,融通教学提出基于场景融合技术,在地理课堂重视依据教学目标,结合教材内容,创设与当堂教学内容相关的情境。情境的创设包括问题情境,用一个或多个问题来引起学生的思考,进入主要学习内容。例如,材料情境采用文字、图片、视频影像等媒介来介绍某一区域或某一现象,引发学生进一步思考并分析其原理所在。

(三)问题引导,自主学习

"学起于思,思起于疑。"学生有了疑问才能进一步去思考,才能有所发现,解决"教学堵点"。《高中地理课程标准》提出重视问题式教学。问题式教学是用"问题"整合相关学习内容的教学方式。问题式教学以"问题发现"和"问题解决"为要旨,在解决问题的教学过程中,教师应引导学生运用地理的思维方式,建立与"问题"相关的知识结构,并能够由表及里、层次清晰地分析问题,合理表达自己的观点。

事物发展的根本原因在于事物内部的矛盾性,学生的发展归根结底必须依赖其自身的主观努力。因此,教学活动必须以调动学生的积极性、主动性、创造性为出发点,引导学生主动探索,积极思考,通过自己的活动达到生动活泼的发展。在课堂教学中,教师根据教学内容的数量给学生相应的自主时间完成导学案。首先,学生通过自主学习,独立完成导学案中的问题链,学习相关的基础知识问题,经过个人思考,形成自己的解题思路。接着,教师引导学生在课堂展现自己的学习成果。最后,通过多名学生呈现学习成果以及教师适当的点拨,让学生可以得到正确的问题答案并形成自己的知识关系网。教师要尽量增加学生学习的自由度,启发、引导学生自己去解决问题;通过启发、引导学生动眼、动脑、动口、动手,既可以培养学生的智力和能力,又能使学生感受到学习的乐趣,把枯燥乏味的"苦学"变为主动有趣的"乐学"。

在问题引导,自主学习中,要注意以下三个方面:

1. 围绕问题,使教学内容的结构化与关联性更加突出

"问题"的呈现要利于学生发现未知,激发学生学习和探究的兴趣,利于学生创造性地解决问题。"问题"的设计要注意:第一,需要依托情境,例如,贴近学生知识水平、生活实际和社会现实,使学生理解情境;第二,蕴含问题,给学生提供探究的空间;第三,体现关联性,让学生在一个贯穿全过程情境中经历地理思维发展的过程;第四,问题与课程标准和地理教科书内容相联系,便于学生找到基本的依据和资源。

2. 要善于捕捉时机,尤其是"启发的切入点"

学生并不是任何时候都需要启发。一般来说,需要启发的时刻主要有:一是,在学生遇到新问题而没有"方法"时,教师要运用启发法,并且着力点应是启发学生认识新旧知识的联系,而不只是简单地提供一个可能的方法。二是,在学生因对概念、结论产生的背景和条件不清楚、缺乏抽象思维能力而"想不通"时,教师可以通过实验和直观形象化的图形,将重要的定律、结论和概念形象化地展现于学生面前,使学生在事实面前想通;也可以将某些具体直观的东西与所讲概念、定律、结论联系起来,逐步转化抽象为可认知的东西;还可以由低维度的思维活动逐步引向高维度的思维,将问题循序渐进,逐步减少理解难度,促使学生突破对问题理解的障碍,从而深刻认识概念、定律、结论的重要本质[68]。

3. 课堂教学重"导"而非"牵"

(1)以学生的认知水平和知识基础为起点设计问题。(2)围绕问题设计不同层次的问题链条,注重地理知识间的内在关联性,并将所学内容整合成可操作、逻辑性强的学习链条。同时也要注意学习链条的设计只是预设,实际学习过程的展开要以学生的思维发展为线索,避免教师用问题链过度"牵引"学生的现象。(3)将完整呈现问题和相应情境作为学生学习的基础和背景,避免将情境仅作为"导入"的做法,要引导学生在充分理解情境的前提下展开学习[18]。(4)要关注课堂生成问题,促进、激发学生发现问题、提出问题,让学生学会思考、学会提问,真正做学习的主人。

(四)合作尝试,交流互动

课堂教学时间有限,应在课堂中有效提高教学效率,突破教学难点,解决"教学堵点"。由于个人的思维是有限的,大家的思路集中在一起必然胜于个人;而且,课堂教学时间有限,解决问题时如果只依靠个人,在个人思路受到限制无法展开时,必然会浪费教学时间,其结果是很多问题无法得

到解答或者只能由教师直接给出结论,使教学效果不理想。因此,采用学生小组合作学习,开展探索尝试、交流互动来解决问题是一个很好的教学方法。教师提供充足的学习支撑材料,在课堂将学生按一定标准分成若干个学习小组开展课堂活动;小组成员根据教师提出的学习问题和支撑材料,先进行自主学习,然后在小组内部交流互动,学生相互陈述自己解决问题的思路,利用集体智慧解决学习问题,并在班级展示学习成果。同时,学习小组与学习小组之间形成竞争关系,哪个小组解决问题多,解决问题速度快,教师给予相应的鼓励或奖励。当然,在学生解答过程中出现问题时,教师要适当给予引导,以激发更多学生的学习热情[69]。

在合作尝试、交流互动中,要注意以下三个方面:

1. 教师要重"启"和"试"相结合

让所有学生参与问题解决的整个过程,即使在分组学习时,也避免每个小组仅负责解决问题的某个方面或某个环节的现象,以保证对地理问题的全面认识和综合思维训练。不论是演绎学习还是归纳学习,都要使学生能形成一定的地理知识结构框架,综合理解、解释和解决地理问题;要提倡和鼓励学生呈现开放性思维,具有创新性表现[18]。探索尝试可以使学生获得成功的喜悦,增强学习信心,为获取新的成功准备良好的心理条件。

2. 教师既要面向全体学生,又要关注个体差异

在学生小组合作的活动中,因为学生个体差异很大,每名学生在面对相同的问题或知识点时都有自己的思维方式,所以在知识理解程度上也存在很大差异。解决此类问题的方式主要有:一是,利用大数据统计学生情况,在课内外有针对性地帮助个别学生。二是,课堂分组活动时,注意学习小组的搭配,在学习小组内互助解答。三是,在课堂时间允许条件下,采取生生互动解答,让全班同学互助解答,学生生成问题、分析问题、解答问题,教师再总结评价。四是,教师授课时有意识留出时间解决因个体思维差异出现的问题,可以要求学生向老师提问,教师及时启发引导,解决问题。

3. 教师要提高课堂掌控能力

在学生小组合作活动中,教师要注意课堂活动的引导,使学生活动不偏离教学目标,在适当时候对学生加以指导,帮助学生消除自主学习中的认知障碍。教师要参与到学生的探究活动中去,一起发现问题、解决问题,指导学生吸收新知识。同时,教师要做好课堂反思,及时总结经验教训。这样,才能在鲜活的、具体的课堂活动中,找到解决教学问题的理想途径,持续优化自己的课堂教学管理水平,提升教学质量。

（五）智慧课堂，精准教学

智慧课堂是基于"互联网＋"的思维方式和大数据等信息技术的智能、高效课堂。教师、学生在智慧课堂中借助在线教学工具、学习资源，采用合适的教学方式、学习方式开展学生自主学习、合作探究、师生教学互动等（如图2-10所示）；基于动态学习数据分析和"云、网、端"的运用，实现教学决策数据化、资源推送智能化、交流互动立体化、评价反馈即时化。

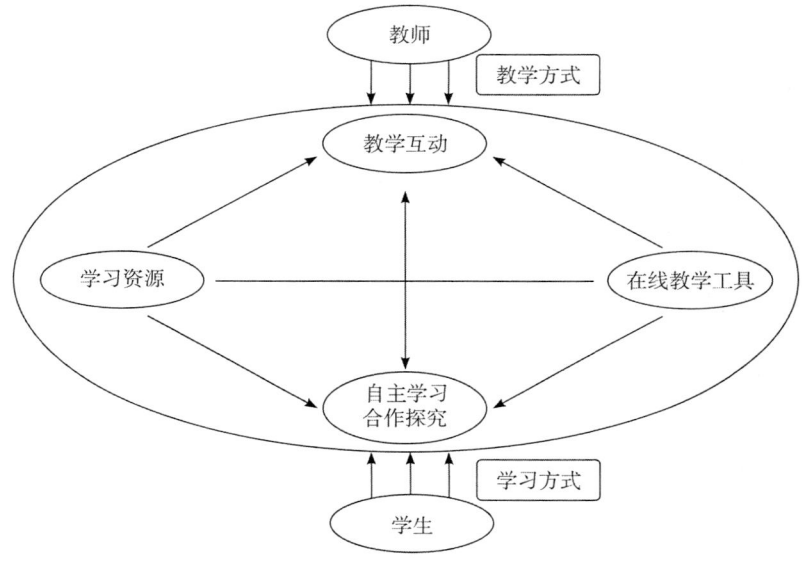

图2-10　智慧课堂学习示意图

20世纪60年代，美国教育学者林斯利（Lindsley）将"精准"一词首次引入教育教学领域。精准教学的初衷在于通过精确测量学习过程，来追踪学生的学习表现，并进行科学、精确的教学决策。然而，由于操作比较繁琐、记录过程复杂、缺乏统一测量标准等原因，精准教学的推广遭遇阻碍，逐渐失去了活力。近年来，随着信息技术和互联网的迅猛发展，智慧课堂将大数据技术引入精准教学，在保持精准教学评估功能的基础上，突出精准教学目标设定、精准教学内容推送、精准教学活动设计、学习行为记录与测评、精准决策与干预等，必将使教育教学更加科学化、精确化（如图2-11所示）[70]。

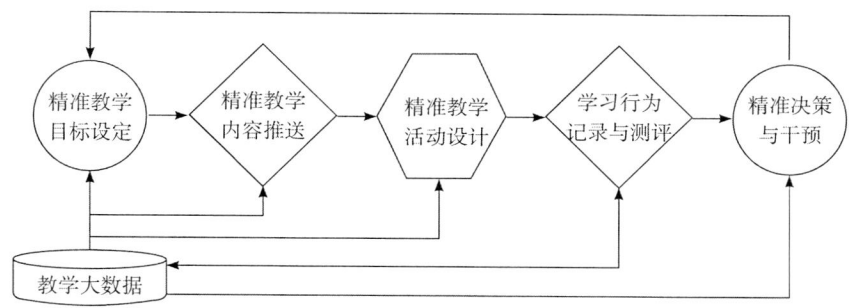

图 2-11　大数据驱动的精准教学操作框架

1. 数据精准走向教学精准

大数据在精准教学方面有显著的技术优势,有利于人工智能和地理教学的无缝对接。第一,课前诊断环节的大数据提供学情诊断等测量数据,让教师明确学生的"教学堵点",使精准教学更为精准可行;第二,智慧课堂上,学生的学习行为、学习状态、学习结果等信息成为可捕捉、可量化、可传递的数字信息,并且教学行为记录的过程由信息化系统自动完成,不仅记录的过程更容易,而且记录的内容更系统、更全面;第三,在学情分析、答题分析等大数据应用系统的支撑下实现数据结果可视化呈现,教师可以在电子白板、平板电脑等终端即时分析学生行为、知识掌握情况等,可以适时调整教学策略与教学方法。教师在课前、课中、课后,依据教学目标、教学环境、学情诊断等情况,设定精准教学目标,有效推动不同层次学生的发展。

2. 精准教学内容推送

精准教学内容推送是学生在学习活动中获取所需学习资源的一种机制,是实现精准教学的保障。教师根据教学需要、系统数据分析报告,主动为学生推送适合其学习需要的学习资源。按照智慧课堂学习方式可将学习资源分为:支持教学互动的学习资源、支持课堂自主学习的学习资源、支持合作探究的学习资源、支持交流讨论的学习资源、支持地理实践的学习资源、支持课外拓展的学习资源等。教师要在云平台建立、完善资源库,根据精准教学的需要,融合资源、技术、学习方式,向学生有效推送学习资源。

例如,在高二年级"城市化"一课的在线地理教学中,该课的地理课程标准内容为"运用资料,说明不同地区城镇化的过程和特点,以及城镇化的利弊"。课前,教师布置学生收集所在城市不同时期的地图、照片,引导学生观察、比较所在城市不同时期的场景,鼓励学生在班级地理钉钉小群内述说感受、交流感想,使学生对"城市化对我们生活的影响"有感性认识。

教师推送精准教学内容,引导学生结合资料分析所在地区的城镇数量、大小发生了哪些变化,进而通过大数据了解学生"教学堵点"。

3. 精准教学活动设计

精准教学活动设计要以学生现有认知水平为出发点,活动目标应具体、明确,要综合考虑学生情况、教学环境支持情况和活动组织条件等因素。基于大数据的精准教学活动设计应遵循以下步骤:差异检测—动态分组—并列教学—差异教学。其中,差异检测是指通过大数据诊断学情,例如,学生学习兴趣、学生之间的思维方式等方面的学习差异;动态分组是指按照学习活动与教学内容性质,根据学生认知水平差异进行同质化分组和异质化分组;并列教学是指针对学生的共性需求,面向全体学生实施一致化教学活动;差异教学是指在并列教学之后,根据学生的学习现状和个性化学习需求,实施差异的、个性化教学指导[70]。

例如,在高二年级"城市化"一课的在线地理教学中,教师融合教学内容、信息技术、教学方法进行精准学习活动设计。一是教师基于教学目标融合教学内容,运用图片、图表、视频等教学资源,使教学重难点问题化、形象化、直观化,帮助学生将新知识与原有知识建立联系,指导学生进行辨别分析不同地区城镇化的过程和特点,以及城镇化的利弊。二是根据网络在线教学环境的特点创设场景,更好地开展师生互动,有利于教师的启发引导、学生的思考内化;有利于学生面对场景有感而发地表达真实观点;有利于学生学以致用,可以根据教师提供的拓展资源在课堂内外开展讨论交流、拓展体验。三是根据学生的认知结构特点、认知水平,融合适当的教学方法开展在线教学,按照"由浅入深"的思路合理安排各阶段的教学,用恰当、生动的方法帮助学生建立知识体系,不仅使在线地理教学生动、有效,便于学生理解,也体现了学习来源于生活体验的建构主义思想。

4. 学习行为记录与测评

信息技术在教学领域发挥的作用越来越大,不仅使人们对知识的学习越来越方便和个性化,而且重塑了学习的边界,学习不再以物理空间为划分依据,技术催生出更广阔、更开放的数字化虚拟学习空间,便于记录学习行为与开展测评。信息技术一方面促进了线上、线下学习的融合,在线上、线下学习之间搭建一座可以互相沟通转换的桥梁,两者的融合可克服各自的缺点,形成优势互补的局面,让学生可以在任何时间、任何地点,基于网络设备获取所需学习资源,享受无处不在的学习服务,这具有深远的意义和影响。另一方面,信息技术本身并没有改变知识和行动的实践本质,但是可以提升知识传播和扩散的效率,缩短知行合一的时间延迟间隔[71]。地理课堂运用信息化手段和工具,可以精准记录学生在课堂的学习行为和表现,例如,采用试卷、量表、调查问卷等自报告方式和人工观察、计数器、投票器等方法,来获取学生参与行为、互动行为、学习结果、学习态度、学习动机等方面的数据。这些数据经过系统自动分析,可以全面、准确反映学生的学习过程,为教师对学生的学习过程做出精准评价提供方便[70]。

5. 精准决策与干预

精准决策与干预是精准教学过程的重要环节,是指教师在记录与测评学生学习表现的基础上,深入挖掘、分析学生学习现状,获取学生学习行为的潜在规律和特点,发现其学习过程中存在的学习问题。例如,根据测量、记录呈现的学生学习行为,判断学生能否顺利达成教学目标——若能达成,说明无问题;若不能达成,说明有问题,需要干预。干预的层面有些是面向全体,有些则关注学生个体,有针对性地采取相应的干预措施,并不断完善、优化后续的教学过程。对于学生普遍性问题或反映比较多的问题,进行统一干预纠正;对于个别学生存在的问题,进行点对点的干预纠正。同时,干预是一个反复的过程,要发挥检测练习的作用,并做到讲解内容的选择要精心、启发引导的思路要精巧、学生体验活动要精致,应有效解决"教学堵点",尽量全部学生达到教学目标才终止干预[70]。

例如,在高二年级"城市化"一课的在线地理教学中,教材主要从时间、空间维度探讨城市发展历程及趋势,主要呈现城市化的概念、世界城市化的进程和城市化对地理环境的影响三个部分。教师针对学生学习过程中存在的学习问题,制定的精准决策是:通过数据分析和图表应用,培养学生的读图、析图能力;采取的针对性干预措施主要有:(1)通过分析长江三角洲地区的城市发展,让学生学会归纳城市化的含义;运用城市化的重要标志,分析城市化现象。(2)通过曲线图分析世界城市化进程中不同阶段的特点,结合案例分析归纳发达国家和发展中国家的城市化的差异。(3)通过案例资料,以英国城市化进程为例,分析比较城市化过程中不同阶段的特点及问题。通过课堂达标训练、数据反馈,验证学生教学目标的达成。

五、通达知晓

（一）变换视角，突破桎梏

《周易》中有这样一句话："易穷则变，变则通，通则久"。意思是事理到了极限的时候就应当有所变动，变动之后即可于事通达，通达之后即可行与长久。有时候之所以会"虽变而不通"，是因为在求变的过程中还缺少一个重要步骤，就叫作"化"。《周易》中还有一句话说："形而上者谓之道，形而下者谓之器，化而裁之谓之变；推而行之谓之通，举而措之天下之民，谓之事业。"意思是大道无形，故曰形而上，器用之物为有形，是为形而下。超越于形体之上的叫作"道"，既是指哲学方法，又是指思维活动。居于形体层面的叫作"器"，是指具体的、可以捉摸到的东西或器物。两者的作用，导致事物交感化育、互为裁节，叫作"变"，顺沿变化而推广，叫作"通"[72]。

"融通教学——地理教学主张"认为在教育教学中，要引导学生变换审视问题的视角，才能突破以往的桎梏，看透学习问题的本质，找到真正通达真理的道路。如果学生只是局限在固有的思维定式里，就只能徒劳地做无谓的努力；相反，如果学生拥有这种突破精神，就具有潜在的创新能力，有利于找到解决学习问题的正确方向。因此，变换视角、突破桎梏方能革故鼎新，是解决问题的关键所在。同时，任何思想精神、思维方式，仅仅发生上层的改变还远远不够，必须要融合适当方法、措施，让正确思维如春风化雨般化入人心，让学习能力有所转化，才能真正从本质上发生"变化"，才能真正"行得通"。

在地理教学中，教师通过导学诊治，引导学生交流表达、思考辨析、内化感悟，达到通达无碍、知晓透彻的目的；学生在自我调适和主动发展中深化、理解、感知，达到"内化于心、外化于行"的教学效果。融通教学的地理课堂类型包括讲授型地理课堂、互动型地理课堂、探究型地理课堂、实践型地理课堂、讲评型地理课堂、移动型地理课堂、在线型地理课堂等。不同的课堂类型，需要不同的方法来引导学生交流表达、思考辨析、内化感悟。例如，在实践型地理课堂，真实性是前提和基础，要引发学生对学习内容的兴趣，学习过程应重视学生的体验感知。教师为学生营造宽松、真实的教学环境，倡导学生亲力亲为完成任务，去体验、参与、合作与交流。学生通过实践型地理课堂，形成积极的情感态度学会主动思考，提高自主学习、合作学习的能力;在交流讨论中,每个学生的观点在实践环境中受到考察、评论,同时每个学生也对别人的观点、看法进行思考并做出反应。又如,在讲评型地理课堂,鼓励学生在课前开展自我纠错、交流互动,有利于激发学生自我矫正、改进和提升的欲望,有利于学生在表达、思辨中实现"通"的达成。具体做法是学生登录智学网,了解自己得分、答题情况、订正错题;学生还可查看优秀率与及格率、错误率较高或较低的题目,查询同伴甚至整个班级的答题情况,据此分析错误的问题是否普遍存在,反思自己答错的原因,更准确地认识自己。同时,教师引导学生运用微信等平台进行互动,一方面学生向老师提交需要解决的问题,另一方面教师鼓励学生开展网上讨论,克服部分学生不愿主动与老师、同学交流,缺乏自我学习反思等问题现象,具有时效性强、印象深刻的优点。正如苏霍姆林斯基所说:"只有能够激发学生去进行自我教育的教育,才是真正的教育。"

(二)围绕核心,多元评价

"融通教学——地理教学主张"认为在教育教学中,教师要围绕"学生发展"这一核心,根据地理学科特点和学生年龄特征,以培育学生地理学科思想和学科素养为目标,依据由易到难、由简到繁的认识规律,让学生系统了解地理学科及其教学要求,主要有三个方面:(1)地理学是一门具有综合性、地域性特点的学科,同时,地理学又是一门以实践为基础的学科,现代地理学以人地关系为主线,注重解决当前人类面临的人口、资源、环境、发展问题。(2)地理课程旨在使学生具备人地协调观、综合思维、区域认知、地理实践力等地理学科核心素养。(3)地理教学旨在培养学生综合、整体、联系、发展的地理思维方式,培养学生具体区域具体分析、具体问题具体分析,培养学生快速、全面、准确获取信息的能力,培养学生正确的人地观念,培养学生实践能力并学会科学研究基本方法,培育科学精神、家国情怀、国际理解与国家安全意识等[73]。

融通教学注重多元评价,关注"育人过程"与"育人目标"的一致。教学中,教师借助信息化手段打破传统终结性评价,建立形成性与终结性相结合的评价;关注表现性评价,引导学生交流、感悟、内化、迁移;既关注学生学习过程,又关注学习结果,发挥评价对学生的激励作用,让学生在发现自我闪光点和进步的基础上获得更多的感触体验,更好地激发学生学习积极性与创造力。例如,在课前,教师通过云平台向学生推送预习检测内容,获得诊断反馈,准确掌握来自学生的第一手学情资料;针对学生存在的学习问题,布置学生课前讨论,肯定学生学习表现并提出学习建议。在课堂,教师重视形成性评价与终结性评价相结合,及时解决学生在课堂学习过程中遇到的问题,主要体现在以下几方面:第一,根据预习反馈,组织小组讨论,展示讨论成果,教师再进行小结、评价;第二,利用智能化的在线教学工具和应用平台,开展随堂测验、即时分析,实现对学生学习效果和能力的评估,制定个性化辅导策略;第三,练习巩固环节,开展人机互动、师生互动、生生互动等互动交流;通过自评、互评、补充讲解,对薄弱知识点进行练习巩固。在课后,开展在线异步教学,针对性推送分层作业给学生,在大数据分析功能的支持下,让学生隐性的、抽象的、静态的学习效果实现可视化,教师可以直观了解学生的学习情况,进行作业评价和个性化辅导。

总之,教师要围绕"学生发展"这一核心,开展多元评价,通过地理学科核心素养的培育,促进学生发展核心素养的全面提升,实现立德树人的根本目标。

六、联系迁移

(一)前后联系,学以致用

《论语》中孔子曰:"温故而知新,可以为师矣。"意思是,"温习学过的知识,可以从中获得新的理解与体会,凭借这一点就可以成为老师了。后人对"温故而知新"加以解释及延伸,主要的见解有四种:一为"温故才知新",温习已学的知识,并且由其中获得新的领悟。二为"温故及知新",一方面要温习典章故事,另一方面又努力撷取新的知识。三为"温故,知新",随着自己阅历的丰富和理解能力的提高,回头再看以前看过的知识,总能从中体会到更多的东西。四为通过回味历史,而可以预见以及解决未来的问题[74]。综合这四种见解,"融通教学——地理教学主张"认为:在能力范围内,尽量广泛阅览书籍,反复思考其中的含义,对已有知识要定期复习,才能有心得、有领悟;同时要尽力吸收新知,甚至开拓、创新未知领域。老师做到"融汇新旧、贯通古今",方能教育引导学生;学生如果做到了,不但自身得到发展,还能够当同伴的老师,能够启发引导其他人。

"故"自身不会产生"新"。"知新"是个人面对新的时空、问题时,运用已有经验发现问题、解决问题所获得的。因此,学生在学习地理时,应学会联系迁移。

前后联系是指教材前后关系,即知识点与其他学段地理知识的联系,这种联系的知识点往往反映的是"同质同类的问题"在不同方面的表现所组成的知识体系,是从"特殊"到"一般",由"点"到"面"的过程。例如,地球上的水、大气、自然资源、能源、工农业生产等内容,分别讲到由于人类的活动,使大气污染加重,导致气候恶化、生态平衡、淡水资源、土地资源、生物资源遭到不断破坏,某些矿产资源出现枯竭现象;农业发展过程中出现的问题;工业"三废"对自然资源的破坏,环境问题的产生等。在学习过程中,教师要引导学生"发现问题",寻找、揭示上述各知识点之间的联系。在"解决问题"时,归纳出:产生上述问题的根本原因是人地关系的失调,其内容都指向地球资源的破坏,可用"滥"字归纳,即:滥排(废气)、滥放(污水)、滥抽(地下水)、滥砍(森林)、滥牧(草原)、滥垦(土地)、滥采(资源);从而导致自然对人类的报复——土地的次生盐碱化、草原退化、气候恶化、资源短缺甚至枯竭,水蚀、风蚀、沙漠吞蚀、水土流失、生态平衡失调。学生如果没有认识到知识间的联系,容易孤立、机械地去识记这些知识点。教师要引导学生寻找知识间的内在联系,使学生通晓这些"同质同类的问题"在不同方面的表现,培养学生的分析、综合等思维能力,在日常生活中学以致用,"从我做起,保护环境",落实"人地协调观"等地理学科核心素养的培育[75]。

(二)多向迁移,拓展提升

《论语》中孔子曰:"诵《诗》三百,授之以政,不达;使于四方,不能专对;虽多,亦奚以为?"这是批评一些人只是读死书,死读书,在社会实践中不会解决实际问题,书读得再多也只是一堆没有用的书本知识。在孔子看来,这是知而不能行,其知无用,等于不知。可见孔子主张知行一致、迁移应用[45]。

美国心理学家奥苏贝尔(David Pawl Ausubel)认为,无论是在接受学习还是在解决问题的过程中,只要是已有认知结构影响了新的认知功能,就存在着迁移。按照教育心理学的定义,所谓知识迁移就是"一种学习对另一种学习的影响"[76]。知识的迁移应用是学习能力的外化和体现。学生学习的最终目的是能够将知识迁移运用于真实世界的新情境之中,能够解决复杂的问题。

人们常说的举一反三、闻一知十、触类旁通以及类比等能力几乎都是因知识的迁移而形成的,而迁移往往是通过认知结构来发挥作用的。学生的认知结构又是从教材的知识结构中转化而来的,教师在这种转化过程中起着穿针引线的作用[77]。美国心理学家桑代克(Edward Lee Thorndike)和安德森(John Robert Anderson)认为,知识迁移过程也是知识类化转变的过程,即陈述性知识与程序性知识之间的迁移转化;同时,他们更注重知识迁移过程中认知技能的获得和迁移,且对认知技能迁移的划分覆盖面极其广泛,多种迁移类型都能囊括在内[78]。基于此,我国学者吴庆麟等进一步将程序性知识类化,基于知识类型的迁移分类如下(见表2-1)[79]。

表 2-1　吴庆麟基于知识类型的学习迁移分类

知识类型		陈述性知识	程序性知识	
			自动化基本技能	认知策略
陈述性知识		事实性知识—事实知识的迁移;例如,"大陆漂移假说"的学习,对"板块构造说"学习的影响	事实性知识—动作技能的迁移;例如,"东西半球的划分"对做题中"东西经"判断的影响	事实性知识—策略性知识的迁移;例如,理解"东西半球"和"东西经"的不同划分,有助于做题时做出选择
程序性知识	自动化基本技能	动作技能—事实知识的迁移;例如,地理规律的学习,对地理知识情景应用的影响	动作技能—动作技能的迁移;例如,"经纬线"的学习对"经纬网"学习的影响	动作技能—策略性知识的迁移;例如,"老司机效应"即对地理事物原理的熟练掌握,对做题灵活性的影响
	认知策略	策略性知识—事实知识的迁移;例如,对地理知识应用认识的广度,对地理知识原理的掌握	策略性知识—动作技能的迁移;例如,学会制定学习计划,对地理学习成绩的影响	策略性知识—策略性知识的迁移;例如,对学习计划的安排,对安排学习进度的影响

唤醒是教育的真谛,是教育的最高境界。正是教育的启发和引领,才使本来潜藏于身体和心灵内部的能量从沉睡中苏醒[54]。教师要尽可能唤起学生对所学东西的兴趣,在教学过程中注意调动学生主动进行知识迁移的兴趣和意识[77]。在知识迁移能力的形成过程中,既要培养解决类似问题的定势,形成知识迁移的一般性规律和方法,又要形成在遇到用习惯方法难以解决时能够从其他角度去分析、解决问题的能力。知识迁移并不是生

搬硬套,而是对知识的灵活运用。科学知识来源于生活而又高于生活。教师要有意识地进行拓展训练,帮助学生将知识与生活实际融会贯通,不断提升自学的能力,提升在真实世界的复杂情境中解决问题的能力。

第三章
以融通教学培育地理学科核心素养

本章介绍融通教学培育地理学科核心素养,主要包括四个方面:第一,融通教学培育学生人地协调观;第二,融通教学培育学生综合思维;第三,融通教学培育学生区域认知;第四,融通教学培育学生地理实践力。每一个方面均从含义与解读、突出的重点进行原理解析;从融通教学设计、融通教学实施介绍实践策划。

第一节　融通教学培育人地协调观

地理学科逻辑体系中的顶极关系是人地关系,人地协调观是地理学科核心素养系统中的核心,引领其他几个地理学科素养的培育。综合思维思路的顶层建构,往往是从人地关系及其协调来考虑的。区域认知的对象就是区域人地关系的特点及其形成机制,以及人地关系的评价和治理。地理实践力从根本上说,也就是在真实情境中发现、分析和解决地理问题的活动能力[11]。

一、原理解析

(一)含义与解读

《高中地理课程标准》提出,人地协调观指人们对人类与地理环境之间关系秉持的正确的价值观。人地关系是地理学研究的核心主题。面对不断出现的人口、资源、环境和发展问题,人们越来越深刻地认识到,人类社会要更好地发展,必须尊重自然规律,协调好人类活动与地理环境的关系。培育人地协调观素养有助于人们更好地分析、认识和解决人地关系问题,成为和谐世界的建设者[18]。

北京师范大学王民教授提出,人地关系是地理学最为核心的研究主题,人地协调观是地理学和地理教育的核心观点。人地协调观是人类对人地关系的认识、理解和解决,离不开对"人"和"地"之间相互影响的讨论。人地协调观是一种价值观念,具体体现在人们看待"自然地理环境对人类活动的影响""人类活动对自然地理环境的影响"以及"自然地理环境与人类活动的相互作用"等问题;它包含的价值观有正确的人口观、资源观、环境观和发展观等。在遇到各种地理问题时,人地协调观是必须遵照的基本观点,同时,人地协调观也为分析和解决地理问题提供了有效途径[80]。

"人地协调观"具体表现为三个方面:第一,能够理解自然环境是人类生存、发展的基础,并能够辩证看待自然环境对人类活动的各种影响。第二,能够理解人类活动影响地理环境有不同的方式、强度和后果,懂得尊重自然规律的重要性和必要性。第三,能够分析评价现实人地关系问题,理解协调人地关系的措施与政策[18]。

(二)突出的重点

(1)理解自然环境是人类生存发展的基础,并能够辩证看待自然环境对人类活动的各种影响。某些情况下,自然环境是人类社会发展的外部条件(水资源、土地资源等);自然环境对人类活动有直接影响(地形影响聚落交通、资源利用、自然灾害),也有间接影响(气候变化、环境污染);随着科学技术的发展,自然环境对人类活动的直接影响减弱,间接影响增强。

(2)理解人类活动如何影响自然环境,懂得人类在利用自然、改造自然中必须尊重自然规律。资源开采、现代化生活等导致环境恶化,人口剧增,超过环境承载力;人类利用自然必须遵守自然规律,人类可以利用自然改造自然,不能改造自然规律,如果违背自然规律,会受到自然的惩罚。

(3)理解人类对人地关系认识逐渐加深的过程;能够辩证看待科学技术的作用;懂得人地协调发展的重要性,具有一定可持续发展的观念。随着科学技术的发展,人类活动与自然环境的关系趋向复杂化;随着人口的迅速增长,引发了各种各样的问题:对资源的索取变得更加贪婪,环境问题也变得越发严重。当前人地关系中最直接的问题就是环境问题和可持续发展问题,环境问题是人地关系矛盾的体现,可持续发展问题是寻求的答案[80]。

二、实践策划

(一)融通教学设计

1. 目标与过程的设计

在立德树人理念指导下,进行教学设计和实践的具体过程中,教师要明确"人地协调观"的内涵,结合课程标准,设置合理的教学目标;课堂教学过程中,内容紧扣素养要求,采用情境创设等手段,开展多样化教学,培养学生人地协调观;发挥学业质量水平评价依据的作用,考查学生学习效果。"融通教学——地理教学主张"培育学生人地协调观的形成,其一般过程为"紧扣内涵—依据课标—内容承载、划分水平、多样教学—培养素养"(如图3-1所示)[81]。

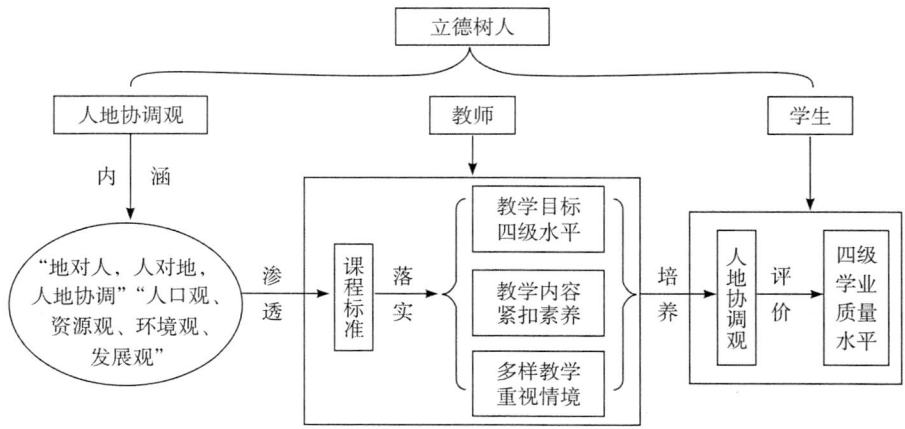

图3-1 人地协调观培养的一般过程

2. 评价设计

《高中地理课程标准》提出地理学科核心素养水平划分,明确"人地协调观"的四个水平(见表 3-1)[18]。

表 3-1 地理学科核心素养水平划分——人地协调观

水平	人地协调观
水平 1	能够结合简单、熟悉的地理事象,认识人类活动要在一定的地理环境中开展;能够简单辨识人们生产活动和生活习惯与地理环境之间的联系,说明人类对环境施加影响的方式及其带来的影响
水平 2	能够结合给定的简单地理事象,理解人类影响地理环境的主要方式,阐述人类活动对地理环境的积极与消极影响;认识人类活动要遵循自然规律,与自然和谐相处,理解人地协调发展的重要性
水平 3	能够结合给定的复杂地理事象,认识地理环境对人类活动的影响以及人类活动影响环境的方式和强度;理解自然资源和地理环境满足人类需要的潜力及有限性
水平 4	能够通过对现实中人地关系地域系统的简要分析,理解区域中人口、资源、环境、发展之间的相互关系,理解人地关系是对立统一的,评价分析人地关系中存在的问题

江苏省中小学教学研究室设立了"义务教育学科核心素养与关键能力研究"项目组,制订了"初中地理核心素养与关键能力框架",将"人地协调观"分解为三个方面关键能力,每个能力再进一步分为三个水平能级(见表 3-2)[82]。"融通教学——地理教学主张"注重结合实际案例,进行教学评价设计。

表 3-2 "人地协调观"的三个关键能力及三级水平能级

核心素养	关键能力	学生表现
人地协调观	1. 具有人地协调的意识	1-1:能关注到各类情境中的人口、资源和环境问题
		1-2:能用人地协调的观念看待人口、资源和环境问题
		1-3:具有人地协调和可持续发展观的行为倾向
	2. 分析人地关系的能力	2-1:从人对地或地对人的角度看待人地关系
		2-2:从人地相互关系的角度辩证认识人地关系
		2-3:从人地关系动态变化的视角,全面、辩证地分析人地关系

续表

核心素养	关键能力	学生表现
人地协调观	3. 提出协调人地关系的策略	3-1：能说出协调人地关系的一般措施
		3-2：根据人地关系中存在的问题，提出协调人地关系的具体措施
		3-3：能正确分析人地关系中存在的问题及产生原因，并能系统地提出协调人地关系的对策

3. 策略设计

（1）人地协调观素养培育需要渗透到其他核心素养的培养环节中，从区域认知、综合思维和地理实践力的培养中发掘"人地协调观"核心观念，强化学生的人地协调观。

（2）侧重教学方法的使用，运用情境教学、案例教学、角色扮演、探究式教学、小组合作、体验式教学、问题导向教学、开展实践活动、实地考察、研学旅行等来培养学生的人地协调观；在《高中地理课程标准》中，提供了一些教学实施建议，包括问题式教学、加强地理实践、深化信息技术应用等。因此，教学中要重视情境的运用、问题的设置、学生的参与与体验、地理实地考察与实践等[81]。

（二）融通教学实施

"融通教学——地理教学主张"促进学生"人地协调观"的形成，现结合高中地理"植被"一课加以阐述。

1. 融合教学内容、教学方法与信息技术，培育人地协调意识

"融"体现在：基于课标融合教材、基于学情融合方法、基于场景融合技术。在教学设计规划中，融合教学内容、教学方法与信息技术，运用情境教学、体验式教学，开展实践活动、实地考察；在教学中，围绕植被与"人"、"地"关系为主线，"讲故事"般层层递进，根据学校所在地城市的情况，布置学生课前开展校园树木调查，带领学生融入真实的问题情境，将人地协调观素养培育渗透到地理实践力的培育中；以美丽的城市景观、校园景观导入新课，启发学生思考"城市绿化、校园绿化如何做到因地制宜"，让学生能用人地协调的观念看待资源和环境问题。

2. 注重"通"的达成，培育人地协调能力

"通"体现在：教师通过导学诊治，引导学生交流表达、思考辨析、内化

感悟；要引导学生变换审视问题的视角，才能突破以往的桎梏，看透学习问题的本质，找到真正通达真理的道路；让学生在自我调适和主动发展中深化、理解、感知，达到"内化于心、外化于行"的教学效果。"识别主要植被"是本课重点知识，要求教师基于学生学习水平，运用实践策略、结构化认知策略的教学方法开展教学活动。课堂上，学生根据课前校园树木调查的资料、教师提供的植物标本等，开展小组合作学习；在交流讨论中，每个学生的观点在实践环境中受到考察、评论，同时每个学生也对别人的观点、看法进行思考并做出反应。活动过程是：第一，从光照、热量、水源、土壤、地形等方面了解"环境对植被的影响"；第二，分析得出植被要适应自然环境，植被对自然环境有改造、指示的作用；第三，在理解"植被与自然环境关系"的基础上，强调天然植被一般按类型有规律地分布在适宜其生长的地方，结合校园树木调查资料，让学生认识到"外来树种往往不宜广泛种植"，让学生掌握分析人地关系的能力。

3. 注重"联"的达成，培育人地协调行为

"联"体现在：前后联系，学以致用；多向迁移，拓展提升。融通教学围绕"学生发展"这一中心，力求达到"联"的学习目的，让学生学会地理学习方法，提高信息提取和综合信息处理的能力，提升学生的核心素养。课堂上以练习促拓展，结合图文材料分析福建省森林覆盖率高的自然原因，让学生清楚可从区域（福建为例）环境特征推出植被生态特征，也可以逆向从植被生态特征反推环境特征，将人地协调观素养培育渗透到综合思维的培育中。融通教学发挥云平台"无处不在"的优势，鼓励学生进行拓展提升，解决符合他们认知水平和基础的新问题。在课后，学生登录福建省教育资源公共服务平台戴志龙老师空间，运用空间的教学支持功能，开展自主学习、交流互动，以"因地制宜绿化校园"为题对校园绿化提出合理化建议，强调在绿化上要因地制宜，避免好心做坏事，让学生学会提出协调人地关系的策略，在日常生活中学以致用，"从我做起，保护环境"。

第二节　融通教学培育综合思维

地理学是一门跨越自然科学与人文科学的综合性学科，地理概念、地

理事物、地理现象、地理原理、地理问题的认识或理解,都要求学生具备一定的综合思维素养。综合性是地理学研究公认的学科性质。地理思维就是要看到整体的宏图,将不同的部分如何适当地组合在一起,而不是杂乱无章的琐碎内容[83]。地理综合思维素养是地理学科核心素养的重要体现,是区域认知和地理实践力的基础,也是理解人地协调观的重要思维工具[84]。

一、原理解析

(一)含义与解读

《高中地理课程标准》提出,综合思维指人们运用综合的观点认识地理环境的思维方式和能力。人类生存的地理环境是一个综合体,在不同时空组合条件下,地理要素相互作用,综合决定着地理环境的形成和发展。培育综合思维素养有助于人们从整体的角度,全面、系统、动态地分析和认识地理环境,以及它与人类活动的关系[18]。

"综合思维"的本源是地理学和高中地理课程内容的性质[85]。

人类生存的地理环境是一个综合体,世上万物没有孤立存在的,每个个体都会与周边事物产生不可避免的联系。对个体进行研究,需要综合考虑它和环境的联系;对整体研究,更要考虑各个要素之间的关系,才能进行下一步的解释和评价。地理学研究的两大突出特点为区域性和综合性,综合建立在分析的基础上,是将各个分解的要素进行关联考虑[84]。

华东师范大学卢晓旭教授等进行核心素养体系结构验证与课程承载分析,发现学生核心素养至少包含语言素养、科学素养、人文素养三大成分,并将课程承载强度分为两个层次,建立了包含承载课程的核心素养体系结构模型(如图3-2所示)。认为地理学科除了人文素养外,也有较强的科学素养发展功能,这与地理学兼跨文理的学科属性相吻合[86]。

"综合思维"具体表现为三个方面:一是能够从地理要素综合的角度认识地理事物的整体性,地理要素相互作用、相互影响的关系;二是能够从空间和时间综合的角度分析地理事象的发生、发展和演化;三是能够从地方或区域综合的角度,分析地方或区域自然和人文要素对区域特征形成的影响,以及区域人地关系问题[18]。

"综合思维"突出"整体、全面、系统、动态"。整体性是指在对地理各要

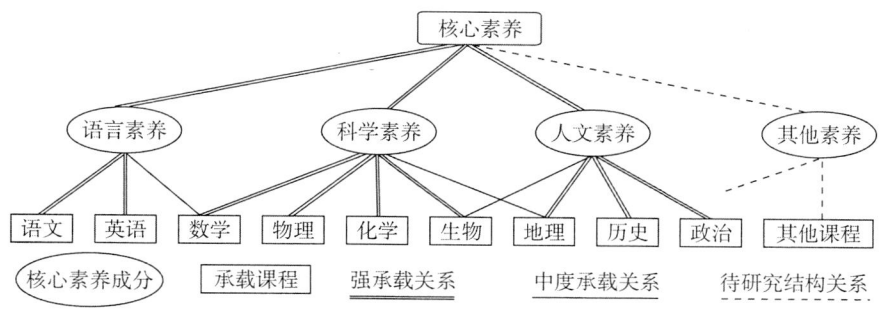

图 3-2　核心素养及其承载课程模型

素分析的基础上,形成对一个地方或区域的整体性认识[87]。全面性是指多角度、多途径思考地理问题,做到全面考虑各个要素,不遗漏重要信息,这是进行思维活动的基础。但全面性不等于均等性。在分析具体的地理问题时,有主次之分。综合思维的哲学基础是系统观。系统性是指将地理事象作为一个整体去观察和思考;分析地理问题或现象时,能够认识到自然地理要素和人文地理要素各要素之间具有密不可分的联系,可以构成一个相互联系、相互影响的系统。一个要素发生变化,其他要素也会随之发生变化;一个地方的一个要素发生变化,不仅能够影响到本地区,还会影响到其他地区[87]。动态性是指地理事物的发展、演变和各个要素的变化息息相关。综合思维要求不仅能够阐述静态的要素属性,更能够捕捉动态的要素变化,动静结合方能全面综合[84]。

(二)突出的重点

"综合思维"看似是一个比较跨学科的素养,但是"要素综合、时空综合和地方综合"的内涵使其又颇具地理性[88]。

1. 要素综合

要素综合指思考一个地理事象整体内的要素联系[85]。学生能够从地理要素综合的角度,认识地理事物和地理现象的产生是多种要素相互作用、相互影响的结果,并且有一定规律可循;理解自然地理环境具有整体性,一个要素或局部发生变化,会使其他要素或整体发生变化[89]。要素综合有不同层次,大致可分为 3 个层次:位于最上层的是"人"—"地"两组要素的全面综合,综合程度高,也最为复杂;中间层是自然要素组和社会要素组的各自全面综合,其中社会要素综合更为复杂。最下面一层是少量要素的综合,如两两要素的综合,因涉及要素数量少,综合程度低,难度也较低[86]。

2. 时空综合

学生能够从时空综合的角度，认识地理事物和地理现象是在特定的空间与时间条件下不断形成、发展和演化的[89]。因为地理事象本身空间属性突出，所以"时空综合"强调的是在空间属性上增加时间属性，动态思考地理事象的现状、形成和发展。时空综合比较基础的表现，是能够直接理解地理事象的变化过程，如学生能够接受并理解时光对地球表面的刻画。较高水平的思维是能够联系地理事物的过去思考它的现在和未来，相信"地理事象是随时间变化的"，对接触到的变化不感到困惑。在面对具体地理问题时也会有不同的角度。对地球科学（自然地理）的事象来说，演变的过程可能更有意义；对社会现象来说，过去、现在、未来三者的关系可能更有意义[85]。

3. 地方综合

"地方"包括有明确界线的区域和界线模糊的地域；"地方综合"是指综合思考一个地域或区域内的各种地理要素是如何相互作用，形成该地方的地理特征的，是传统地理学特别强调的研究方法[85]。学生能够从地方综合的角度，分析自然和人文要素对人地关系地域系统的影响，并对地域系统的地理特征和人地关系问题做出简要的地方性解释[89]。

地理学研究对象纷繁复杂，在具体思考一个地理事象时，"要素综合、时空综合和地方综合"三个角度往往是融合在一起的，不必刻意将它们分开；机械地理解和应用三个角度，反倒违背了"综合思维"的本质[85]。

二、实践策划

（一）融通教学设计

1. 目标与过程的设计

在立德树人理念指导下，在进行教学设计和实践的具体过程中，教师要明确"综合思维"的内涵，结合《高中地理课程标准》，设置合理的教学目标。"融通教学——地理教学主张"的教学实践，引导学生不仅要清楚组成地球表层的各个要素，更要把各因素作为复杂统一的整体，对其进行要素视角、地方视角以及时空视角三个维度的综合分析。天津市第五十七中学何洁等老师构建了综合思维立体视角模式图（如图3-3所示），提出要素视角的综合分析，即能够从各个地理要素综合的角度，认知地理事象的形成与发展是多方面因素相互影响、共同作用的结果，进而理解地理环境的整体性特征。地方视角的综合分析,是指能够从地方综合的角度,探究自然、社会、经济等各因素对特定地域人地关系系统产生的影响,从而对地域性鲜明的地理特征和人地关系问题做出简明扼要的解释。时空视角的综合分析,则要求能够从时空综合发展的角度,认识到地理事象是在特定的地域空间和时间尺度条件下,不断产生、发展和演进的[90]。

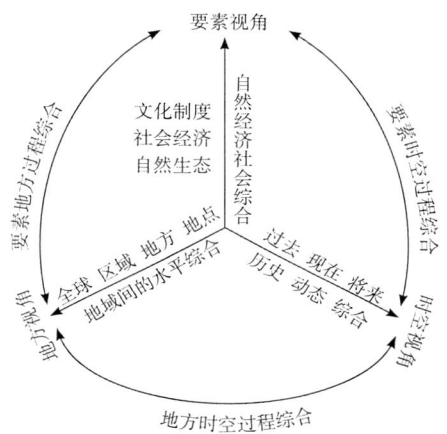

图 3-3　综合思维立体视角模式图

2. 评价设计

《高中地理课程标准》提出地理学科核心素养水平划分,明确"综合思维"的四个水平(见表 3-3)[18]。

表 3-3　地理学科核心素养水平划分——综合思维

水平	综合思维
水平 1	能够说出简单、熟悉的地理事象所包含的相关要素,并能从两个地理要素相互作用的角度进行分析
水平 2	能够对给定的简单地理事象,从多个地理要素相互影响、相互制约的角度进行分析;能够结合时空变化,对其发生、发展进行分析,给出简要的地域性解释
水平 3	能够结合给定的复杂地理事象,综合各要素,系统分析其相互影响、相互制约的关系,从时空综合维度对其发生、发展和演化进行分析,给出合理的地域性解释
水平 4	能够对现实中地理事象,如自然环境的变化、区域发展、资源环境与国家安全问题等,运用要素综合、时空综合、地方综合的分析思路,对其进行系统性、地域性的解释

华东师范大学卢晓旭教授对"要素综合、时空综合和地方综合"给出具体定义,并建立测量指标体系(见表 3-4)。在教学实践中,将测量指标与具体的教学内容、问题情境结合,嵌入具体的教学问题,有利于学生综合思维的培育[91]。"融通教学——地理教学主张"根据具体教学任务,多纬度评价学生综合思维水平。

表 3-4 地理综合思维测量指标体系

测量目标	维度结构	测量指标	定义
地理综合思维	要素综合	地理要素体系	知道自然要素和社会经济要素包含的所有要素和主导因素,并能固化成地理要素思维习惯
		地理要素联系	知道地理要素相互联系、相互制约和相互渗透,具备地理要素的联系意识
	时空综合	地理事象整体分异	知道区域地理事象整体内有小尺度的区域差异,具备地理事象的整体性意识和区域分异思想
		地理事象时间分异	知道地理事象及地理要素会随时间而发生演变,具备地理事象和地理要素演变的动态思维
	地方综合	区域内综合	知道区域内各地理要素通过相互作用、相互影响形成区域地理特征
		区域间综合	知道外区域作为一个特殊的地理要素对本区域地理特征的形成有影响

3. 策略设计

"融通教学——地理教学主张"促进学生综合思维的形成,运用"从模糊整体到理性综合"的策略设计。在教学实践中,关注学生已有的思维模式、生活经验,关注学生学习动机、兴趣存在的个体差异,对学生综合思维素养采取渐进式的培育。教师以学生现有基础为教学起点,开展结构化思维的教学、综合分析的分层与转换,引导学生形成正确的思维结构。结构化思维使学生分析问题时知道从何入手。综合分析的分层与转换是综合分析的教学过程,有一个确定的"整体"(模糊整体)作为教学对象。"整体"

由有直接关系的多个要素组成,可以根据特定目的圈定综合分析的范围。教学中始终将这个"整体"放在中心位置,即使在分析的阶段,也需始终保持整体的观念,注意每个要素与整体的关系。教学中要把握"火候"技巧,即从分析到综合的转化节点,分析到什么层次可以向综合转化。如果过早的转化,学生对要素还没有足够的分析和理解,无法进行有效的综合思考,往往导致学生直接接受综合后的框架,使综合分析过程流于形式。如果过晚的转化,对要素的分析时间过长,也容易喧宾夺主,让细枝末节的过度展开把学习搞得支离破碎,或者削弱应有的综合过程,或者偏离教学目标。综合分析的过程是思维结构化的过程,结构化的程度和质量又会反过来影响后继的综合分析[92]。

分析与综合是人的基本思维活动,是在认识中把整体分解为部分和把部分重新结合为整体的过程和方法。分析是把事物分解为各个部分、侧面、属性,分别加以研究,是认识事物整体的必要阶段。综合是把事物各个部分、侧面、属性按内在联系有机地统一为整体,以掌握事物的本质和规律。分析与综合是互相渗透和转化的,在分析基础上综合,在综合指导下分析。分析与综合循环往复,推动认识的深化和发展[93]。

(二)融通教学实施

"融通教学——地理教学主张"促进学生综合思维的形成。现结合高中地理"流域的综合开发——以美国田纳西河流域为例"一课加以阐述。

1. 发挥诊断作用,精准思维起点,进行多维度全面分析

融通教学在课前实施教学诊断,依据《高中地理课程标准》等,基于线上、线下学习环境,运用大数据,了解学生在学习前所拥有的"基础知识、认知思维、学科素养"等,帮助教师以学生现有基础为教学起点,让思维起点更精准,开展结构化思维的教学。这样使学生分析问题时知道从何入手。

全面性是指多角度、多途径思考地理问题,做到全面考虑各个要素,不遗漏重要信息,这是进行思维活动的基础。"流域的综合开发——以美国田纳西河流域为例"一课,将田纳西河流域的地理位置、自然环境、经济发展、环境保护相结合,进行多维度全面分析。但全面性不等于均等性,在分析具体的地理问题时应有主次之分。

2. 发挥导学作用,建立思维视角,对教学内容整体性系统认识

融通教学在地理课堂开展"启发—导学—诊治"式教学,通过融合信息技术、教学方法、地理教学内容,创设教学场景、启发学生,引导学生自主学

习、合作学习,实施精准教学。发挥导学作用有利于促进学生多个思维视角的建立,对教学内容形成整体性系统认识。

整体性是在对地理各要素分析的基础上,形成对一个地方或区域的整体性认识。系统性是指将地理事象作为一个整体去观察和思考;分析地理问题或现象时,能够认识到自然地理要素和人文地理要素各要素之间具有密不可分的联系,可以构成一个相互联系、相互影响的系统。"流域的综合开发——以美国田纳西河流域为例"一课,学生在学习前,对流域的概念、流域作为一个"整体"的体现、流域内各要素之间的联系等,认识上比较模糊。教学中,不仅要清楚组成地球表层的各个要素,更要把各因素作为复杂统一的整体,对其进行要素视角、地方视角以及时空视角三个维度的综合分析。一是,要素视角的综合分析:从区域的气候、地形、水文水系、矿产资源等自然地理要素,从人口、交通、经济活动等人文地理要素进行综合分析。二是,地方视角的综合分析:根据流域内开发的优势条件与存在的问题等实际情况,从可持续发展的角度因地制宜地提出综合治理的对策措施。三是,时空视角的综合分析:早期,由于人类活动未适应流域的自然环境,开发中出现了一系列问题;之后,田纳西河流域管理局利用田纳西河上的水坝系统进行梯级开发,在利用与治理方面取得显著成效;后来,田纳西河流域形成了以高耗能工业为主的综合性工业基地,在梯级开发水能的同时,又建设了大量的火电站和核电站,出现了环境保护问题。教学中,通过多要素系统分析建立地理联系。

3. 发挥互动作用,搭建思维过程,在思维发展中动态把握

融通教学在课堂中将测量指标与具体的教学内容、问题情境相结合,嵌入具体的教学问题,通过师生互动、生生互动解决问题,搭建科学的思维过程,在思维发展中动态把握"跨时空"的变化,开展学生综合思维能力的培养。

动态性是指地理事物的发展、演变和各个要素的变化息息相关。一个要素发生变化,其他要素也会随之发生变化;一个地方的一个要素发生变化,不仅能够影响到本地区,还会影响到其他地区。例如,通过分析田纳西河流域开发的优势条件、目前需要解决的问题,依据因地制宜开发利用、对症下药解决问题的原则,指出田纳西河流域"梯级开发"的利用方向。根据河流流经地区地势逐级降低的特点,分级建筑大坝,最大限度地利用水能,实现水力资源的梯级开发;同时,梯级开发能最大限度地控制洪水,调节水坝下游的径流量。

田纳西河流域综合开发与治理主要包括防洪、航运、发电、提高水质、旅游、土地利用等方面,它们之间处于动态平衡(如图 3-4、图 3-5 所示)。

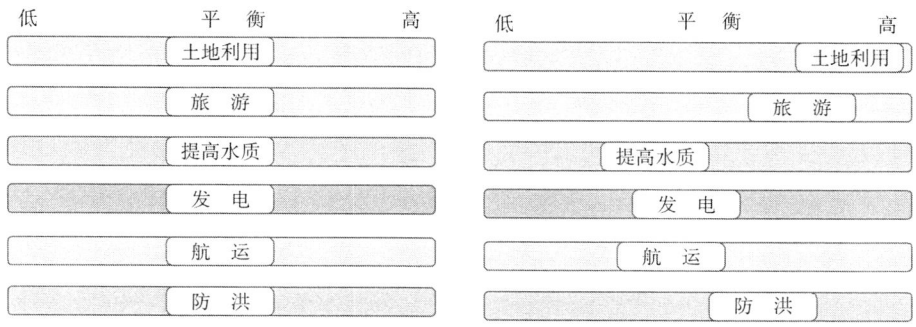

图 3-4　开发中六个方面相互关系示意　　图 3-5　加强土地利用强度的结果

加强土地利用程度,例如,开垦荒地、发展畜牧业、增加旅游设施等,这些措施会对其他方面产生影响:短期内可能会使旅游获得较高的经济收益;由于农畜业用地的增加,会增加农药、化肥、杀虫剂、除草剂的使用量,从而导致水质下降;由于农牧业加强,用水量也有所增加,尤其在枯水期会影响发电用水;枯水期水位下降,航运条件变差;由于提高了土地利用程度,会加重水土流失现象,河流含沙量增加、淤塞河道、小气候恶化、洪涝灾害增多,加重防洪负担。

总之,综合思维往往是从"模糊的整体"到"理性的综合",学生面对"由多种要素组合而成的综合体",应通过综合—分析—综合的思维方式,找到各个要素之间的相互作用和相互联系,学会从综合分析的角度看待区域的发展及其变化过程[94]。

第三节　融通教学培育区域认知

德国地理学家阿尔夫雷德·赫特纳(Alfred Hettner)提出,地理学的基本思想方法之一就是根据其空间的差别性,将空间划分为大陆、地区、地方和地点来理解地表[95]。关注地理事物和现象组成要素的分布、组合和它们之间的空间关系是一项重要的地理思想[96]。区域认知能力是中学生学习区域地理的前提和基本要求,是中学生地理学习能力的突出体现。

一、原理解析

(一)含义与解读

《高中地理课程标准》提出:区域认知指人们运用空间—区域的观点认识地理环境的思维方式和能力。人类生存的地理环境多种多样。将其划分成不同尺度、不同类型的区域加以认识,是人们认识地理环境复杂性的基本方法。"区域认知"素养有助于人们从区域的角度,分析和认识地理环境,以及它与人类活动的关系[18]。

"区域认知"基本含义包含两个方面:"用区域的方式认识"和"对区域本身的认识",前者是将区域认知理解为认识地球表面复杂多样性的一种策略和视角,后者是指对某一区域加以认识[97]。

"区域认知"具体表现为三个方面:一是具有从区域的视角认识地理现象的意识与习惯;二是能够正确采用认识区域的方法与工具认识区域;三是能够正确解释、评析区域开发利用决策的得失[18]。

(二)突出的重点

东北师范大学袁孝亭教授提出区域认知及其培养重点要兼顾"策略、视角"和"对区域本身的认识"两个方面;要从"区域—空间"的维度上探寻地球表面复杂多样性的潜在空间秩序、空间规律;筛选区域特征、比较区域差异、发现区域关联等,都有其认识的"要领"或者"技术路线";"区域认知"蕴含价值判断成分[97]。

1. 区域认知是一种认识地球表面复杂多样性的策略与思维方式

地理学家在"把世界划分为区域"时,一是以"尺度大小"为划分基准,将世界划分为大陆、地区、地方和地点等"不同级别"的区域;二是以"地理事物的基本属性"为基准来划分"不同类型"的区域。如将世界划分为气候区、地形区等自然区域,语言区、行政区等社会文化区域,工业区和农业区等经济区域等。"地理事物的基本属性"还包括区域的功能这一属性,如生态功能区、城市功能区等。培养学生的区域认知素养,就应当善于创造情境和机会让学生体会"划区"是认识地球表面复杂多样性的方法,致力于引导学生形成将地理事物和现象置于特定空间加以认识的意识、习惯与思维方式[97]。

2. 区域认知是在"对区域本身"认识过程中表现出的一种能力

《高中地理课程标准》将"能够正确采用认识区域的方法与工具认识区域"作为学生是否具有区域认知素养的重要表现。运用"空间—区域"视角和相应的认识方法,获取、加工、储存和应用有关区域特征、区域差异、区域关联、区域开发、区域协作与交流等信息的能力,是在"对区域本身"认识过程中所应具备的基本能力。区域就是地球上显示了重要元素的内部一致性与周围地域的外部差异的地方。通过运用适当方法,筛选区域特征,比较和揭示区域差异与地域分异规律,发现区域之间的关联,评价区域开发的条件与方式,探讨区域协作和交流的机制,去发现、总结地理事物和现象潜在空间秩序与空间规律,从而实现对地球表面复杂多样性的理解[97]。

3. 区域认知不仅具有"认知"的价值,同时也蕴含价值判断的成分

《高中地理课程标准》将"能够正确解释、评析区域开发利用决策的得失"作为学生是否具有区域认知素养的重要表现。"区域认知"蕴含价值判断成分,对人们所提出的区域开发利用的措施、对策等,要秉持正确的地理观念及一定的评价依据对其合理性或不足做出自己的价值判断。在教学过程中,教师应注重创设针对区域发展的条件、问题与发展方向的区域开发利用的对策、措施的情境,引导学生评析这些对策、措施的合理性与不足[97]。

二、实践策划

(一)融通教学设计

1. 目标与过程的设计

在立德树人理念指导下,进行教学设计和实践的具体过程中,教师要明确"区域认知"的内涵,结合《高中地理课程标准》设置合理的教学目标。"区域认知"地理核心素养的培养,要遵从地理学科的基本逻辑,揭示学习过程的独特认知过程。东北师范大学袁孝亭教授提出:"认知科学"与"地理课程与教学论"同样研究学生的认知过程,但区别就在于着眼点。认知科学注重揭示学生的一般认知过程,地理课程与教学论则关注深入认识学生学习地理的过程,主要关注其认知不同地理对象的特殊性[98]。在认知科学中,信息加工学习理论认为学习的过程就是信息加工的过程。华中师范

大学张丽霞、李家清教授以信息加工学习理论、认知迁移理论等学习论为基础,将认知过程分为四个阶段:初级加工阶段、精细加工阶段、记忆贮存阶段和知识迁移应用阶段,并构建认知过程模式(如图 3-6 所示)[99]。

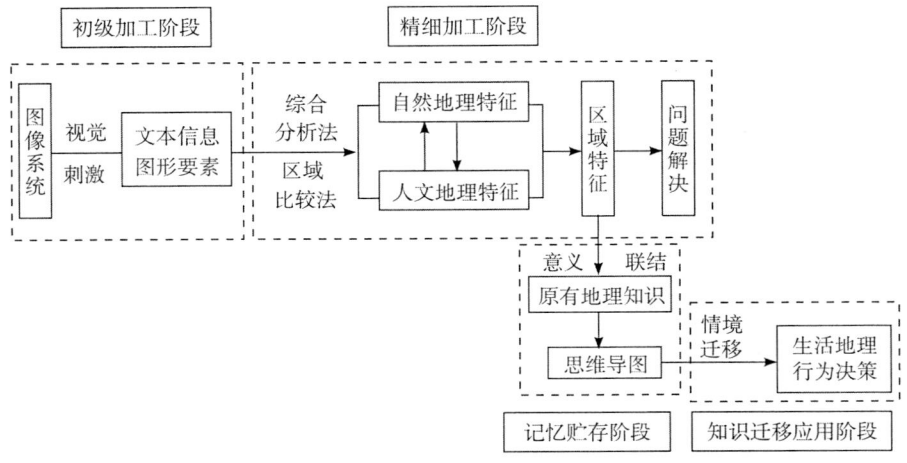

图 3-6 认知过程模式

区域认知能力主要包括认知区域位置的能力、认知区域特征的能力、认知区际联系的能力、认知区域发展的能力等方面。江苏省常州外国语学校叶丽丽等老师提出地理区域认知能力框架(如图 3-7 所示)[100]。

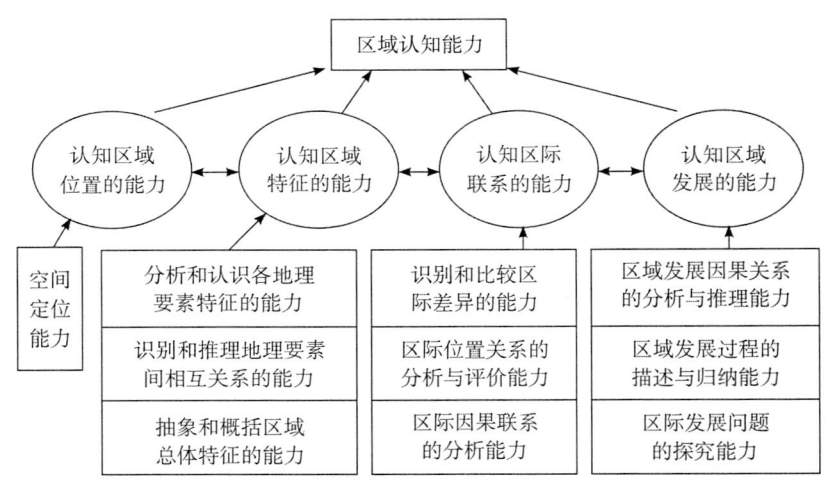

图 3-7 地理区域认知能力框架

(1)认知区域位置的能力是指学生在认知区域的空间位置关系时,通过各种材料(如经纬度、海陆轮廓、问题情境等),从中获取有价值的信息,得出相关解释和结论的能力[99]。

(2)认知区域特征的能力,是指学生在认知区域自然地理和人文地理方面显著的"征象"和"标志"时,能够综合运用地理基本原理分析、描述区域地理特征的表现、成因和相互关系时表现出的能力[99]。

(3)认知区际联系的能力,是指区域之间的物质、能量和信息的交流。研究区际联系的目的在于形成区域系统,促进区际各类资源的优化与重组,以形成各种类型的功能区。一般来说,对于区际联系的认识要从区际联系的内容、区际联系的方式、区际联系带来的影响三个方面展开[101]。中学地理的区际联系主要指区际经济联系,学习重点集中在分析区际联系发生的基础和现状两方面。学生在认知区际联系时,需要运用区域比较法分析区际发展条件的差异性与互补性;运用地理空间思维和观察法分析区际的可达性;运用区域综合分析法分析区际经济联系的现状。因此,认知区际联系的能力主要有识别与比较区际差异的能力、区际位置关系的分析与评价能力和区际因果联系的分析能力。其中,区际因果联系的分析能力是指运用因素分析法探寻不同区域间产业发展因果联系的能力[100]。

(4)学生在认知区域发展时,认知内容主要有:认识人类活动对区域发展的影响;认识区域在不断发展变化之中;能够指出区域发展存在的问题;能够简单预测区域未来发展趋势;能够为区域的可持续发展提出可行性建议。因此,学生需掌握以下能力:一是区域发展因果关系的分析与推理能力,指熟练运用有关因果关系的分析与推理方法,由原因探寻结果或由结果追究原因的能力;二是区域发展过程的描述与归纳能力,指完整地描述区域某一方面(如环境、产业等)的动态发展过程,并归纳其规律的能力;三是区域发展问题的探究能力,指运用综合分析的方法,根据区域发展历史探寻区域发展存在的问题及影响,并尝试为区域可持续发展提出可行性建议的能力[100]。

2. 评价设计

《高中地理课程标准》提出地理学科核心素养水平划分,明确"区域认知"的四个水平(见表3-5)[18]。

表 3-5 地理学科核心素养水平划分——区域认知

水平	区域认知
水平 1	能够根据提示,将简单、熟悉的地理事象置于特定区域中加以认识;能够认识和归纳区域特征
水平 2	能够从区域的视角认识给定简单地理事象,收集整理区域重要的信息;能够简单解释区域开发利用方面决策的得失
水平 3	能够结合给定的复杂地理事象,从空间—区域尺度、区域特征、区际联系等认识区域;能够为赞同或质疑某一区域决策提出相关论据
水平 4	能够对现实中的区域地理问题,运用认识区域的方法和工具进行分析;能够较全面地评析某一区域决策的得失,提出较为可行的改进建议

江苏省常州市第三中学刘婷婷老师将区域认知能力划分为区域定位能力、区域信息加工能力、区域比较能力、区际联系能力和区域发展能力五个方面,构建具有系统性、可操作性的区域认知能力评价(见表 3-6)[101]。

表 3-6 区域认知能力评价

能力	基本要素	能力评价
区域定位能力	利用经纬网定位	能掌握标志性经纬度,根据经纬度进行具体区域判定
	利用自然地理、人文地理特征定位	能根据气候、自然带等地带性分布特征进行空间定位
	利用地理事物的特征定位	能根据地理事物的特征(形状、轮廓)确定位置
	利用特殊注记信息定位	能根据一些熟悉的地名信息或特殊的数据信息进行空间判定
区域信息加工能力	获取区域信息	能通过简单地理观测、地理调查的方式获得区域地理信息,特别是第一手信息资料
		能通过阅读地图、各种图表,查阅期刊文献(图书馆查阅或上网查询)等方式获得区域地理信息
	整理区域信息	能选取资料制成地图、表格和模式图等
		能运用其他媒体手段进行统计和归纳

续表

能力	基本要素	能力评价
区域信息加工能力	分析区域信息	能运用地图、图表分析概括区域地理特征、区域地理空间分布格局与地理因果关系
		能运用地图、图表比较区域地理个性和共性
		能运用地图、图表分析和简单预测区域地理事物发展变化的特点和规律
	描述区域信息	能从综合的视角出发,运用地图和给出的资料,以地理要素为基本语汇描述环境
区域比较能力	选择比较对象	能选择出同等级的比较对象
		能选择出同类型的比较对象
	选择比较角度	能比较影响地区生产发展的自然条件与自然资源
		能比较区域的人口与劳动力条件
		能比较区域的位置与交通信息条件
		能比较区域已有的社会经济基础、市场条件、管理体制、政策、计划、法律以及国内外政治环境等
	得出相关结论	能比较现象与本质,得出相应的结论
区际联系能力	区际联系的内容	能区分区域间物质流动、能量流动和信息流动的形式
	区际联系的方式	能知道区际联系的方式有发达、便捷的交通运输网络和信息网络
		能理解不同的联系方式对区际联系、区域发展的影响
	区际联系的影响	能从正反两面思考物质、能量和信息的流动,给流入地和流出地带来怎样的影响
区域发展能力	区域发展的条件	能从自然和社会两个方面分析区域发展的区位条件
	区域发展的现状	能辩证地评析区域过去的发展道路和现在的发展模式
	区域发展的问题	能发现区域发展中存在的一系列问题
	区域发展的对策	能结合典型案例,探讨区域可持续发展的策略

3. 策略设计

"融通教学——地理教学主张"促进学生区域认知的形成,运用"从学科逻辑向教学逻辑的转化"的策略设计,关注从区域的整体性、层次性、动态性与区域认知之间的紧密联系,实现学生区域认知素养的培育。东北师范大学王子栋、王向东教授提出基于学科逻辑向教学逻辑转化的区域认知培养途径(如图 3-8 所示)[102]。

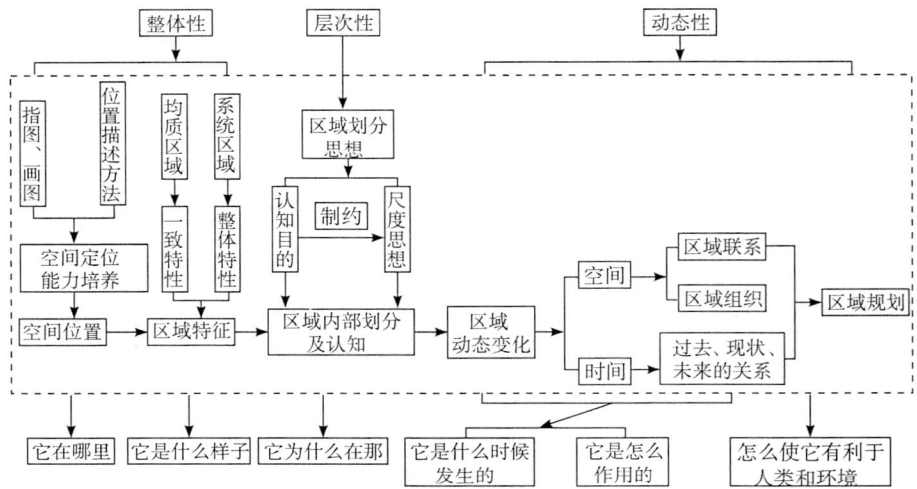

图 3-8 基于学科逻辑向教学逻辑转化的区域认知培养途径

(1)从区域的整体性出发培养学生的区域认知

区域认知的重要任务是把握区域的整体性。区域的整体性是指区域内部各地理要素之间相互作用、相互影响,从而构成一个统一整体。区域整体性关注的重点在于区域所处位置以及该位置对区域造成的影响。良好的空间定位能力是学生掌握区域整体性乃至形成区域认知素养的必然要求。空间定位能力的培养重点在于基于地图来体验和学会地理学的空间定位方法。在日常教学中切实可行的方法是带领学生"指图"并"画图"。从整体性的角度认识一个区域,掌握它的划分标准是十分重要的,这是学生认识区域特征和形成区域差异观念的有效路径和重要方法[102]。

(2)从区域的层次性出发培养学生的区域认知

培养学生在认识地理事物和现象时,要具有将对象置于特定的空间来进行认知的意识与习惯。有或没有这种意识,形成或未形成这种习惯与思维方式,是衡量和判断区域认知是否形成和达到何种素养水平的基本依据。区域的层次性是指区域是有等级的,一个区域既是上一级区域的组成部分,又可以进一步划分为下一级区域。通过把握区域的层次性可以让学生认识到:尽管区域包含了复杂多样的地理要素,但区域是有层次的,是能够被划分的,我们根据不同的概括水平和目的变化将区域划分成可以被认识的不同层次,其目的是方便空间概括和研究学习,使区域所蕴含的多样性变得井然有序。区域的层次性关注重点在于目的和尺度。如何选取适宜的尺度来达到区域学习的目的是把握区域层次性的重要一步。一个区域包括了复杂多样的地理要素及其相互作用,要让学生在学习时明确学习该区域的目的,做到学习过程中思路清晰、脉络明朗[102]。

(3)从区域的动态性出发培养学生的区域认知

区域是在不断变化的,要防止学生对区域认识的片面化、孤立化。把握区域的动态性主要包括两方面,即空间动态性和时间动态性。空间方面的动态性是指联系和组织,把握空间动态性应从分析区域间的联系出发;组织一般表现为功能区,它是指基于联系所形成的区域组织形式。时间方面的动态性关注重点在"发展"和"影响"。教师应将区域的过去、现状、未来通过时空思维这条线串联在一起,从而构建学生面对类似区域甚至陌生区域时处理区域问题的思路与框架,使他们对区域的认识和理解更加全面[102]。

(二)融通教学实施

"融通教学——地理教学主张"促进学生区域认知。现结合高中地理"流域的综合开发——以美国田纳西河流域为例"一课加以阐述。该节课程标准的要求是:"以某流域为例,分析该流域开发的地理条件,了解该流域开发建设的基本内容,以及综合治理的对策措施"。"标准"的重点,并不是某一流域开发建设的具体内容和综合治理的具体措施,而是指研究或规划流域的开发建设和综合治理的一般方法,从而能够应对不同的流域,进行准确的背景分析(有利条件与存在问题),提出具有针对性的流域可持续发展措施。课堂上,通过引导学生认知区域位置、综合分析区域特征、比较分析区域差异、加强区际联系和追求区域发展,从而对该区域形成整体的认知和把握,有助于教学目标的达成。

1. 创设情境,培养认知区域位置的能力

通过地理教学内容与信息技术融合创设问题情境,用问题来引起学生思考,进入主要学习内容。课堂上,以"为什么选择以田纳西河为例?"为题创设情境,提供田纳西河位置等图片、文字资料,引发学生的思考。学生通过读图分析,从中获取有价值的信息,得出相关解释和结论。例如,田纳西河的经纬度位置、海陆位置,属于密西西比河二级支流等。

2. 问题式教学,培养认知区域特征的能力

问题式教学是用"问题"整合相关学习内容的教学方式,引导学生运用地理的思维方式,建立与"问题"相关的知识结构,并能够由表及里、层次清晰地分析问题,合理表达自己的观点。课堂上,教师提供田纳西河的地形、气候、水文水系、矿产资源等图片、文字资料,利用精心设计的问题激发学生学习和探究的兴趣。学生通过活动获得区域地理信息加工能力,主要包括获取区域地理信息能力、整理区域地理信息能力、分析区域地理信息能力和描述区域地理信息能力四个方面。例如,学生在活动中,依据田纳西河的位置、田纳西河地形示意图、诺克斯维尔市年内各月气温和降水量(如图 3-9 所示)等图片、文字资料,对区域地理信息进行获取、整理、分析,获取有价值的信息,从水文水系方面描述田纳西河的流域特征(见表 3-7)。

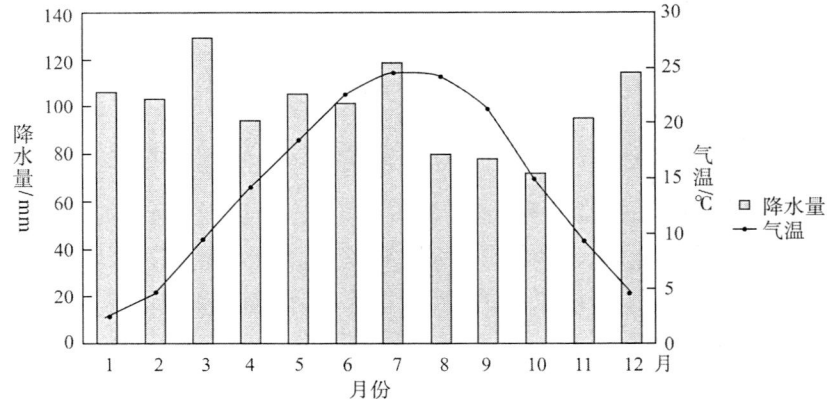

图 3-9　诺克斯维尔市年内各月气温和降水量

表 3-7　田纳西河流域的水文水系特征

环境要素	田纳西河流域特征
水文水系	水系发达,支流多,水量丰富
	水量不稳定,流量差异大

3. 基于场景融合技术,培养认知区际联系的能力

区际联系认知能力的培养中,需要学生在原有地理知识的基础上按照自己所理解的深度、广度,结合自己的感觉、知觉、记忆、思维、联想等认知特点,在脑海中不断加工、推理,构建各种自然地理要素和人文地理要素之

间的内在联系[103]。学生的学习基础不同,有时存在一定认知障碍。针对存在的学习问题,融通教学依据 TPACK 理论框架,采用基于场景融合技术的教学策略,运用信息技术创设虚实结合的教学空间,提供学习素材、学习方法、交流机会,帮助学生把它们联系起来去思考,突破理解上的障碍。例如,学生对田纳西河流域与其他区域之间联系的内容、联系的方式、联系带来的影响方面存在认知障碍。教师通过分析田纳西河流域的水文水系特征与区际联系(见表3-8),让学生懂得在内河运输方面,田纳西河水系发达,支流多,水量丰富,流域内大部分可通航;针对水量不稳定、流量差异大的问题,可以通过修水库、建船闸,来促进内河航运。教师提供的学习素材包括:田纳西河流域管理局利用田纳西河上的水坝系统进行梯级开发,设置9级提升船闸,并对浅滩进行整治,大大改善了田纳西河的交通运输条件。20世纪70年代,田纳西河上驳船运量达2700万吨。通过俄亥俄河、密西西比河,田纳西河的航运可以与美国21个内陆水运系统相连接[104]。内河航运条件的改善,有利于矿产资源等物资的运输,促进了田纳西河流域的开发。

表 3-8 田纳西河流域的水文水系特征与区际联系

水文水系特征	区际联系		
	区际联系的内容	区际联系的方式	区际联系带来的影响
水系发达,支流多,水量丰富	大部分可通航,通往全国大部分地区	内河航运	有利于矿产资源等物资的运输,促进了田纳西河流域的开发
水量不稳定,流量差异大	修水库,建船闸,促航运		

4. 基于课标融合内容,培养认知区域发展的能力

学生在认知区域发展时,认知内容主要有:认识人类活动对区域发展的影响;认识区域在不断发展变化之中;能够指出区域发展存在的问题;能够简单预测区域未来发展趋势;能够为区域的可持续发展提出可行性建议。因此,学生需掌握以下能力:一是区域发展因果关系的分析与推理能力,指熟练运用有关因果关系的分析与推理方法,由原因探寻结果或由结果追究原因的能力;二是区域发展过程的描述与归纳能力,指完整地描述区域某一方面(如环境、产业等)的动态发展过程,并归纳其规律的能力;三

是区域发展问题的探究能力,指运用综合分析的方法,根据区域发展历史探寻区域发展存在的问题及影响,并尝试为区域可持续发展提出可行性建议的能力[100]。

以田纳西河流域为例,根据课程标准的要求,教学目标的重点是让学生掌握研究或规划流域的开发建设和综合治理的一般方法。教师基于教学目标融合教学内容,梳理流域资源的开发利用思路(如图3-10所示),指导学生分析区域发展条件、研究区域发展现状、找出区域发展存在问题、探讨区域发展对策等,形成对田纳西河流域区域发展的整体认识(如图3-11所示)。

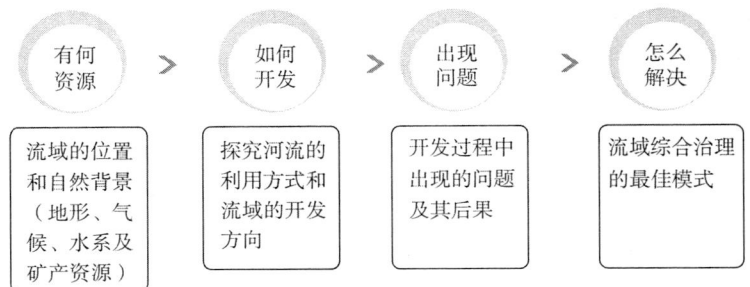

图 3-10　流域资源的开发利用示意图

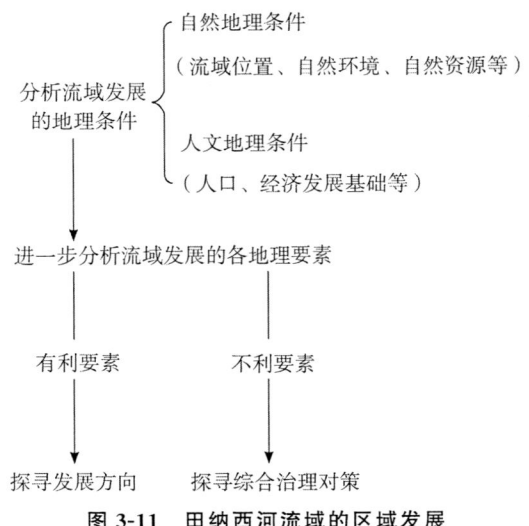

图 3-11　田纳西河流域的区域发展

课堂总结时,呼应课前提出的"为什么选择以田纳西河为例?"的情境,指出田纳西河流域的开发利用是比较成功的案例,可以从可持续发展的角度衡量综合开发与治理的成果,为我国大江大河流域综合治理提供可借鉴的经验。

第四节　融通教学培育地理实践力

一、原理解析

(一)含义与解读

地理教育一贯重视地理实践。《高中地理课程标准》提出,地理实践力指人们在考察、实验和调查等地理实践活动中所具备的意志品质和行动能力。考察、实验、调查等是地理学重要的研究方法,也是地理课程重要的学习方式。"地理实践力"素养有助于提升人们的行动意识和行动能力,更好地在真实情境中观察和感悟地理环境及其与人类活动的关系,增强社会责任感[18]。

"地理实践力"的基本含义分为能力和品质两个层面,能力层面包括观察和描述地理事物,测量和记录地理数据,设计和演示地理实验等实践操作技能;品质层面包括关注生活、善于研究的良好习惯,敢于质疑、勇于探索的积极态度,实事求是、追求真理的科学精神[105]。

"地理实践力"具体表现为三个方面,一是能够使用观察、调查等方法收集和处理地理信息,有发现问题、探索问题的兴趣;二是能够与人合作设计地理实践活动的方案,独立思考并选择适当的地理工具;三是能够实施活动方案,主动从体验和反思中学习,实事求是,有克服困难的勇气和方法[18]。

这些能力和品质经过沉淀,会内化为性格和素养,最终帮助学生在真实生活中学会从地理视角认知和欣赏地理环境,选择适当的方法和工具解决实际地理问题,追求人与地理环境的和谐共生。所以,地理实践力是满足学生适应未来社会所必备的地理思维品质,也是地理学科教学的价值追求[106]。

(二)突出的重点

《高中地理课程标准》在地理实践力方面有一定变化,在继续坚持以往地理实践学习(课堂讨论、参观、研究性学习等)基础上,更加突出"考察、调查、实验"三个方面的地理实践。

"考察"方面的地理实践,是倡导学生走进大自然,通过实践活动,探究实际问题。考察内容包括对地理环境的观察、描述、欣赏;对自然现象的测量、取样、论证;对人类活动与环境关系的分析、评判、建议等,感悟人类如何与自然相处的情怀,学会生存、防避灾害的生存本领;通过实地考察,学会阅读等高线地形图、辨识方向、野外定位等使用基础工具解决实际问题的基本技能。

"实验"方面的地理实践,是指模拟某种自然现象的模拟实验,目的是训练如何设计实验,学习控制变量比较差异的科学试验方法;训练科学严谨的科研过程,包括设计、操作、观察现象、描述现象、记录等。

"社会调查"方面的地理实践,是指面向真实社会现象,发现问题、提出问题并从社会科学研究的视角研究问题。通过设计问卷,采访、访谈,入户调研等社会调查的方法,客观认识社会,研究社会现象的规律。调查素养的提升表现在有能力设计访谈提纲,能够通过问卷的结果分析出区域差异,能够通过分析认识社会规律,提出自己的观点和规划建议,为区域的可持续发展出谋划策等[105]。

二、实践策划

(一)融通教学设计

1. 目标与过程的设计

在立德树人理念指导下,进行教学设计和实践的具体过程中,教师要明确"地理实践力"的内涵,结合《高中地理课程标准》设置合理的教学目标。"融通教学——地理教学主张"的教学实践中,重视培育学生地理实践力,鼓励学生走进自然、社会和生活的真实情境中,动手、动脑学习,增长学以致用的真本领,培养真正有能力服务社会的高品质的人。北京市第四中学李京燕老师从内涵、表象特征、培养方向、培养途径等方面,描述地理实践力培育的结构框架(如图 3-12 所示)[105]。

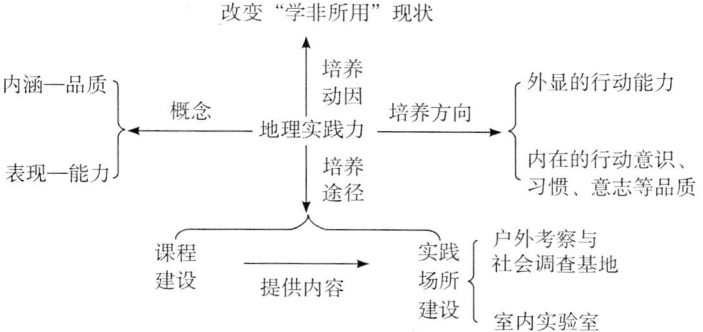

图 3-12 地理实践力培育的结构框架

地理实践力素养的内涵是指内在的品质,如积极行动的意识;从实践中获得基本感知,借助感知推断事实,实事求是论证的习惯;凡事动手做一做的行为;关注生活、喜欢调查研究的习惯等。这样的意识、习惯、行为构成素养的本质内涵,它是一种意识、态度、精神层面的东西,是在大量实践体验训练过程中,潜移默化积淀并内化为性格一部分的隐性的素质。地理学培养的内在品质主要包括:安全意识;热爱、欣赏、感恩、敬畏等情感;好奇、激情、质疑、探究、实事求是等科学精神。内涵的隐性素养品质,地理实践力素养的外在表现是指通过实践体现出来的操作层面上对现实问题的应对能力。地理学训练的外显能力主要包括辨识方位、规划路线、防避灾害、野外独立生存能力等[105]。

福建师大附中黄榕青老师认为地理实践力的培养主要由"开展地理实践活动""运用地理工具""地理兴趣与审美观"三个大类构成,并可进一步细分为七个要素,形成地理实践力的构成要素体系(如图 3-13 所示)[107]。

2. 评价设计

《高中地理课程标准》提出地理学科核心素养水平划分,明确"地理实践力"的四个水平(见表 3-9)[18]。

地理实践力素养的培养存在一个很大难题就是评价问题,教师要根据不同的实践内容和过程,选择不同的评价方法,客观评价出学生素养的差异。在教学中,常采用以下评价方法:

(1)观察式评价

让学生放松地进行实践活动。教师根据事先设计的评价标准,例如,

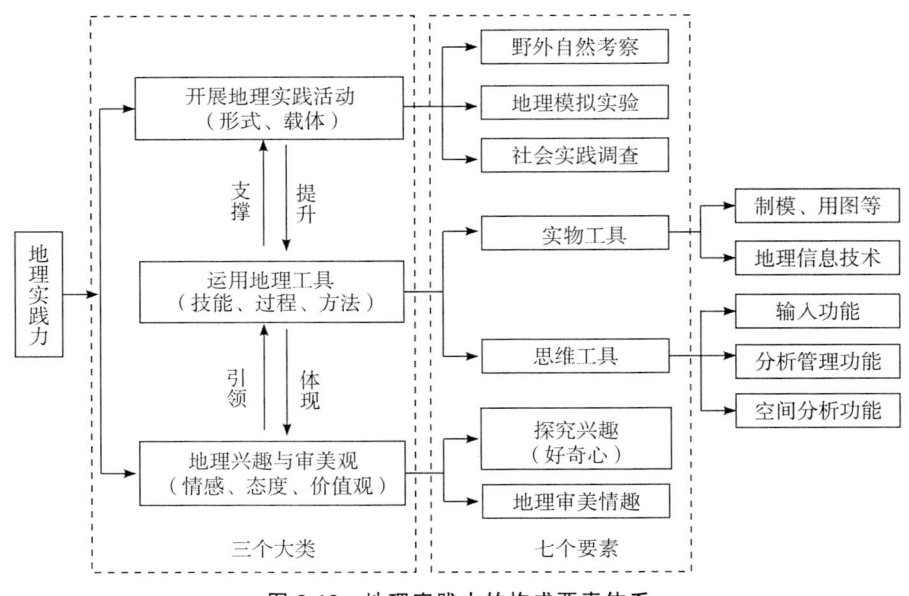

图 3-13 地理实践力的构成要素体系

表 3-9 地理学科核心素养水平划分——地理实践力

水平	地理实践力
水平 1	能够进行初步的观察和调查,获取和处理简单信息,有探索问题的兴趣;能够借助他人的帮助使用地理工具,设计和实施地理实践活动,从体验和反思中学习;能够理解和接受不同的想法,有克服困难的勇气并寻找方法
水平 2	能够进行细微观察和调查,获取和处理信息,有探索问题的兴趣;能够与他人合作使用地理工具,设计和实施较复杂的地理实践活动,主动从体验和反思中学习;能够有自己的想法,有克服困难的勇气和方法
水平 3	能够进行分类观察和调查,获取和处理较复杂的信息,主动发现和探索问题;能够与他人合作设计和实施较复杂的地理实践活动,主动从体验和反思中学习;能够有自己的想法,有克服困难的勇气和方法
水平 4	能够进行较系统的观察和调查,获取和处理复杂的信息,主动发现和探索问题;能够独立设计和实施地理实践活动,主动从体验和反思中学习;能够提出有创造性的想法,有克服困难的勇气和方法

主动性、好奇心、合作性、质疑、细心以及行动力等,在实践中通过全方位细致观察学生的行为,推断其意志品质等。事后,教师有针对性地反馈评价,引导学生提升相关方面的能力。

(2)任务式评价

任务式评价即学生通过完成任务体现能力水平。学生按照教师布置的任务、提供的记录单等,以小组合作形式进行实践活动;实践过程中,学生围绕任务记录活动过程、开展小组讨论、收集过程性材料;活动总结时开展交流汇报,进行自评、互评、组评、师评等,评价其任务完成质量和表达水平。

(3)混合式评价

采用观察式评价与任务式评价相结合,纸笔测试和实验操作结合,自评、互评、师评、机评相结合,计量性评价与表现性评价相结合等评价模式;学生在实践过程中,不断尝试、调整、获取改进信息;教师通过与学生的提问、交流,考查学生主动性、勤奋性、倾听建议、反思、创新等方面能力。

3. 策略设计

(1)课内、课外相结合

地理课堂是融通教学培育地理学科核心素养的主阵地,但是地理课堂时间有限,需要课内、课外相结合,尤其是地理实践力的培育必须走进自然、走进社会,在真实情境中观察和感悟地理环境及其与人类活动的关系,增强社会责任感。课内主要包括两部分:一是实践活动开展前的任务布置,明确活动要求、注意事项等;二是实践活动总结时,进行交流汇报,开展自评、互评、组评、师评等。课外也主要包括两部分:一是集体组织或分组开展的实践活动,有明确的活动目的、活动步骤等;二是学生根据活动任务自行进行的实践活动,例如,资料收集整理、制作学具、问卷访谈等。

(2)校内、校外相结合

校内是学生主要的活动空间,教师应充分利用现有环境或完善教学环境,例如,教室、地理专用教室、地理园、观象台、气象观测站等校内教学空间;改变教学方式和育人方法,创设地理实践情境,例如,结合户外图像图表资料、音像视频资料等;组织学生开展地理实验,观察、描述地理事物和现象,提出地理问题、收集信息、整理分析信息;进而论证其形成过程、地理规律等,培养学生的地理实践力。校外集体活动一般依托研学旅行等,开展实地考察,获取和处理信息,培养学生主动发现和探索问题的能力,培养学生学会与他人合作设计、实施相关的地理实践活动能力。

(3)线上、线下相结合

线上是借助互联网技术可以将真实的生活、生产和生态境脉呈现在学习环境之中。依托互联网、计算机、手机和相关软件,开展线上实践活动,例如,线上接收天气云图遥感影像、世界各地地震发生情况,组织学生阅读遥感和图像信息,提出问题,交流互动,表达思想,反思提高,培养学生的地理实践力。有些网站还提供风景名胜区、交通通行状况、日食或月食、天文大潮、动物迁徙等在线直播,直播信息真实、可信,成为地理实践活动的新途径。线下是借助专业设备,开展线下虚拟学习。人工智能(AI)、虚拟现实(VR)、增强现实(AR)、混合现实(MR)、全息投影等技术产品的不断开发应用,可以将复杂多变的难以记述的地理事物和现象实现地理可视化,对地理实践活动起到推动作用[108]。

(二)融通教学实施

"融通教学——地理教学主张"促进学生地理实践力的形成。现以"植被"一课为例介绍培育地理实践力的教学实践。

1. 教学分析

课前分析学业质量水平要求,"植被"一课的具体要求为"与他人合作,能够使用遥感图像等地理信息技术手段和其他地理工具,对地貌、土壤、植被等自然要素和相关自然现象进行深入观察,并设计实验,作出简要解释;能够在地理实践中表现出独立思考的意识、求真求实的科学态度,以及灵活运用知识的能力"。落实此项要求,可以有效培养学生的地理实践力。

2. 实践活动

开展校园树木调查活动。课前布置学生以小组合作的形式开展调查活动;课堂授课时,利用学生课前所形成的调查报告,作为教学素材进行教学,师生共同整理和分析调查结果。通过课内外的实践活动实现两个功能:一是带领学生融入真实的问题情境,即校园绿化如何做到因地制宜;二是改变学生的学习方式,引导学生在实践活动中应用植被与环境的知识,思考解决校园绿化中存在的问题。

教师布置调查任务时,细化调查步骤,让学生明确调查的具体步骤、数据分析的项目:

(1)实地观察并记录。按照一定顺序,分组开展校园树木调查,对每株树木进行编号并登记。

(2)在室内进行数据统计与分析。①统计每种树木的植株数量,并按数量由多到少排序。②查阅资料,了解每一种树木生长所需的环境条件,如气温、湿度、光照、土壤等。③查阅当地气温、土壤等信息。④将每种树木生长所需的环境条件与当地环境条件比较,并结合经验把所有树种分为

"当地树种"和"引进树种"两类。⑤观察"引进树种"类树木是否长势良好、是否正常开花结果等,判断其生长状况,进而探究影响其生长状况的原因。

3. 教学效果

在"植被"一课,教师课前布置学生分小组开展校园树木调查,设计量化评价表,组织学生及时开展过程性评价,有学生自评、互评、组评等,评价项目主要包括兴趣、任务情况、反思与交流等方面,同时指导学生撰写校园树木调查报告,探究校园植物与当地自然环境的关系。在课堂上,教师一方面利用学生调查报告作为教学素材进行教学,另一方面组织学生介绍调查结果与收获。在课后,教师布置学生开展基于网络空间的互动交流,学生登录福建省教育资源公共服务平台戴志龙老师空间,运用空间教学支持功能,开展自主学习、交流互动,结合校园树木调查情况,以"因地制宜绿化校园"为题,对校园绿化提出合理化建议。

调查活动、课堂交流、课后互动都是学生亲力亲为,学生除了获取第一手资料,还在体验和感悟中成长、总结、提升。教师从学生的调查报告、课内活动的语言表达、课外互动的文字描述等外在体现,可以了解学生地理实践力提升的情况。教师鼓励学生开展网上讨论,引导学生对其他同学的发言提出自己的见解,克服学生交流能力弱、不愿主动反思的不足;通过自我纠错、交流互动有利于激发学生自我矫正、改进和提升的欲望,有利于学生在表达、互辩、思考中实现"通"的达成。

第四章
融通教学地理课堂实施

本章介绍融通教学的课堂应用,主要包括三方面:第一,从基于课标融合教材、基于学情融合方法、基于场景融合技术方面,阐述融通教学的课堂实施策略。第二,从教学诊断、教学诊治、教学评价等方面阐述融通教学的课堂教学过程;其目标是解决"教学堵点",让学生内化所学知识、提升解决问题的能力、实现学业水平进阶、发现知识内在联系、触类旁通等。第三,基于"互联网+教育"的思想,从讲授型地理课堂、互动型地理课堂、探究型地理课堂、实践型地理课堂、讲评型地理课堂、移动型地理课堂、在线型地理课堂等方面阐述融通教学的地理课堂类型。

第一节 课堂实施策略

一、基于课标融合教材

教师应依据《高中地理课程标准》研究课程内容、学业质量要求等,在使用现行教材的基础上,参考各版本教材的内容,融合各版本教材的优点,取长补短、灵活运用。

(一)对"标"备课

教师在课前备课环节,应研究《高中地理课程标准》课程内容、学业质量水平要求,建立完整的地理思维体系,不仅针对授课内容备课,还要了解此项知识在整个高中地理知识体系中的地位与作用;不仅针对现阶段学业质量水平要求,还要关心如何进阶、如何衔接的问题,做到对"标"备课。例如,对高中地理必修一第五章第一节"植被"(2019年人教版)的课程内容、学业质量水平的要求,分析如下(见表 4-1)[18]。

表 4-1 "植被"课程内容、学业质量水平要求

要求	课程	
	必修 1	选择性必修 1
课程内容要求	1-10 通过野外观察或运用视频、图像,识别主要植被,说明其与自然环境的关系	1.9 运用图表,分析自然环境的整体性和地域分异规律
学业质量水平要求	水平 1: 　　在简单、熟悉的情境中,能够辨识地貌、大气、水、土壤、植被等自然地理要素,简单分析其中少数几个要素的相互作用,及其与人类活动的相互影响(人地协调观、综合思维) 　　借助他人的帮助,能够使用遥感影像等地理信息技术手段和其他地理工具,对地貌、土壤、植被等自然要素和相关自然现象进行初步观察,并设计简单的实验(地理实践力) 水平 2: 　　对于给定的简单地理事象,能够简单分析地貌、大气、水、土壤、植被等自然地理要素中多个要素之间的关系,解释地球演化、热力环流、水循环等的时空变化过程,辨识某些自然地理要素与人类活动相互作用的主要方式和结果(人地协调观、综合思维) 　　能够归纳某些自然地理要素的空间分布特征(区域认知) 　　与他人合作,能够使用遥感图像等地理信息技术手段和其他地理工具,对地貌、土壤、植被等自然要素和相关自	水平 3: 　　对于给定的复杂地理事象,能够说明自然环境对人类活动的影响,分析人类活动对自然环境影响的强度与方式,具备尊重自然规律的素养(人地协调观) 　　能够从空间格局的角度,解释自然环境的整体性与差异性(区域认知) 水平 4: 　　从自然环境各要素的物质运动和能量交换的角度,分析岩石、地貌、大气、水的运动与变化规律,以及各要素之间的相互影响(综合思维) 　　能够运用空间分析方法,解释自然环境的整体性与差异性,并能够分析特定区域的自然地理特征与环境演变过程,评估其发展问题,提出科学决策的依据(区域认知)

续表

要求	课程	
	必修1	选择性必修1
学业质量水平要求	然现象进行深入观察,并设计实验,作出简要解释;能够在地理实践中表现出独立思考的意识、求真求实的科学态度,以及灵活运用知识的能力(地理实践力)	

(二)融"优"设计

在"植被"一课的教学设计过程中,以师生使用的人教版2019年高中地理教材为基础,参考中图版、湘教版、鲁教版等主要版本的编写情况(见表4-2),分析各版本教材如何实现课程标准"识别主要植被"及"说明主要植被与自然环境的关系"的要求。在"识别主要植被"方面,重点是让学生清楚植被概念、植被分类、主要植被类型及其生态特征。植被生态特征是识别主要植被的依据,主要包括植被外貌、植被的垂直结构、水平结构、季相结构、植被的种类组成等方面。在"说明主要植被与自然环境的关系"方面,从环境对植被的影响、植被对环境的影响两方面展开分析。

表4-2 "植被"各主要版本的编写情况

分析项目	教材版本			
	人教版教材	中图版教材	湘教版教材	鲁教版教材
章节名称	植被	植被与环境	植被与环境	生物圈与植被
节内标题	植被与环境;森林;草原与荒漠	世界主要植被类型;植被与自然环境的相互关系	主要植被;植被与环境	认识生物圈;认识植被类型;植被与环境的关系
观察植被:植被概念	在一定地方,自然界成群生长,各种植物的整体	植物种群、植物群落;覆盖地表某一区域的植物及其群落	覆盖一个地区的各类植物群落的总称	覆盖地表的植物群落

续表

分析项目	教材版本			
	人教版教材	中图版教材	湘教版教材	鲁教版教材
观察植被：植被分类	天然植被和人工植被	天然植被和人工植被	天然植被和人工植被	（阅读栏体现）
观察植被：植被类型	热带雨林；常绿阔叶林；落叶阔叶林；亚寒带针叶林；热带草原；温带草原；荒漠	热带雨林；热带稀树草原；常绿阔叶林；常绿硬叶林；亚热带荒漠草原；落叶阔叶林；针叶林；温带草原；苔原	热带雨林；亚热带常绿阔叶林；亚寒带针叶林；温带落叶阔叶林；热带草原；温带草原；荒漠	常绿阔叶林；落叶阔叶林；针叶林；热带草原；温带草原；荒漠植被
观察植被：生态特征	垂直结构	—	—	—
环境对植被的影响	气候；土壤	纬度；海陆；水分、热量组合	大尺度,气候条件,尤其热量和水分；中尺度,地形影响,尤其山地垂直气候	气候；土壤；地形
植被对环境的影响	土壤；水分	大气的组成成分；调节局地气候；土壤；涵养水源；抵御风沙	土壤；水文；空气质量	净化空气；涵养水源；积累营养物质；防风固沙
活动设计（引入）	智利沙漠中的花海	探索：乞力马扎罗山的山顶周边色彩变化的原因	探究：内蒙古自治区东部、中部、西部植被的特点,差异原因	问题：库布齐沙漠有哪些植被类型？它们与自然环境有怎样的关系

续表

分析项目	教材版本			
	人教版教材	中图版教材	湘教版教材	鲁教版教材
活动设计	活动:校园树木调查,了解校园树木与环境的关系	阅读:红树林	阅读:植物群落	活动:说明光合作用和呼吸作用中,生物圈与其他圈层的物质交换过程
活动设计	活动:分析红树林植物特征的环境适应性	活动:观察比较校园植物的四季变化	活动:(1)描述植被类型(景观图)的群落特征。(2)猴面包树、纺锤树分布地区的气候特征。为什么它们都长有粗大的树干	活动:判别常绿阔叶林和落叶阔叶林
活动设计	自学窗:精品公园"精"在何处	活动:观察分析植物(以碱蓬、海菜花为例)对自然地理环境的指示作用	阅读:植物物候节律	知识窗:人工植被
活动设计	—	(1)案例研究:塞罕坝林场。(2)作业题:以热带雨林、山顶矮曲林、沙漠植物等为例,分析植被与自然环境的关系	活动:(1)从海南岛到黑龙江漠河,从北京到乌鲁木齐自然植被的差异及其变化原因。(2)保和岛的植被类型是什么?巧克力山只长草不长树的原因。其最佳观	活动:(1)库布齐沙漠的植被类型;(2)南京紫金山某处的植被类型

续表

分析项目	教材版本			
	人教版教材	中图版教材	湘教版教材	鲁教版教材
活动设计			赏时间为每年5月份的原因。(3)植物体的增长与气温的关系	
插图内容	智利沙漠中的花海;森林中的成层现象;热带雨林的茎花和板根现象;我国南方地区的常绿阔叶林景观;我国华北地区的落叶阔叶林秋季景观;加拿大落基山脉地区的亚寒带针叶林景观;巴西北部河口地区的红树林;东非高原的热带草原景观;内蒙古呼伦贝尔的温带草原景观;北部非洲的热带荒漠景观;新疆阿克苏地区的温带荒漠景观;皇城根遗址公园景观	乞力马扎罗山卫星影像及景观;世界主要植被类型;热带雨林绞杀植物;亚马孙河流域热带雨林航拍;热带稀树草原湿季景观和干季景观;红树林;常绿阔叶林;常绿硬叶林;北京师范大学校园植物的四季变化;针叶林;温带草原;高山苔原;陆地植被水平分布与热量、水分的关系;碱蓬;海菜花及其近景;曾经林木稀疏、风沙肆虐的塞罕坝;现在苍翠的塞罕坝林场;板状根;滴水叶尖;山顶矮曲林	内蒙古自治区植被景观分布;热带雨林景观;亚热带常绿阔叶林景观;亚寒带针叶林景观;温带落叶阔叶林景观;热带草原景观;温带草原景观;荒漠景观;热带季雨林景观;亚热带常绿硬叶林景观;猴面包树;纺锤树;天山植被景观;保和岛巧克力山景观;保和岛气温年变化曲线和逐月降水量;植物体的增长与气温的关系	库布齐沙漠的治理;光合作用过程中生物圈与其他圈层的物质交换;常绿阔叶林及常见常绿阔叶树的树叶之一;落叶阔叶林及常见落叶阔叶树的树叶之一;亚寒带针叶林;热带草原;温带草原;荒漠(摄于内蒙古);花园;南京紫金山某处植被(摄于冬季)

在教学设计之"识别主要植被"部分,围绕植被与"人""地"关系这一主线,"讲故事"般层层递进。第一,根据学校所在地城市的情况,以美丽校园的景观、学生课前开展的校园树木调查情况导入新课。第二,简要介绍"生物圈与植被",指出自然环境的组成要素包括植被、气候、地形、水文、土壤等,它们之间相互联系、相互影响;生物圈对地表环境的形成和变化具有重要作用和影响。第三,介绍植被的概念、分类。关于植被概念,可归纳为三点:一是在一定地方;二是成群共同生长;三是各种植物的整体。关于植被分类,按空间分布,全球范围可以分为海洋植被和陆地植被两大类,其中由于陆地环境差异大,又形成多种植被类型;按人类影响程度,可分为天然植被和人工植被。教师应强调植被与植物的区别,避免混淆概念。第四,介绍植被的生态特征。各主要版本在"植被"一课中都使用大量插图帮助学生观察植被,教师可以在梳理知识体系的前提下,有选择地采用不同版本中的插图资料,例如,植被季相结构是指植被在不同季节表现的外貌,可以采用中图版教材中的插图"热带稀树草原湿季景观(左)和干季景观(右)"(如图4-1所示)、"北京师范大学校园植物的四季变化"(如图4-2所示)。

图 4-1 热带稀树草原湿季景观(左)和干季景观(右)

在教学设计中"植被与自然环境关系"部分,主要从环境对植被的影响、植被对环境的影响两方面展开分析。各版本教材关于"植被与自然环境关系"的编写,都注意采用课堂活动、探究、阅读等形式来体现,但编写内容差异较大。

本课教学设计运用思维导图体现设计意图(如图4-3所示)。第一,从光照、热量、水分、土壤、地形等方面介绍"环境对植被的影响";第二,以探究活动形式,让学生得出植被要适应自然环境,植被对自然环境有改造、指示的作用;第三,在介绍"植被与自然环境关系"的基础上,强调天然植被一般按类型有规律地分布在适宜其生长的地方,对校园树木调查活动进一步

第四章 融通教学地理课堂实施

图 4-2 北京师范大学校园植物的四季变化

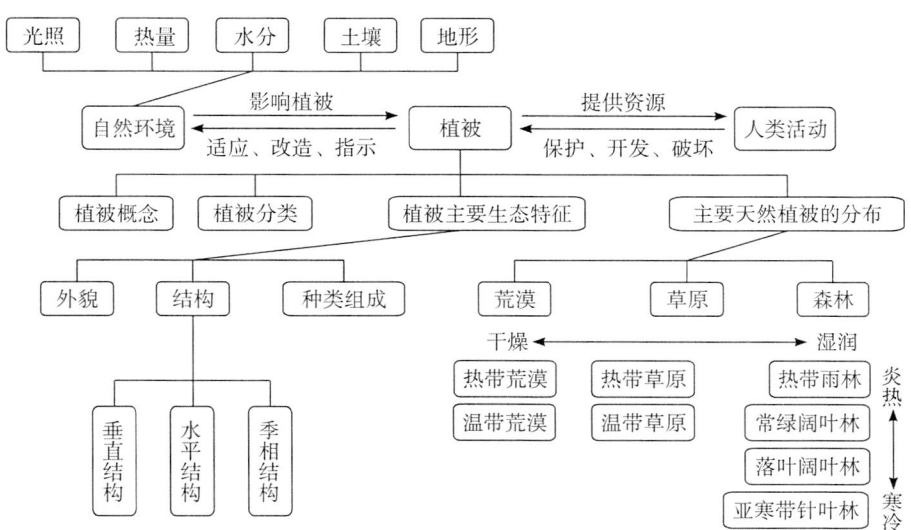

图 4-3 "植被"(第一课时)教学设计思维导图

深化,让学生了解外来树种往往不宜广泛种植。第四,结合热量、水分的分布差异,介绍主要植被类型的分布及其体现的生态特征。第五,教学设计中补充"植被与人类活动的相互关系",植被为人类提供宝贵的资源与环境,人类对天然植被有保护、开发、破坏等方面的影响。最后,结合教师网络学习空间布置学生课后活动,自学"精品公园精在何处"等内容,强调在绿化上要因地制宜,避免好心做坏事,培养学生人地协调观。

二、基于学情融合方法

(一)学情研究

"植被"一课的课标要求"识别主要植被",这里"识别植被"的知识属性,要求教师基于学生学习水平,运用实践策略、结构化认知策略的教学方法,开展教学活动。教师应从学生的认知水平出发分析学情。"已知"指学生已有的知识、能力和方法储备;"未知"指学生在应达到学习目标和实现目标前,涉及的未掌握的知识、能力和方法;"能知"指学生的最近发展区;"想知"指学生的学习倾向;"怎么知"体现了学生的认知风格和学习策略等[67]。"植被"一课是高中地理必修一内容,学习对象是高一年级的学生,教师课前进行学情分析,具体如下(见表 4-3):

表 4-3 "植被"一课学情分析

认知水平		认知内容
已知	已有的知识、能力和方法储备	1. 学生在日常生活中对当地植物、植被有一定了解 2. 学生在初中地理、生物课程中,对植物个体与环境的关系,热带雨林、常绿阔叶林、落叶阔叶林、亚寒带针叶林、草原、荒漠等有所了解 3. 学生在初中地理学习了世界主要气候类型的分布、中国主要气候类型的分布,对热量、水分条件的分布、差异有一定了解 4. 学生在初中地理学习了亚马孙雨林的开发与保护,对森林资源、人类活动对森林资源的开发、破坏、保护等有一定的了解
未知	在应达到的学习目标和实现目标前,涉及的未掌握的知识、能力和方法	1. 植被的概念,植物与植被的区别 2. 植被的分类 3. 植被的生态特征 4. 如何识别主要植被 5. 植被与其所在自然环境的关系

续表

认知水平		认知内容
能知	学生的最近发展区	1. 在环境各要素中,对植被影响较大的是热量和水分,可从热量、水分条件的差异分析植被与环境的关系 2. 根据生活经验和自主学习,能了解植被在不同季节表现的外貌景观不同;天然植被一般按类型有规律地分布在适宜其生长的地方 3. 具有校园树木调查的能力
想知	学习倾向	1. 植被的生态特征 2. 如何识别主要植被 3. 植被与自然环境的关系 4. 思考人类与植被的关系 5. 如何合理营造人工植被
怎么知	认知风格和学习策略	1. 实践策略:①对于不认识的树木,可通过网络查询、查阅资料或请教他人等方式解决;可查阅资料,了解每一种树木生长所需环境条件,如气温、湿度、光照、土壤等;可通过网络查询等,了解当地气温、土壤等信息。②观察、对比树叶等,分析植被与自然环境的关系。③将每种树木生长所需的环境条件与当地环境条件比较,并结合经验把所有树种分为"当地树种"和"引进树种"两类;针对"引进树种"类树木的生长状况(如良好或不佳),探究其原因 2. 结构化认知策略:指导学生通过垂直结构、生态特征、外貌、结构、组成、种类等方面,结构化地认知植被

(二)实践策略

课前分析学业质量水平要求,"植被"一课的具体要求为"与他人合作,能够使用遥感图像等地理信息技术手段和其他地理工具,对地貌、土壤、植被等自然要素和相关自然现象进行深入观察,并设计实验,作出简要解释;能够在地理实践中表现出独立思考的意识、求真求实的科学态度,以及灵活运用知识的能力"。落实此项要求,可以有效培养学生的地理实践力。

本课设计校园树木调查活动,课前布置学生以小组合作的形式开展调查活动;课堂授课时,利用学生课前所形成的调查报告作为教学素材进行教学,师生共同整理和分析调查结果。通过课内外的实践活动实现两个功能:一是带领学生融入真实的问题情境,即校园绿化如何做到因地制宜;二是改变学生的学习方式,引导学生在实践活动中应用植被与环境的知识,思考解决校园绿化中存在的问题。

教师布置调查任务时,细化调查步骤,让学生明确调查的具体步骤、数据分析的项目:(1)实地观察并记录。按照一定顺序,分组开展校园树木调查,对每株树木进行编号并登记(见表4-4)。(2)在室内进行数据统计与分析(见表4-5)。①统计每种树木的植株数量,并按数量由多到少排序。②查阅资料,了解每一种树木生长所需的环境条件,如气温、湿度、光照、土壤等。③查阅当地气温、土壤等信息。④将每种树木生长所需的环境条件与当地环境条件比较,并结合经验把所有树种分为"当地树种"和"引进树种"两类。⑤观察"引进树种"类树木是否长势良好、是否正常开花结果等,判断其生长状况,进而探究影响其生长状况的原因。

表 4-4 校园树木调查登记表

编号	名称	生长状况	栽种地点

表 4-5 校园树木统计与分析

序号	树木名称	植株数量	该种树木生长所需的环境条件				分类("当地树种"或"引进树种")	"引进树种"类树木	
			气温	湿度	光照	土壤		生长状况	原因

为取得实效,课前布置学生以小组合作的形式开展活动,并采用校园树木调查活动评价表(见表4-6),及时开展过程性评价。评价主体多元化,有学生对自己的评价,同学之间、小组之间的互相评价。评价项目主要包括兴趣、任务情况、反思与交流等方面。

表 4-6　校园树木调查活动评价表

学生姓名：_____,第_____组,承担任务：_____

评价目标	评价等级	自评	互评	组评	典型表现记录
有发现问题、探究问题的兴趣	兴趣高				
	兴趣较高				
	兴趣一般				
完成观察、识别、统计的任务情况	独立思考并选择适当的记录、统计方法				
	观察、调查中能够按照要求记录和整理树木信息				
	基本完成任务				
主动反思及时发现调查中的问题，与同伴交流	主动反思，及时发现调查中的问题，发起交流				
	能参与讨论，发现问题				
	没有参加讨论				

（三）结构化认知策略

1. 知识结构与认知结构

知识结构与认知结构之间的区别主要体现在：知识结构强调学习内容的逻辑结构，认知结构强调学生认识过程和经验的作用。知识结构与认知结构之间的联系主要体现在：良好的知识结构有利于学生建构良好的认知结构，良好的认知结构则为学生建构知识结构提供动力和支持[109]。学生的学习实质是认知结构不断建立和完善的过程。不同时期的学习任务和能力要求呈现出层次性，教师应从学生认知结构特点出发，按照"学习进阶"的思路合理安排各阶段的教学，用连贯的知识体系将零散的知识进行整合，用恰当、生动的方法帮助学生建立完整的知识体系，提高学习效率。

在"植被"一课，教师注意梳理、呈现良好的知识结构，通过植被外貌、植被结构（垂直结构、水平结构、季相结构）、植被组成、植被种类等方面，让学生逐一掌握知识点，形成关于植被生态特征的知识网，使零散的地理知识系统化和整体化，体现了地理学科逻辑。在认知结构方面，教师运用符合学情的教学逻辑，由易到难、由浅入深、由简到繁，具体做法是：教师采取校园植被调查的教学方法,加深学生对植被的感性认识,指导学生从个别植物对环境的生态适应特征入手,逐渐认知校园多种植物共性的环境生态适应特征,指导学生结构化地认知植被,从而实现学科逻辑与教学逻辑的融合。

  2. 知识点的联系与差异

  高一学生经过小学科学、初中生物、初中地理的学习,对植物、植被等已有所了解。教师应指导学生在原有知识基础上,经过分析、推理等思维过程,使新知识与原有知识建立联系。但是,新旧知识之间、新旧概念之间也存在差异,如果混淆必将影响后续的分析、思维。

  在"植被"一课,学生对植物与植被这两个概念特别容易混淆。学生在校园植被调查过程中注意力集中在植物,分析与自然环境关系也是基于植物根、茎、叶等的分析。这个概念不搞清楚,容易将植物个体的生态特征替代整个植被的生态特征,例如,热带雨林的板根和茎花现象是林中的普遍现象,而个别植物的板根和茎花现象在亚热带地区也可见到;在南方一些城市可见到落叶乔木,例如法国梧桐等,并不代表这些城市的自然植被是温带落叶林。

  因此,教师在教学中首先结合照片、视频,进行比对式教学,指导学生进行辨别、分析,明确植物与植被这两个概念的联系与差异;其次,通过实例识别主要植被,如草原与森林的识别、针叶林与阔叶林的识别、乔木林与灌木林的识别、荒漠与草原的识别等。再次,梳理、概括出新的规律性知识,例如,依据植被特征判断、识别主要植被类型,具体指标是优势植物的组成、垂直结构的数量、生态特征(茎花、板根、叶片、花季等)、覆盖度等。最后,以课堂练习形式,说明植被与自然环境的关系。可从区域(福建为例)环境特征推出植被生态特征,也可以逆向从植被生态特征反推环境特征,例如,福建省森林覆盖率高的自然原因主要是光热充足,森林生长快;降水丰沛,水源充足;地形以山地、丘陵为主,宜林地区广。

三、基于场景融合技术

  教师要根据教学场景设计原则思考在课前、课堂及课后,如何把握好信息技术的应用,如何在具体的教学内容、活动环节采用合适的信息技术手段、呈现方式,如何转变学生学习方式与教师教学方式。在"植被"一课的教学过程中,笔者关注教学场景的设计与应用(见表4-7),通过地理教学与信息技术深度融合,关注学生的感知,培养学生发现问题、分析问题和解决问题的能力,有效落实学科核心素养的培育。

表 4-7 "植被"一课教学场景的设计与应用

教学场景	教学内容	设计原则	信息技术手段	呈现方式	素养、能力
课前校园调查分析	1. 通过校园调查,了解校园树木生长情况 2. 利用网络查阅资料,了解树木(调查对象)生长所需自然环境条件,了解当地气温、土壤等信息	真实性;交互性	1. 运用手机软件识别树木 2. 利用网络查阅资料 3. 使用网络空间交流讨论调查情况	手机;电脑	1. 地理实践力(运用调查进行科学探究的意识和能力) 2. 引导学生用信息技术去发现地理事物、现象和问题,去解决问题
	交流展示调查结果,认识植被与环境的关系	真实性;交互性	基于云平台交流展示	电子白板;学生平板	1. 信息技术运用能力 2. 交流、表达能力
智慧教室课堂活动	1. 观察、对比树叶(革质叶片、纸质叶片),分析其与自然环境的关系 2. 运用视频,了解常绿阔叶林、落叶阔叶林的植被生态特征,分析它们与自然环境的关系	真实性;交互性;递进式	1. 学生分组观察、对比树叶时,教师使用教学助手中的移动讲台功能,进行课堂活动直播 2. 使用多媒体播放视频 3. 使用网络互动习题进行练习巩固	实物观察;电子白板;学生平板(虚实交融的空间)	1. 综合思维(运用自然要素的相互影响,说明植被与环境的关系) 2. 区域认知(能够合理描述和解释特定区域的植被状况)

续表

教学场景	教学内容	设计原则	信息技术手段	呈现方式	素养、能力
课后网络空间交流	1. 登录戴志龙老师空间,利用空间提供专题化、系列化的资源(互动习题、视频、图片等),认识植被类型分布与自然环境关系; 2. 对调查情况进行讨论,以"因地制宜绿化校园"为题,对校园绿化提出合理化建议; 3. 知识拓展:野外林业调查,采用无人机遥感技术,了解地理信息技术的应用	交互性;应用性	1. 使用福建省教育资源公共服务平台戴志龙老师空间; 2. 运用空间教学支持功能,开展自主学习,交流互动 3. 运用空间链接功能,提供高密度的简洁化的知识传输	手机;电脑	1. 人地协调观(人工绿化、农业生产要因地制宜) 2. 提升学生的信息素养,培养学生的地理信息思维能力

第二节　课堂教学过程

一、教学诊断

(一)教学诊断环境

环境是相对某项中心事物而言的,环境意味着中心事物在其特定活动展开的过程中赖以持续的情况和条件。对于学习者而言,其周围的物理环境、氛围、学习者自身的心理等因素都不同程度地影响着学习效率,这些影响因素是学习环境的重要组成部分。因此,学习环境不仅是由学校、家庭等物理学习区域所组成的学习场所,还包括支持学习者进行学习的各种资源的组合,是促进学习者发展的各种支持性条件的统合[110]。

"融通教学——地理教学主张"提出的教学诊断环境是基于学习环境,包括线上、线下诊断环境,主要环节为数据收集、数据分析等,基于诊断目标和教学实际,可以选择课前导学、师生交流、试题检测等作为数据收集的途径,可以选择互联网大数据、学习分析技术、认知诊断理论等作为数据分析的工具。诊断目标是教师根据《高中地理课程标准》要求和教学内容,清楚掌握学生"知道什么"和"能够做什么",界定学生的认知发展目标,促进学生的认知发展。

(二)信息收集、信息分析

德国物理教育专家纳赫蒂加尔(D.Nachtigall)教授说:"对于学生的想法不能只去破坏它,或像垃圾似的丢掉它,这样做是没有用的,而是应当通过有效的教学活动,把错误的想法转变为正确的科学概念。"在课前,教师对学生学习信息了解得越多,越能开展针对性的精准诊治,越能真正转变学生错误的想法,帮助学生理解客观世界[111]。

自2011年以来,在美国新媒体联盟发布的《地平线报告》中,连续几年把"学习分析技术"作为影响教育发展的主要趋势和关键技术之一。在2012年10月美国教育部发布的题为《通过教育数据挖掘和学习分析技术来提高教与学:问题简述》的报告中指出:"大数据在教育中的应用主要依靠教育数据挖掘和学习分析这两大技术的支持。"[112]

北京师范大学何克抗教授认为,"学习分析技术"应作为一种手段、方法来运用。他将"学习分析技术"定义为:学习分析技术是指利用各种数据收集和数据分析工具,从教育领域的海量数据中,通过收集、测量、分析和报告等方式,提取出隐含的、有潜在应用价值的、涉及"教与学"或"教学管理"的过程及行为的各种信息、知识与模式,从而为教师的"教"、学生的"学"以及教学管理提供智能性的辅助决策的技术[112]。

北京师范大学余胜泉教授认为,大数据可以聚焦于学生的微观表现,成为学科学习档案的记录工具,为各个学科的学习提供支撑。通过大规模的学科过程数据汇聚,可以精准地分析学习者的个体知识能力结构、个性倾向、思维特征、学习路径和学科素养发展状况,并聚焦于学科过程数据的深度挖掘,使研究人员能够发现更多的学习者特征、捕捉学习者更深层次的行为表现,从而创建更复杂、真实的学习者模型。依据学科能力大数据的分析结果,可以发现学生的潜力和优势。[113]

教育测评专家认为,测评并不是仅仅通过考试获得分数,而是"一种基于证据的推理过程",也就是收集证据,从而推断学生知道什么、可以做到什么。基于这样的思路,融通教学期望通过收集有关学生的认知过程和认知结构的信息,并把这些信息作为证据,从而对学生的能力发展现状进行推断[114]。

中学地理教学诊断是借助一定途径、工具和技术方法获取学生的地理学习信息,并对这些信息进行分析,从而对学生的地理学习现实情况作出判断的过程。信息收集的途径、信息分析的工具有很多,例如,使用福建省教育资源公共服务平台、智学网、问卷星等平台,开展课前导学、师生交流、试题检测等,进行信息收集、信息分析。同时,教师结合"学习分析技术"探索信息收集、信息分析的整体框架、操作流程。

融通教学主要依托福建省教育资源公共服务平台中"互动课堂"提供的云平台服务收集诊断信息。该平台包括教师备课、课前导学、师生互动和教学资源库建设等功能,可以将教学系统延展到课前、课中、课后各个环节。由于学生思维过程是内隐的、无法直接观察的,要通过具体的活动加以显现。教师在课前为学生设计了与其学习进度匹配的学习任务,包括课前导学、试题检测、微课等资源,并通过云平台向学生推送,组织学生完成。同时,平台还将学生的点击行为、观看时间、留言等数据记录下来。教师在学生完成学习任务的基础上,开展师生互动交流,了解学生的意见,准确掌握来自学生的第一手学情资料。融通教学还通过智学网、问卷星等平台的数据分析功能,让学生隐性的、抽象的、静态的学习效果实现可视化,教师可以直观了解学生的学习情况。

教师是教学活动的设计者和实施者,也是最了解自己学生学习现状的人。如果教师结合"学习分析技术"来进行信息收集、信息分析,那么对学情的诊断将更真实、有效。例如,教师设计并推送检测习题,学生答题后,平台自动形成学生答题数据报告,包括年级总体分析、班级整体分析、学生个体样本多维度数据分析等。教师充分挖掘数据报告,获取有益信息。检测习题如下：

读"我国某省1990—2015年六种土地利用类型面积（单位：平方公里）变化图"（如图4-4所示），完成第1题。

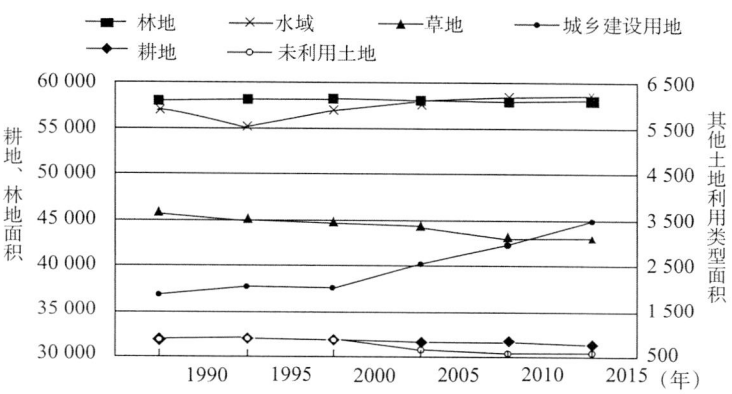

图4-4 我国某省1990～2015年六种土地利用类型面积变化图

1. 该省最有可能是（ ）。
   A.江西省　　B.青海省　　C.江苏省　　D.台湾省

教师通过问卷星系统收集数据、分析数据，第1题选A，答对的有8人，占班级学生数17%；本题2分，班级平均分0.34分，年级平均分0.26分。班级有24人错选D，达51.1%；有11人错选C，达23.4%（如图4-5所示）。从数据分析得出：第1题错误率高，学生存在明显的知识薄弱点。

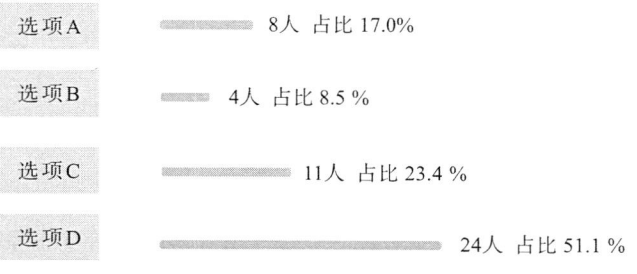

图4-5 第1题作答详情

(三)诊断性评价

2010年11月,英国颁布学校白皮书《教学的重要性》中提道:"当学生开始学习,当他们在学习过程中到达一个关键时刻,当他们从一个阶段进入下一个阶段,进行严密的评价非常重要。"诊断性的学业评价,是一种旨在发现学生学习的优势与不足,为教师的教学调整和改进提供依据的能力评价方式[114]。

目前,国内外一些学者纷纷研究包括"诊断性评价"在内的学习分析系统,提出了整体框架、组成结构及技术特征。在借鉴目前国际上较有影响的SoLAR学习分析系统整体框架的基础上,我国吴永和等学者建议,学习分析系统的整体框架或组成结构可以划分为数据层、分析层、报告层、干预和适应层四个层次。其工作原理为:一是数据层主要用于收集、获取与"教学过程"、"学习过程"相关的各种信息、数据。二是输入分析层由该层的分析引擎进行数据分析。三是在报告层的"仪表盘"上,按学习者、教师、管理人员等三方面的不同需求给出可视化报告;仪表盘是一种可视化工具,用来呈现各种分析数据和报告,它有三个用户视图——学习者视图、教师视图、管理者视图;不同视图所依据的需求及视角不同,但彼此相互关联。四是在系统的干预和适应层,依据上述可视化报告可以对学习者的学习过程进行必要的干预,从而完成个性化的自适应学习过程。个性化的自适应是指系统拥有根据学习分析结果和个人的习惯偏好来设计教学过程与学习内容的能力。例如,系统可依据学生的偏好为学生提供不同的选课建议,根据学生的习惯改善他们的学习体验,根据用户的偏好推荐他们喜欢的内容及相关资料等[112]。

在中学地理试卷讲评课前,教师使用智学网阅卷平台了解学生答题情况。平台自动形成学生学业数据报告,包括年级总体分析、班级整体分析,学生个体样本多维度数据分析等。教师充分挖掘数据报告,获得有益信息,可以进行正确的学情诊断,出具相关的诊断性评价。

诊断性评价的第一部分是"诊断出了什么问题":一是教师依据各学科优劣势情况,诊断学生是否偏科严重;二是教师依据地理科分数段及分布情况,确定需要辅导的学生名单;三是教师依据试卷易错题情况,确定需要重点讲评的题目;四是教师依据知识点分析情况,诊断学生对知识点掌握的缺陷。

诊断性评价的第二部分是"为什么存在这样的问题",既包括学生的学习态度、学习习惯等非智力因素,也包括学生地理思维、地理概念掌握情况等智力因素。由于学生存在个体差异,情况往往比较复杂,如果采用传统手段,工作量较大,效果不理想。融通教学运用平台结合大数据,分析学生情况,建立学生成长档案,可以事半功倍。一方面,教师提高了对学习问题的归因分析;另一方面,学生通过成长档案进行正确认识、自我矫正。学生产生学习问题的原因有许多方面,主要包括:一是基础知识掌握不牢固,对地理概念理解不透彻。二是获取和解读信息的能力较为薄弱,不能从文、图、表等地理材料中获取有用信息。三是地理空间思维、逻辑思维不够严密。四是归纳和表述能力不足,不能用规范的语言表达。五是知识迁移、灵活运用的能力不足。教师通过学情诊断环节,透视数据、分析揭示学习问题的实质及成因,对需要重点讲评的内容做到心中有数,使讲评课具有"以数为据、以学定教"的特点[2]。

例如,教师对上述检测习题做出诊断性评价,第一部分"诊断出的问题"是:(1)大多数学生分析气候因素,得出我国南方地区水热条件好,认为台湾省、江苏省、江西省耕地、林地面积应该比较大;(2)学生对其他五种土地利用类型的分析较少。第二部分"为什么存在这样的问题":(1)学生习惯从单一因素分析,本题应该多因素综合分析问题。影响土地利用类型的自然因素包括气候、地形、河流等,影响土地利用类型的社会经济因素包括经济发展水平、城市化进程等。江苏省水热条件好、地势平坦、水域面积较大,耕地面积较大,但山地面积较小,林地面积不大。(2)学生获取和解读信息的能力较薄弱,需要加强培养学生从文、图、表等地理材料中获取有用信息。此题读图分析可以得出:从2000年之后,该省城乡建设用地迅速增加,可以判断该省从2000年之后城市化迅速发展;而台湾省的城市化进程开始较早,不符合题意。

二、教学诊治

导学诊治过程包括认准导学诊治的对象、导学诊治的预期目标、设计导学诊治的方案、导学诊治的具体实施等方面(如图4-6所示)。

第一,认准导学诊治的对象,依据诊断分析,掌握学生存在的学习问题及其产生原因,清楚需要重点解决的"教学堵点",例如,学习疑难点、薄弱点、易错点以及学习态度、学习习惯、学科思维等。

第二,明确导学诊治的目标是解决"教学堵点",让学生内化所学知识、提升解决问题的能力、实现学业水平进阶、发现知识内在联系、触类旁通等。

第三,设计导学诊治方案,例如,课堂教学出发点的设置、教学重难点的确立、教学策略的运用、教学活动的规划等。

第四,导学诊治的教学设计、具体实施主要包括:激发学生自我矫正、改进和提升的欲望;指导学生发现问题、认识不足;基于课标融合教材,基于学情融合方法,基于场景融合技术;实施精准教学,以数为据,以学定教,有的放矢地提供学习素材、学习方法、交流机会;采用针对性强的思维方式,具体解决问题的一个个关键点。

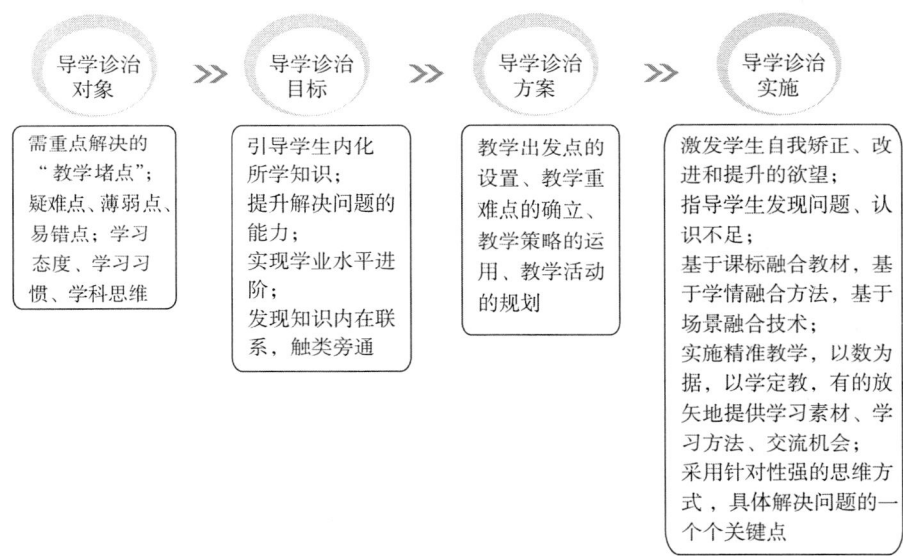

图 4-6 中学地理教学诊治过程示意

(一)认准导学诊治的对象

教师要善于了解学生、发挥学生在学习中的主体作用,导学诊治过程中依据诊断分析,掌握学生存在的学习问题及其产生原因,清楚需要重点解决的"教学堵点",尤其是学习疑难点、薄弱点、易错点以及学习态度、学习习惯、学科思维等,研究学生"已知、未知、能知、想知以及怎么知"等情况。

以高二年级"城市化"一课的在线地理教学为例。"城市化"一课的《高中地理课程标准》内容为"运用资料,说明不同地区城镇化的过程和特点,以及城镇化的利弊"。课前,教师布置学生网上收集所在城市不同时期的地图、照片,引导学生观察、比较所在城市不同时期照片,鼓励学生在班级地理钉钉小群内述说感受、交流感想,使学生对"城市化对我们生活的影响"有感性认识。教师推送导学案资源,引导学生结合资料分析所在地区的城镇数量、大小发生了哪些变化,通过平台数据反馈了解学生"教学堵点"。

(二)明确导学诊治的目标

导学诊治的目标是解决"教学堵点",让学生内化所学知识、提升解决问题的能力、实现学业水平进阶、发现知识内在联系、触类旁通等。《高中地理课程标准》提出了地理学科核心素养、地理学业质量标准,其中地理学业质量水平采用"表现性"水平描述的方式,关注学生在"什么情境"下"能做什么事情"、"做到什么程度"。因此,地理学业质量标准实现了教、学、考的统一,适合作为制定导学诊治目标的依据。

以高二年级"城市化"一课的在线地理教学为例。本节教材主要是从时间这个维度探讨城市的一个发展历程及今后的趋势,以此集中探究城市化的概念、世界城市化的进程和城市化对地理环境的影响这三个问题。在教学中应通过数据的分析和图表的应用重点比较发达国家城市化与发展中国家城市化的差异以及原因,通过事实案例印证城市化对地理环境的影响。了解我国在城市化进程中应该注意解决哪些问题,从而促使我国城市更加健康地发展。

学业质量水平结合课程内容,对学生学业成就表现进行总体刻画。依据不同水平学业成就表现的关键特征,学业质量标准明确将学业质量划分为不同水平,并描述了不同水平学习结果的具体表现。教师要以此为依据明确导学诊治的目标。

(三)设计导学诊治的方案

课前,教师依据教学目标、学情诊断情况,针对"教学堵点"进行导学诊治的方案设计规划。导学诊治方案是地理教学的活动指南,关注课堂教学出发点的设置、教学重难点的确立、教学策略的运用、教学活动的规划等方面。导学诊治方案既明确教师的指导作用,提供"教什么、怎么教"的建议。例如,有的放矢地提供学习素材、学习方法、交流机会,采用针对性强的思维方式,具体解决问题的一个个关键点;又对学生学习起到导航作用,提供"学什么、怎么学"的建议,引导学生发现问题、认识不足,激发学生自我矫正、改进和提升的欲望。为达到良好的教学效果,在导学诊治方案设计规划中,教师需要运用合适的教学策略,例如,在不同阶段采用"测、融、启、治、通、联"等教学策略;指导学生运用不同的学习策略,例如,根据具体学习任务采用"练、学、思、习、辨、行"等学习策略(如图4-7所示)。

教学策略	教师	信息技术运用	组织形式	学生	学习策略
测 ⇒	学情诊断 ⇔	推送资源、数据反馈	异步教学	⇔ 完成导学案	⇐ 练
融 ⇒	授课讲解 ⇔	融内容、技术、方法	同步教学	⇔ 学习掌握	⇐ 学
启 ⇒	启发引导 ⇔	数据反馈、逐层引导	同步教学	⇔ 思考内化	⇐ 思
治 ⇒	讲解互动 ⇔	创设场景、师生互动	同步教学	⇔ 听讲、交流	⇐ 习
通 ⇒	答疑解惑 ⇔	师生互动、达标验证	同步教学	⇔ 表达观点	⇐ 辨
联 ⇒	联系迁移 ⇔	推送资源、数据反馈	异步教学	⇔ 学以致用	⇐ 行

图 4-7　导学诊治方案设计规划示意

在高二年级"城市化"一课的网络在线地理教学中,教师融合教学内容、信息技术、教学方法设计导学诊治方案。一是教师基于教学目标融合教学内容,运用图片、图表、视频等教学资源,教学重点难点问题化、形象化、直观化,使学生新知识与原有知识建立联系,指导学生进行辨别分析不同地区城镇化的过程和特点,以及城镇化的利弊。二是根据网络在线教学环境的特点创设场景,以更好地开展师生互动,有利于教师的启发引导、学生的思考内化;有利于学生面对场景有感而发地表达真实观点;有利于学生学以致用,可以根据教师提供的拓展资源在课堂内外开展讨论交流、拓展体验。三是根据学生的认知结构特点、认知水平,融合适当的教学方法开展在线教学,按照"由浅入深"的思路合理安排各阶段的教学,用恰当、生动的方法帮助学生建立完整的知识体系,不仅使在线地理教学生动、有效,学生容易理解,也体现了学习来源于生活体验的建构主义思想。

（四）导学诊治的教学设计、具体实施

融通教学主张背景下的地理课堂教学，依据导学诊治方案进行教学设计、具体实施，做到导学诊治目标设定要精确、讲解内容的选择要精心、启发引导的思路要精巧、学生体验活动要精致，从而有效解决"教学堵点"。现以高二年级"城市化"一课的在线地理教学为例，介绍导学诊治的教学设计、具体实施（见表 4-8）[33]。

表 4-8　"城市化"一课的教学设计、具体实施（在线地理教学）

教学环节（教学策略）	学生活动（学习策略）	教学内容	信息技术运用（在线平台）
课前学情诊断（测）	完成导学案（练）	1. 网络收集所在城市不同时期的地图、照片，发布在钉钉小群，并谈论对城市变化的感受 2. 结合资料，分析所在地区的城镇数量、大小发生了哪些变化	推送资源、数据反馈（异步，钉钉小群）
授课讲解（融）	学习掌握（学）	第一部分内容： 一、什么是城市化 （城市化概念结构图：动力——拉力：吸引人群来到城市的因素；推力：使农村人口向城市迁移的因素。表现——城市数量、城市规模、城市人口。标志——城市人口占总人口的比重上升。意义——带来聚落形态的变化、体现社会经济发展水平、生产方式、生活方式、价值观念的变化、社会进步的表现。人口活动：人口向城市空间集中；空间地域：农业用地向非农业用地转化；经济活动：二、三产业在城市空间集聚）	融合教学内容、技术、方法（同步，钉钉班群）
启发引导（启）	思考内化（思）	通过"城市化"课堂练习，分析长江三角洲地区的城市发展，学生学会归纳城市化的含义，运用城市化的重要标志分析城市化现象	数据反馈、逐层引导（同步，钉钉班群）

续表

教学环节 (教学策略)	学生活动 (学习策略)	教学内容	信息技术运用 (在线平台)
授课讲解 (融)	学习掌握 (学)	第二部分内容： 二、世界的城市化进程 城市化开始时间：全球性城市化发生在工业革命后 1. 重要指标： 城市化率＝城市人口数/地区总人口数×100% 2. 城市化进程：社会经济发展水平的差异是导致城市化差异的直接原因 (1)空间尺度上的城市化进程：指国家或地区的整体水平差异 (2)时间尺度上的城市化进程：指具体城市在不同阶段的差异	融合教学内容、技术、方法(同步,钉钉班群)
课堂学情诊断 (测)	完成练习 (练)	通过"城市化"课堂练习，了解学生"学会利用曲线图分析世界城市化进程中不同阶段的特点"的情况	推送资源、数据反馈(同步,钉钉班群)
讲解互动 (治)	听讲、交流 (习)	解决教学重难点： 1. 指导读图判断 读图完成活动题，注意读图方法： 读比重——判水平 读斜率——判速度 城市人口比重/% 发达国家 发展中国家 世界平均水平 1800 1850 1900 1950 2000 年份	创设场景、师生互动(同步,钉钉班群)

续表

教学环节 （教学策略）	学生活动 （学习策略）	教学内容	信息技术运用 （在线平台）
讲解互动 （治）	听讲、交流 （习）	2. 具体分析： | 比较项目＼国家类型	发达国家	发展中国家
---	---	---
起步时间	早晚	
	原因	
人口比重	大小	
	原因	
发展速度	快慢	
	原因			创设场景、师生互动 （同步，钉钉班群）
答疑解惑 （通）	表达观点 （辨）	明确目标：学会分析直角坐标系曲线图的方法，描述世界城市化进程的特点。 [城市人口比重/% 随时间变化的S形曲线图，标注有初期阶段、中期阶段、后期阶段] 探寻规律：从世界各国城市化进程来看，城市化水平随时间的变化可表示为一条稍被拉平的"S"形曲线，现在，尽管世界各国的城市化水平高低不一，但是，它们都处于城市化过程中的某一个阶段上。发达国家大都进入了城市化的后期成熟阶段，发展中国家则大部分处于初期阶段和中期加速阶段。S形曲线符合一般正常发展过程的实际，有助于理解现实的城镇化地域差异和预测未来的发展。现实中任何国家的城市化过程随时间的发展都不可能留下一条完全相同、平滑连续的标准曲线	师生互动、达标验证 （同步，钉钉班群）

续表

教学环节 （教学策略）	学生活动 （学习策略）	教学内容	信息技术运用 （在线平台）
课堂联系迁移 （联）	学以致用 （行）	同步测试： 读图，分析几个国家的城市化发展的差异。 (1)城市化的开始时间有什么差异？ (2)目前各处于城市化的哪一阶段？ (3)近20年来，各国城市化的发展速度有何差异？ (4)各国城市化未来的发展趋势如何？ (5)概括发达国家和发展中国家城市化发展的差异	推送资源、数据反馈（同步，钉钉班群）
课堂联系迁移 （联）	学以致用 （行）	讨论交流： 1. 观看《美国逆城市化现象》视频。 2. 谈谈郊区城市化、逆城市化的区别与联系	在线讨论（同步，钉钉小群）
课后联系迁移 （联）	学以致用 （行）	拓展体验： 运用教师空间的资源链接： 1. 观看"英国再城市化现象"视频 2. 完成互动练习小游戏	推送资源、数据反馈（异步，教师空间）

三、教学评价

中共中央、国务院在 2020 年 10 月印发《深化新时代教育评价改革总体方案》，明确提出要遵循教育规律，系统推进教育评价改革；要坚持科学有效，改进结果评价，强化过程评价，探索增值评价，健全综合评价，充分利用信息技术，提高教育评价的科学性、专业性、客观性。"融通教学——地理教学主张"强调"育人过程"与"育人目标"的一致,防止"两张皮"的状况,围绕"学生发展"这一中心,力求达到"通""联"的教学目标。地理教学过程中,既重视每堂课的有效性和高效性,也重视立德树人的长效性;追求在有限的课堂时间内,通过创新学习方式,既面向全体,又关注个体,实现教师教学效率与学生发展效益之间的平衡;通过地理学科核心素养的培育,促进学生核心素养的全面提升,实现立德树人的根本目标。

(一)借助信息化教学,打破传统终结性评价

信息技术的发展能支持形成更加智能化、个性化的教与学环境,为学生提供更加个性化、定制化的学习方案,长期困扰教育教学的规模化与个性化的矛盾将得以有效解决。"互联网+"全面推动教育评价方式创新。融合了智能技术的教育系统将实现对教与学全过程的跟踪监测和无感式、伴随性的数据采集,实现基于大数据的多维度综合性智能化评价。通过对学生情感、态度、思维和行为等方面表现的综合分析,使教学评价更加全面、立体和多元;通过建立教学质量监测系统,开发智能化评价工具,让老师、家长、同学等更多主体介入评价过程,有利于保障评价结果的科学性和有效性[3]。信息技术发挥的作用越来越大,不仅使得人们对知识的学习越来越方便和个性化,而且重塑了学习的边界,学习不再以物理空间为划分依据,技术催生出更广阔、更开放的数字化虚拟学习空间。一方面,信息技术促进线上、线下学习的融合,在线上、线下学习之间搭建一座可以互相沟通转换的桥梁,两者的融合可克服各自的缺点,形成优势互补的局面,让学生可以在任何时间、任何地点、基于任何计算设备获取所需学习资源,享受随时随地的学习服务;另一方面,信息技术本身并没有改变知识和行动的实践本质,但是却可以提升知识传播和扩散的效率,缩短知行合一的时间延迟间隔[71]。

"融通教学——地理教学主张"围绕"学生发展"这一核心,在地理课堂教学中借助信息化教学,打破传统终结性评价;注重评价对学生的激励作用,建立形成性与终结性相结合的评价,既关注学习过程,又关注学习结果;让学生在发现自我闪光点和进步的基础上获得更多的感触体验,通过在教学过程中发现、表扬学生的进步,激活其学习的内生动力与创造力。课前,教师通过云平台向学生推送预习检测内容,获得诊断反馈,准确掌握来自学生的第一手学情资料;针对学生存在的学习问题,布置学生课前讨论,肯定学生学习表现并提出学习建议。课堂,教师重视形成性评价与终

结性评价相结合,及时解决学生在课堂学习过程中遇到的问题。第一,根据预习反馈,组织小组讨论,展示讨论成果,教师再进行小结、评价;第二,利用智能化的在线教学工具和应用平台,开展随堂测验、即时分析,实现对学生学习效果和能力的评估,制定个性化辅导策略;第三,练习巩固环节,开展人机互动、师生互动、生生互动等互动交流,通过自评、互评、补充讲解对薄弱知识点进行巩固提升。课后,开展在线异步教学,有针对性地推送分层作业给学生,在大数据分析功能的支持下,让学生隐性的、抽象的、静态的学习效果实现可视化,教师可以直观了解学生的学习情况,进行作业评价,开展进一步的个性化辅导。

(二)关注表现性评价,引导学生交流、感悟、内化、迁移

表现性评价是指对学生在真实情境中完成某项任务或任务群时所表现出的语言、文字、创造和实践能力的评定,也指对学生在具体的学习过程中,所表现出的学习态度、努力程度以及问题解决能力等的评定。表现性评价比较适合于评定学生应用知识、整合学科内容,以及决策、交流、合作等能力,是一种适合评价学生核心素养发展的方法[18]。

表现性评价是学生完成任务的能力展示,学生需要经历、展示任务完成的过程。任务往往是真实或模拟真实的,以提高学生学以致用的能力。表现性评价一般由三部分组成:一是目标,设计表现性评价要从表述希望学生达成什么学习目标开始;二是任务,即学生需要完成的任务、作业,所要完成的作品、作品或表现,提供指向目标达成的直接证据[115];三是评价规则,为了对学生的表现进行质和量的双向评价,评价规则由多个表现维度、表现等级和描述符组成,评价主体一般包含学生自评、同伴互评和教师评价等。

表现性评价的实施过程中(如图 4-8 所示),教师需要在课前将表现性目标、任务和评价规则告知学生,进而保障表现性评价的顺利实施,同时不断观察并收集学生的表现信息并适时评价,起到引导者、组织者和评价者的作用。学生依据评价规则进行自评,及时反思和修正自己的行为。评价的过程不仅是教师组织教学的过程,更是学生主动学习、实现自我意义建构的过程。表现性评价的总结阶段要做好评价结果的解释和分析,把调整和促进教与学作为评价的最终目的[116]。

"融通教学——地理教学主张"关注表现性评价,重视对学生课前、课堂、课后的引导,做到"准备在课前、功夫在课堂、效果在课后",即课前让学

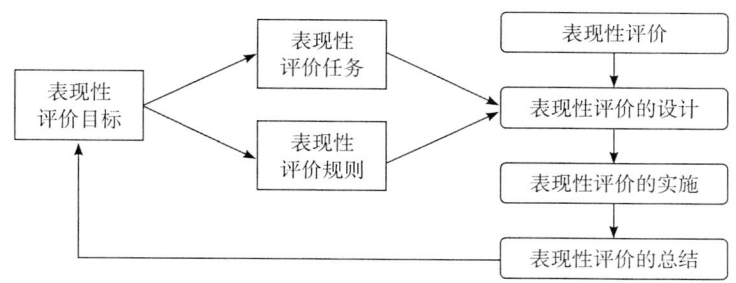

图 4-8　表现性评价的实施过程

生明确学习目标、学习任务和评价规则，课堂针对学习任务引导学生交流互动、感悟、内化、迁移，适时开展学生自评、同伴互评和教师评价，在课堂总结阶段或课后拓展阶段进行表现性评价的总结，提高教学效率与学习效益，达成核心素养的培育。

例如，在"植被"一课，教师运用教学设计思维导图规划各部分教学内容的引导互动。第一，播放视频《智利沙漠中的花海》，以递进式问题链引导学生思考、交流讨论，从而认识自然环境对植被影响的主要方面。第二，"以天然裸地上，天然植被的生长""次生裸地上，植被的恢复"为教学情境，让学生通过观察、交流，认识到植被对自然环境有改造、指示的作用；人类对天然植被有保护、开发、破坏等方面的影响。第三，运用视频、图像帮助学生识别主要植被，结合热量、水分的时空分布差异引导学生交流讨论，识别主要植被的特点与自然环境的适应关系。第四，布置课后讨论活动，学生基于戴志龙教师的网络空间，围绕"校园如何因地制宜进行绿化、美化"开展线上交流，避免在树木移植方面"好心做坏事"，培养学生的人地协调观。

第三节　融通教学地理课堂类型

一、讲授型地理课堂

"融通教学——地理教学主张"在讲授型地理课堂开展了一系列实践。

其中,基于云平台互动的讲授型地理课堂教学实践具有代表性。2007年云计算开始在美国大学里出现,历经十年发展,云计算已成为当前计算机领域里最流行的技术之一。2017年世界移动大会提出"云端一体化教育解决方案",为中国教育带来全新的教学体验。在"互联网＋"时代,信息技术与学科教学之间的融合更深、更广,运用前沿的信息技术提高教学环境的信息化、智能化水平,可以促进师生改变传统教学行为,提高教学效率和学习质量。

运用"互联网＋教育"的思维方式打造智能、高效的云平台教学环境,可以在课前、课堂、课后全过程应用,并促进教学目标的达成。云平台教学环境在课前阶段主要用于学情分析、预习测试;在课堂阶段主要用于创设教学环境,辅助开展师生互动、生生互动、人机互动等教学环节;在课后阶段主要用于个性化辅导、拓展应用。云平台具有传统教学所不具备的交互性等特色功能,给师生带来了全新的教学体验。下面主要介绍云平台教学环境的创建,以案例形式探讨基于云平台的教学目标和地理教学设计,并聚焦课堂实践,阐述如何发挥云平台特色功能,实现有效的互动教学。

(一)基于云平台互动课堂的教学环境

基于云平台的互动课堂与传统课堂在教学设计上有明显差异,要考虑的方面比较多,如云平台教学环境、信息技术支持程度、互动学习过程的有效性和学习成果展示的及时性等。

1. 云平台环境

笔者所在学校云平台的创设主要依托福建省教育资源公共服务平台中"互动课堂"提供的云平台服务,该平台包括教师备课、学生自主学习、课堂互动和教学资源库建设等功能,可以将教学系统延展到课前、课中、课后各个环节。尤其在课堂阶段,云平台服务可支持实现多种互动功能,如移动讲台、在线测试、课堂活动云平台直播、对学生电脑操作界面进行课堂转播、分组评比、系统随机挑人回答问题等。利用云平台智能终端,学生可以调取学习资源并进行交流互动;利用基于云平台的测试评价系统,师生可以对"在线测试"进行实时处理、分析评价。

2. 专用教室环境

笔者所在学校的专用教室环境主要包括交互式电子白板、教师主机、学生平板电脑、与外网保持畅通的局域网、多媒体投影仪、音响等电子设备,形成支持学生获取并处理信息、开展互动交流等活动的网络环境。同时,为了便于开展课堂互动,教室内学生座位的摆放采用小组围坐式。

3. 信息技术运用程度

在基于云平台互动课堂的教学环境中,如果将云平台环境、专用教室环境比喻为人的躯体,那么信息技术运用程度就如同人的思想。开展基于云平台互动课堂教学离不开相应的软件、教学资源、技术支持以及师生对信息技术的掌握和运用。其中,教师对信息技术与学科融合的意识、对云平台教学环境各要素的协调组织能力,直接影响了教学设计、教学实践的水平。学生对信息技术的掌握和运用能力,则会影响课堂互动环节开展的质量及学生主体地位的体现。

(二)基于云平台互动课堂的教学设计

课前,教师要根据云平台教学环境备好课,分析学情、学习内容、教学目标、教学重难点,梳理教学思路,做好教学分析工作(见表4-9),设计教学过程(见表4-10),以发挥云平台教学环境的最大功效。下面以七年级地理"亚洲自然环境"一课为例,介绍基于云平台互动课堂的教学设计[35]。

表4-9 "亚洲的自然环境"一节教学分析

项目	教学分析
教材版本	七年级《地理》(人教版·下册)第六章《我们生活的大洲——亚洲》第二节"自然环境"
课标要求	运用地图和其他资料,归纳某大洲地形、气候、水系的特点,简要分析其相互关系
学习内容分析	本节内容是世界区域地理的第一个区域——亚洲的自然环境的内容,教材主要分析亚洲的自然环境要素,尤其是地形、河流、气候等内容,同时增加了北美洲自然环境作为对比素材,目的是让学生通过本节内容的学习,学会分析区域自然环境的主要方法
学情分析	学生通过七年级上册的学习,有一定的世界地理知识基础、读图分析方法和地理空间思维能力。此外,学生有了一定的运用信息技术的能力,能运用基于云平台互动课堂的辅助工具开展自主学习和合作探究

续表

项目	教学分析
教学目标	1. 掌握亚洲主要地形区、河流和湖泊的名称及分布；学会运用地形图和地形剖面图，描述某一区域地势变化及地形分布特点；运用地图及相关资料，归纳亚洲地形、气候、河流的特点，分析其相互关系 2. 过程与方法方面，培养分析归纳地理材料的能力、读图能力、空间思维能力，以及开展自主学习和合作探究的能力 3. 激发开展创新学习、自主合作学习的兴趣，培养对所居住的大洲——亚洲的热爱之情，树立作为亚洲人的自豪感
教学重点	学会分析亚洲的地形、河流、气候之间的相互关系；识记亚洲主要地形区的分布；通过对亚洲自然环境的学习，学会分析区域自然环境的主要方法
教学难点	运用地图及有关资料，归纳亚洲的地形、气候、河流特点，并简要分析其相互关系；通过对亚洲自然环境的学习，掌握分析其他大洲自然环境的方法
教学思路	教学手段：运用云平台互动课堂的辅助工具开展师生互动、生生互动、人机互动等活动，突出教学重点，突破教学难点，达成教学目标。课堂教学辅助工具主要有交互式电子白板、教师主机、学生平板电脑、与外网保持畅通的局域网、多媒体投影仪、发挥移动讲台功能的手机等
教学方式	学生使用平板电脑开展小组自主学习、合作探究活动，实现师生间的互动交流等；发挥云平台支持的移动讲台、在线测试、课堂活动云平台直播、学生电脑活动界面课堂转播、分组评比、系统随机挑人回答问题等互动功能

表4-10 "亚洲的自然环境"一节教学过程

教学环节	教学内容	教学活动	学生活动	设计意图
导入	知识回顾	根据上节课所学知识，提问亚洲的半球位置、经纬度位置、海陆位置等情况	回答相关问题	检查学生知识掌握情况
进入新课	本课时目标导向	展示课标要求：运用地图和其他资料，归纳某大洲的地形、气候、水系的特点，简要分析其相互关系	了解课标要求	让学生明确学习目标

续表

教学环节	教学内容	教学活动	学生活动	设计意图
新课讲授	亚洲的地形与河流	1.播放动画,展示亚洲的主要地形区 2.展示亚洲沿30°N的地形剖面图、沿80°W的地形剖面图,要求学生读图分析其主要地形区 3.总结亚洲地势特点:中部高,四周低;地表起伏大,高低悬殊 4.展示亚洲的主要河流及其流向 5.总结亚洲河流的特点:一些主要河流发源于中部高原、山地,呈放射状注入周边海洋;部分河流为内流河,没有注入海洋 6.了解亚洲主要的地形区	使用平板电脑开展小组合作学习,找出亚洲主要地形区,读图分析亚洲主要河流分布特点	培养学生的读图能力和空间思维能力
探寻规律	如何分析、归纳一个地区的地形特点	运用工具(地形剖面图、分层设色地形图),分析的内容(地势特点、地形种类、占比例大的地形),得出地形特点	记录分析步骤	让学生学会分析区域自然环境的主要方法
学以致用	北美洲的地形与河流	合作学习一:找出北美洲主要地形区 1.找出海岸山脉、内华达山脉、落基山脉、大平原、拉布拉多高原、阿巴拉契亚山脉,分别指出它们在北美洲的位置和大致的海拔 2.依据"相对一致、空间上连续"的	使用平板电脑开展小组合作学习,找出北美洲主要地形区,分析北美洲地形特	培养学生的读图分析能力、空间思维能力、对地理材料的分析归

续表

教学环节	教学内容	教学活动	学生活动	设计意图
学以致用	北美洲的地形与河流	原则,将北美洲按照地形划分成西部、中部和东部三个区域,说出这三个区域主要的地形类型 3. 指出北美洲大陆沿40°N自西向东地势的变化特点。 总结北美洲地形特点:地形复杂多样,地势东西两侧高、中部低;以山地和平原为主,三大地形区南北纵列分布 合作学习二:以密西西比河为例,分析北美洲的地形对河流流向的影响 1. 在北美洲主要河流图(略)中找出密西西比河及其主要支流,并用箭头标出它们的流向 2. 分析这些河流的流向与地形的关系	点及其对河流流向的影响。学生代表展示小组合作学习的成果	纳能力、语言表达能力
课堂提问	亚洲主要的地形区、湖泊	以知识树上的"苹果"为载体,提出问题	系统随机挑人回答问题	培养学生思维能力、表达能力
在线测试	亚洲自然环境	云平台提供课前设计的亚洲地形、河流、气候等方面的题目,据学生在线测试完成情况,给出每道题的得分率及总评	使用平板电脑完成在线测试	考查、分析每位学生对知识点的掌握情况
总结	评价各小组的表现;课堂小结	展示各小组的得分;对本节课各小组的课堂表现进行点评、表扬;鼓励学生今后更主动地参与课堂活动;指导学生梳理本节课的知识体系	相互鼓励;完善笔记	巩固知识
课后作业		登录教师个人空间 http://www.fjedu.cn/p/dili,完成交互式练习"亚洲的地形与河流""北美洲的地形与河流";完成《地理填空图册》中本节课相关的内容		

(三)基于云平台互动课堂的教学实践反思

课后,教师要对课堂教学实践情况及时反思,分析本节课的教学目标是否达成、是否充分发挥基于云平台互动课堂的特色功能、学生的主体地位是否落实等。"亚洲自然环境"一课的反思如下:

1. 总体评价

本节课体现了信息技术与学科教学相融合的理念,发挥了基于云平台互动课堂的特色功能,学生的主体地位得到落实。在教学过程中灵活运用云平台互动课堂的辅助工具,有效突出了重点、突破了难点,达成了教学目标。

2. 优缺点分析

(1)优点:课堂教学中能熟练应用信息技术和教育资源,解决地理教学中的重难点问题,准确选择信息技术与教学内容的结合点,灵活运用云平台互动课堂的辅助工具,有效培养了学生的创新精神和实践能力,促进了教学过程的优化及学生学习方式的转变。体现了新课程理念中师生角色的分配关系,在教学过程中,教师的主要任务是根据需要设置问题、布置任务,调动学习气氛,创设轻松愉悦的学习环境,尽量使每位学生都进入学习、思考、交流、讨论的状态。在教学中师生运用云平台的移动讲台、在线测试、课堂活动云平台直播、学生电脑活动界面课堂转播、分组评比、系统随机挑人回答问题等功能,实现了师生间、生生间的互动交流,让学生积极主动地参与课堂活动,有效提高了课堂学习效率。

(2)缺点:在课堂活动中,要关注学生个体的学习差异,提供有针对性的指导,对学生小组合作探究情况要及时进行点评、提升。为此,要预设各教学环节的时间,并根据需要灵活调整,分组时要考虑不同学习层次学生的组合,搭建学生互助帮扶的关系。

基于云平台的互动课堂是新一代信息技术与学科教学深度融合的新教学模式,其核心在于开发利用各种新媒体、新技术,创设有利于学生合作探究、自主学习的环境,通过教学过程中的交流互动、数据分析、评价反馈等,突出学习的过程性评价,给师生带来全新的教学体验,促进师生改变传统教学行为,提高课堂教学效率和学习质量[35]。

二、互动型地理课堂

"融通教学——地理教学主张"在互动型地理课堂开展了一系列实践。其中,基于网络空间学习环境的互动型地理课堂教学实践具有代表性。

(一)网络空间学习环境的创建要点

教师网络空间的创建,推动了空间资源建设和利用,既给教师提供了灵活的教学教研空间和资源平台,也给学生提供了开放式自主学习服务。但是,目前存在一些不足之处,例如,网络空间主题不明确、学习内容较散乱、缺少师生互动交流、缺少学习效果检测等。笔者认为,开发地理微课自主学习空间及其交互式练习,将有助于优化教学效果。提升学生自主学习的意识和能力是"教师网络空间创建"实施过程中的重点和难点。而创建学生感兴趣的空间,开发互动式练习,让学生乐学、善学是突破该重点和难点的有效途径。实践发现,地理微课资源具有短、小、精、活等特点,利于学生在线学习;互动式练习利于启发学生思考问题,提升自主学习效率。教师在创建地理网络学习空间时应该注意以下四个方面[36]。

1. 明确空间主题和学习路径

网络空间主题要鲜明,以微课学习资源、交互式练习为主要组成部分,发挥微课资源短、小、精、活等特点,让学生在课外充分利用"碎片"时间学习,增强学习兴趣,获得与常规教学不同的知识体验。空间的创建,意在引导学生主动获得知识、形成能力,让学生学会自主学习。在开发时,教师作为学习活动的组织者、引导者、合作者,要发挥好"引导"作用,重视学生自主学习过程的设计。网络空间提供"微课学习任务单"作为学习指南,以简要的语言明确资源的主要组成,例如,课题名称、达成目标、学习方法建议、课堂学习形式预告、学习任务、资源链接等,在学生自主学习中发挥导航作用,提供学什么、怎么学的建议。

2. 栏目设置要清晰明了

网络空间如果栏目庞杂、链接不清晰,学生看得糊涂,教师也会觉得难以管理和维护。创建时应该紧扣主题、清晰明了。主要栏目有:微课学习任务单、微教学设计、微课件、微视频、微课知识网络地图、交互式练习,明确显示微课主体,并用标识代码、链接等方法将同一微课串联。这样条理清晰、浏览方便,学生既可快速找到所需的资源,又知道相关资源所在位置而不会"迷路"。

3. 呈现形式以知识点为核心

因为中学地理学科内容多,具体的知识点之间往往有联系,各知识点的能力层次要求也不同,所以资源要以知识点为核心的形式呈现,将学习内容"零散化"。其优点是有利于学生自主学习时逐个掌握,缺点是难以形成学科知识体系。为克服不足,教师要运用"微课知识网络地图"分析和掌握各个知识点的内在联系,将一个个微课资源进行关联标注,为学生呈现比较完整的学科内容。

4. 通过交互式练习提升自主学习的效率

学习空间的创建,应该注意提供个性化的服务,主要包括检测学习效果、开展师生互动交流等方面。开发具有个性化需求的交互功能,是解决问题的有效途径。交互功能的类型很多,例如,人人交互、人机交互等。对于人人交互的设计,设置双向交流的网上留言板、为喜欢的栏目投票、对学习资源发表评论等栏目,让浏览的学生留下信息或建议等,然后教师对学生的信息给予回复并解决问题。笔者在实践中发现,人人交互操作往往时效性较差,而运用人机交互的练习则操作性更强,对学生自主学习的帮助更高效。

(二)互动式练习的开发原则

互动式练习是指学生在观看微课、视频等资源后,完成基于学习目标的测试,起到检测学习效果、记录学习情况的作用。在开发互动式练习时,应该考虑影响因素,遵循必要的开发原则,以增强操作性。开发交互式练习应注意遵循简约性、检测性、师生共同发展等原则。

1. 简约性原则

学生使用网络空间学习时,一般是通过电脑、平板、手机等终端界面。简约的界面设计有利于让学生在较短的时间,搞清楚如何使用资源,适应创设的学习环境,在最短的时间内完成学习任务。为了方便学生答题,练习应尽量减少题目内容的呈现量,答题时减少文字输入,题型一般使用选择题、判断题、拖拽式填图题等。

2. 检测性原则

在开发练习前,教师应明确本节微课的目标和重点,做到学什么、考什么,发挥练习的检测性作用,尽可能把学生在学习过程中容易发生的典型问题暴露出来。为服务不同层次的学生,互动式练习可以提供易、中、难三组供选择,每组3~5道题。学生提交答卷后,系统可立即显示答题情况和得分。学生对困难题目可以点击"解析"按钮,及时得到帮助。为了增强练习的灵活性和挑战性,应设置"选项随机重排"按键,使学生再次做题时,题目有所变化。同时,设置"计时器",在答题界面显示时间并倒计时,学生提交答卷后,倒计时停止计时。检测的目的是激发学生的学习兴趣,帮助他们及时有效地调节学习过程,获得成就感,增强自信心。

3. 师生共同发展原则

促进师生共同发展的互动交流主要体现在以下三个方面:一是设置练习评论栏,供师生提问和解答;二是在师生交流的基础上,发挥教师的学科引导作用、学生学习的主体作用,以学生喜闻乐见的形式共建共享空间;三是教师要注意收集反馈信息,例如,学生整体的答题情况、各题的得分率、易错题出现的原因等。这样,既能指导教师完善空间的内容,也便于互动式练习命题能力的提高。

(三)互动式练习的开发案例

学生通过自主操作电脑、平板、手机等终端,以趣味游戏的方式进行选择题、判断题、拖拽式填图题等形式的练习,可以更好地激发兴趣,加深对相关知识的理解和掌握,提高微课学习的效率。互动式练习可以分为激趣式、突破式、拓展式等类型。

1. 激趣式练习开发案例

根据中学生的生理、心理特点,创设生动有趣的情境,开发激趣式互动式练习,有利于他们积极主动地参与学习活动。创设的情境包括环球旅行、争当小博士、夺金牌、攀高峰等,以下举例说明。

例如,在学习微课"等高线地形图"复习专题之后,提供以"旅行"为活动情境的互动式练习。

读"局部等高线示意图"(如图4-9所示),假设你暑期和同学外出旅游,登山到图中甲处,通过GPS定位确定了自己的经纬度位置,据图完成下列问题。

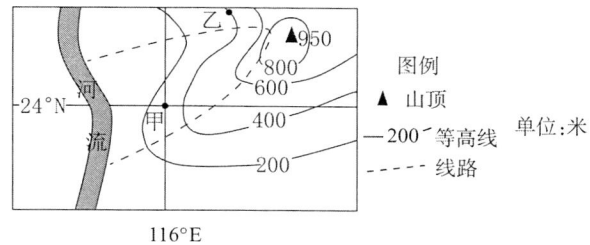

图 4-9　局部等高线示意图

(1)有其他同学此时在乙处,位于你的哪个方向(　　)。
A.东北　　　　B.西北　　　　C.西南　　　　D.东南
(2)你和乙处同学相距 400 米,要在图中标出比例尺,选择(　　)。
A.1∶400　　　B.1∶40000　　C.1∶200　　　D.1∶20000
(3)此时你测得气温为 25 ℃,那么山顶的气温大约是(　　)。
A.29 ℃　　　　B.21 ℃　　　　C.35 ℃　　　　D.15 ℃
(4)以下可信的是(　　)。
A.你和乙处同学之间隔着山脊,所以现在互相看不见
B.你要提醒乙处同学注意安全,他们附近有陡崖
C.你和乙处同学之间可能隔着河流
D.乙处同学向山峰攀登的路线是缓坡,比你省力
(5)在当地旅游,你们可能参观的景点是(　　)。
A.福建南靖土楼　　　　　　B.云南元阳梯田
C.福建东山风动石　　　　　D.安徽黄山风景区

本题组解析为:(1)根据图中经纬网可以确定乙处位于你的东北方向,选 A。(2)根据你和乙处同学相距 400 米,在图中量得甲、乙两点相距 2 厘米,所以比例尺为 1∶20000,选 D。(3)甲处气温为 25 ℃,海拔为 200~400 米之间;山顶海拔 950 米,相对高度为 550~750 米,相对温差为 3.3~4.5 ℃,山顶的气温较低,选 B。(4)甲、乙两处之间隔着山谷,容易发育河流,选 C。(5)根据图中的经纬网,可以确定旅游地点在福建,地形为山区,选 A。

激趣式练习的设计优点明显:界面设计友好,学生练习时就像在做游戏,以"旅行"为情境增强了趣味性。学生在提交每小题的答案后,系统可立即显示答题情况和得分。如果回答正确,显示"你真棒"等鼓励性语言;如果回答错误,显示"加油"等话语。在界面设置"计时器",显示时间并倒

计时。设置"解析"按键,学生可以点击按键得到帮助。学生在轻松有趣的情境中既掌握了知识,又运用所学知识解决了实际问题。

2. 突破式练习开发案例

开发突破式练习,以启发学生主动探索知识和思考问题、实现能力发展为目标。开发时,应该明确本微课的学习目标和重点难点,发挥互动式练习突出重点、突破难点的作用。

微课"世界气候类型的分布"重点是:要求学生掌握世界气候类型的分布。在微课学习之后,提供突破式互动式练习,学生在练习界面示意图中,根据"示意图"和"提问栏"中显示的"气候类型名称"(逐一出现),点击左侧相应的"图例"。例如,"提问栏"上闪烁出现"热带雨林气候",学生根据"示意图"中热带雨林气候分布位置的符号,在"图例"中找到相应方框并单击。如果回答正确,方框旁显示"热带雨林气候"。如果错误,方框内则显示"努力哦"等提示。在活动界面设置"复位键"按钮,让"图例"选项重新随机排列,增强互动式练习的灵活性,锻炼学生的反应能力[36]。

突破式练习的设计优点明显:以世界气候类型分布示意图为例,没有割裂知识的整体性;逐一出现气候类型名称,引导学生读图分析,先搞清楚该气候类型的大体分布位置,再以相应符号找到左侧图例,从而实现化繁为简突出重点、化难为易突破难点的目的。

3. 拓展式练习开发案例

许多学生具有探索的精神,有能力解决符合他们现有认知水平和基础的新问题。在开发拓展式练习时,可以选择学生出错较多的题目,再改变原题的提问方式,对某个知识点从多个侧面、多个角度合理发散。同时也要注意不刻意求难,要符合学生的学习水平,要有阶梯性、渐进性,让学生感到别开生面,深受启发。

学习微课"等值线"系列专题之后,学生懂得等温线、等高线、等降水量线等方面的知识,教师进行迁移拓展,提供拓展式练习。现举例说明:

等流时线是流域内的降雨汇流到该流域出口所用时间相等点的连线。读某流域等流时线示意图(如图4-10所示),回答问题。

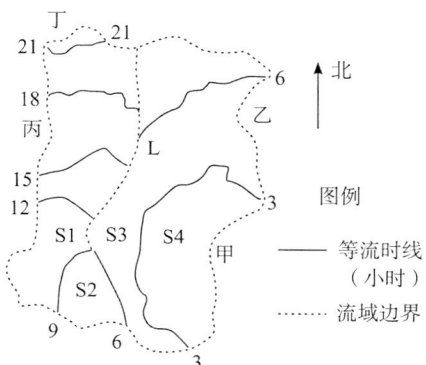

图 4-10　某流域等流时线示意图

(1)流域出口位于(　　)。

A.甲处　　　　B.乙处　　　　C.丙处　　　　D.丁处

(2)该河干流的流向是(　　)。

A.先流向西,再流向北　　　　B.西北流向东南

C.先流向南,再流向东　　　　D.东南流向西北

(3)在流域 S1、S2、S3、S4 范围中,河床坡度较陡的是(　　)。

A.S1　　　　B.S2　　　　C.S3　　　　D.S4

(4)图中虚线 L 可能是(　　)。

A.等高线　　　B.交通线　　　C.山谷线　　　D.山脊线

本题组解析为:(1)根据图中"等流时线数值小的靠近流域出口",选 A;(2)根据图中"等流时线数值大的流程远,位于河流上游,等流时线凹向与河流流向一致",选 C;(3)在时差相同的情况下,S4 区域的宽度最大,说明流速最快,河床坡度较陡,选 D;(4)图中虚线 L 处的等值线重叠,可能为山脊,选 D。

拓展式练习的设计优点明显:在练习设计方面,凸显高而可攀、举一反三的特点,有助于学生从多角度、多侧面、多层次思考问题,有利于培养学生的发散思维,提高其地理学习能力和学科素养。在界面设计上体现竞争性,类似完成"过关游戏",学生回答正确才能进入下一个互动式练习,全部答对后,界面显示"欢呼"等鼓励性画面和声音。

教是为了不教。互动式练习与微课视频等资源相互渗透、相互补充,地理微课自主学习空间为学生的自主学习提供服务,目的是让学生体验学习成功的喜悦,激发学习兴趣,使被动的学习变成积极主动的学习,以期达到最佳的学习效果[36]。

三、探究型地理课堂

"融通教学——地理教学主张"在探究型地理课堂开展了一系列实践。其中,基于 TPACK 理论的探究型地理云平台课堂教学实践具有代表性。TPACK 理论框架的七个组成部分相互作用、相互影响,符合"互联网+教学"发展趋势,对教学具有指导意义。下面以高中地理"地球的运动"一课为例,介绍 TPACK 理论指导下的教学案例,分析教与学在信息技术手段上的选择,以及信息技术在学科教学过程中的作用,重点介绍 TPACK 理论框架下的教学设计思路、课堂教学过程,以及基于 TPACK 理论的中学地理云平台教学实践,并提出教师在实践中要有融合的思想、发展的观念、课堂管理的意识,形成"以学为主"的智慧课堂观[38]。

(一)TPACK 理论指导

TPACK 理论描述了教师对于信息技术的理解以及"将特定的学科内容与教育学知识融合"。TPACK 理论框架的指导意义在于:使教师从技术的被动使用者到主动使用者,从消费教学资源到创造教学资源;使教师清楚选择技术手段的原因及其要取得的效果;所设计的教学活动交互性强,往往寓教于乐,有利于激发学生学习的兴趣;注重因材施教,适应不同学生的学习能力与需要。

(二)基于 TPACK 理论的中学地理云平台教学实践

TPACK 理论结构整合了教师的技术知识、教学法知识和学科知识,它不是三个要素的简单叠加,而是一个复杂、动态、多维视角的整合体。TPACK 理论框架下的教学是一种灵活、互动性强、整合知识的实践过程。现以高中地理"地球的运动"一课为例,通过 TPACK 理论框架下的教学设计思路(见表 4-11),TPACK 理论框架下的课堂教学过程(见表 4-12),介绍基于 TPACK 理论的中学地理云平台教学实践。

表 4-11 "地球的运动"一课基于 TPACK 理论框架的教学设计思路

整合情况	项目		
	现代教育技术知识（TK）	教学法知识（PK）	学科内容知识（CK）
现代教育技术知识（TK）、教学法知识（PK）、学科内容知识（CK）	现代教育技术知识（TK）：(1)云平台——移动讲台、在线测试、提交作业、课堂转播、分组评比、系统随机挑人回答问题等。(2)AR虚拟技术	教学法知识（PK）：(1)问题驱动。(2)小组合作学习。(3)直观演示法	学科内容知识（CK）：(1)地球自转的特征：自转的方向；太阳日和恒星日的区别；地球自转线速度和角速度随纬度的分布规律。(2)地球自转的特征：公转的方向；恒星日和回归年的区别；地球公转线速度和角速度随日地距离变化的分布规律
整合技术的教学法知识（TPK）	整合技术的教学法知识（TPK）：(1)运用云平台、AR虚拟技术等现代教育技术，学生座位以U型排列，分组合作学习，制定具体分工任务；学习方法上从"以教为主"转为"以学为主"。(2)以"情境—探究"模式，将教学划分为四个发展过程，即创设情境、带入情境、运用情境和凭借情境，通过情境让学生知道学习任务，激发学生的求知欲，使学生带着困惑和悬念不断寻求问题的解决途径，实现学习目标		
学科教学法知识（PCK）		学科教学法知识法（PCK）：(1)注重教学的针对性，探索精准教学。针对教学的重点、难点内容，尤其是学习数据收集并分析后呈现的学习易错点及薄弱点，设计一系列符合学情的问题链，注重用问题引领学习，使用追问的方式让学生的思维可视化，让教学更加有效。(2)"地球运动的特点"空间思维要求高，空间架构较难，采取小组合作学习方式，除组织学生直观演示、观察外，设计思维含量高的探究问题，促进深度探究	

续表

整合情况	项目		
	现代教育技术知识（TK）	教学法知识（PK）	学科内容知识（CK）
整合技术的学科内容知识（TCK）	整合技术的学科内容知识（TCK）：(1)运用AR虚拟技术将"地球运动"直观呈现，让每个学生动手操作观察。(2)运用云平台，学生分组讨论后，填写练习、拍照、提交作业；教师组织学生对作业现场展示点评，突出师生交互的学习过程		整合技术的学科内容知识（TCK）：(3)运用云平台设计"太阳日和恒星日的区别"等互动练习，系统随机挑选学生上台完成练习，各组学生同时在各自平板电脑上完成，提高课堂练习的参与面；系统自动分析易错点、得分率等，帮助教师依据学情随时调整教学
整合技术的学科教学知识（TPACK）	整合技术的学科教学知识（TPACK）：(1)运用云平台将教学系统延展到课前、课中、课后各个环节，针对教学的重点、难点内容布置课前预习作业，收集学生预习情况的数据。(2)采取小组合作学习方式，教师课前制定学生的具体分工任务，落实各组云平台登录、手机APP和iPad等信息化工具的准备情况。(3)以"情境—探究"模式，运用AR虚拟技术、云平台移动讲台、在线测试、提交作业、课堂转播、分组评比、系统随机挑人等功能，设计课堂观察、讨论、互动练习等活动，激发学生的求知欲，实现学习目标。(4)教师提出问题，学生分组用AR技术观察、交流讨论，完成练习、拍照上传；教师开启移动讲台，进行课堂直播，组织点评等；教师及时收集"地球运动的一般特点"学习过程中的各种数据，即时了解学情，并依据学情随时调整教学策略及教学内容，体现"以学为主"的智慧课堂观		

表 4-12 "地球的运动"一课基于 TPACK 理论框架的课堂教学过程

教学环节	教学活动内容	TPACK 观察点
课前准备	(1)在云平台收集学生预习情况的数据。(2)在云平台教学助手上,进行学生分组,检查手机和平板电脑等工具的准备情况;明确各小组成员的具体分工任务	技术与教学方法的结合
主题活动一	(1)学生分组通过运用 AR 虚拟技术等演示地球的自转,观察、讨论。(2)根据原有知识,完成"导学案 1 地球自转的一般特点"。(3)学生用平板电脑,在云平台"互动课堂"上"提交作业",将"课堂练习 1"拍照、上传。(4)教师将各组提交的"课堂练习 1",分别投影到屏幕;请同学们对提交的作业进行对比、点评。(5)表扬优秀小组,在评比栏显示加分情况	运用技术创设教学情境,运用技术进行教学评价
讲授新课	一、地球自转的一般特点 (1)围绕中心;(2)方向;(3)周期	运用技术进行教学实施
动画展示	太阳日和恒星日的区别	技术对学科内容的呈现
课堂活动	(1)互动练习"太阳日和恒星日的区别"。(2)云平台系统随机挑选学生上台完成练习,各组学生在各自平板电脑上完成。(3)教师开启移动讲台,进行课堂直播,组织点评等	运用技术进行教学管理
知识拓展	太阳日比恒星日长的原因是什么?如果自转方向和公转方向不一样(金星),太阳日、恒星日的时长会出现什么变化?	运用技术进行教学实施
讲授新课	(4)速度:角速度、线速度	运用技术进行教学实施
课堂活动	互动练习"角速度和线速度",在云平台系统开启"学生抢答"功能	运用技术进行教学管理
主题活动二	(1)学生分组通过运用 AR 虚拟技术等演示地球的自转,观察、讨论。(2)根据原有知识,完成"导学案 2 地球公转的一般特点"。(3)学生用平板电脑,在云平台"互动课堂"上"提交作业",将"课堂练习 2"拍照、上传。(4)教师将各组提交的"课堂练习 2",分别投影到屏幕;请同学们对提交的作业进行对比、点评。(5)表扬优秀小组,在评比栏显示加分情况	运用技术创设教学情境,运用技术进行教学评价

续表

教学环节	教学活动内容	TPACK观察点
讲授新课	二、地球公转的一般特点 (1)围绕中心;(2)方向;(3)周期;(4)速度:角速度、线速度	运用技术进行教学实施
动画展示	回归年、恒星年	技术对学科内容的呈现
课堂活动	(1)互动练习"回归年和恒星年的区别"。(2)云平台系统随机挑选学生上台完成练习,各组学生在各自平板电脑上完成。(3)教师开启移动讲台,进行课堂直播,组织点评等	运用技术进行教学管理
知识拓展	观看微课"近日点和远日点地球公转速度""开普勒行星运动第二定律"	运用技术进行教学实施
学以致用	思考:一般情况下,北半球夏半年的日数是186天,冬半年的日数是179天。造成这种日数差异的原因是什么?	运用技术进行教学实施
在线测试	云平台提供题目:判断题5道、读图题2道。云平台系统对学生在线测试完成情况自动给出每道题的得分、系统显示各题的答题分析情况,尤其是易错点、得分率	运用技术进行教学评价
课堂总结	复习总结本节课内容;展示各小组的得分,进行点评、鼓励	运用技术进行教学实施
布置作业	登录http://www.fjedu.cn/p/dili,完成互动式练习	运用技术进行教学实施

(三)基于TPACK理论的教学反思

1."地球的运动"一课的教学反思

本课教学实践的效果较好,表现在:充分融合"技术—教学—学科知识"教学理论体系,各教学环节前后呼应,根据教学进程由浅入深安排观察、讨论、练习等学习任务,有效促进学生掌握相关地理概念、形成空间思维。活动设计重视学生初、高中知识衔接,注重培养学生自主学习、合作学习的意识和能力;大多数学生能够有效利用各种信息技术,实现良好的生生、师生互动,提升学习的效率。在教育教学资源推送、应用等方面,形成有效的教与学策略,转变学生的学习方式,将课堂转变为学堂[38]。

2. 基于 TPACK 理论框架的整体思考

教师要有融合的思想。教师要具有"技术—教学—学科知识"融合的思想,不能停留在用技术丰富课堂教学的工具使用层面。教师要有运动变化的观念。TPACK 结构中的七个组成部分相互作用、相互影响,其中任何一个要素的变化可能引起整个结构的变化。教师要有课堂管理的意识,依据学情随时调整教学策略及教学内容,体现"以学为主"的智慧课堂观[38]。

四、实践型地理课堂

"融通教学——地理教学主张"在实践型地理课堂开展了一系列实践。现以高中地理"植被"一课为例,介绍实践型地理课堂教学过程。

(一)实践型地理课堂的教学分析

"植被"一课的学业质量水平明确要求"与他人合作,能够使用遥感图像等地理信息技术手段和其他地理工具,对地貌、土壤、植被等自然要素和相关自然现象进行深入观察,并设计实验,作出简要解释;能够在地理实践中表现出独立思考的意识、求真求实的科学态度,以及灵活运用知识的能力"。落实此项要求,可以有效培养学生的地理实践力。

(二)实践型地理课堂的教学设计

教师设计校园树木调查活动,课前布置学生以小组合作的形式开展调查活动。课堂授课时(见表 4-13),利用学生课前所形成的调查报告作为教学素材进行教学,师生共同整理和分析调查结果。通过课内外的实践活动实现两个功能:一是带领学生融入真实的问题情境,即校园绿化如何做到因地制宜;二是改变学生的学习方式,引导学生在实践活动中应用植被与环境的知识,思考解决校园绿化中存在的问题。

表 4-13 "植被"一课的实践型地理课堂教学过程

教学环节	教学内容	学生活动
课前导入	福建师大附中美丽的校园;学生分组介绍校园树木调查活动情况	了解身边地理知识;介绍调查体会
进入新课	【板书】一、植被的概念、分类 1. 植被概念:(1)在一定地方;(2)成群共同生长;(3)各种植物的整体 2. 植被分类:从全球范围可以分为海洋植被和陆地植被两大类,由于陆地环境差异大,形成多种植被类型。根据人类影响程度分天然植被和人工植被	明确植被概念,植被与植物的区别
课堂练习	请把常见的植被种类与其对应类型(天然植被和人工植被)连起来:森林、草原、农田、果园、荒漠、苔原、人工草场、草甸、沼泽、城市绿地	做练习;明确天然植被和人工植被的区别
讲授新课	【板书】二、植被与自然环境 自然环境的组成要素包括植被、气候、地形、水文、土壤等,它们之间相互联系、相互影响 自然环境中的光照、热量、水源、土壤、地形等因素对植被的影响较明显	了解植被与自然环境的关系
探究活动	【分析】裸地上,天然植被的生长情况 在裸露地面,很快会有少数种的植物(先锋植物)生长。植物生长过程中,改造其生长的土壤、水分等环境条件。从而有更多种类的植物在此生长,直至形成稳定的植被 【概念解释】 "稳定"是指植物与自然环境相互作用达到稳定的状态 裸地分为原生裸地和次生裸地: 原生裸地:例如,火山喷出的岩浆新覆盖的地方 次生裸地:植被遭破坏后形成的裸露地面 【提问】天然植被如果被破坏,恢复时间要多长? 【回答】天然植被如果被破坏,往往需要百年以上的时间才能恢复 【德育】我们要爱护植被,保护环境 【提问】从案例"裸地上天然植被的生长",我们得出植被与自然环境之间有什么关系? 【归纳】植被与自然环境有"适应、改造"的关系	通过活动,树立"爱护植被,保护环境"的观念 (立德树人)

续表

教学环节	教学内容	学生活动
案例分析	【案例】阿塔卡马沙漠"花海" 智利的阿塔卡马沙漠是地球上最干燥的非极地沙漠,是"不毛之地"。2017年8月,该地出现罕见的丰沛降雨,遍地野花绽放 【提问】1. 为什么沙漠会短时间内,变成花的海洋? 【回答】因为丰沛的降雨,自然环境改变了,本地存在"非旱生的短生命植物",形成雨后花海 【拓展】短生植物的生命周期很短,雨后的土地为其提供生命周期所需的水分,所以迅速生长,开花结果形成种子。当土壤中的水分不足以维持新一代个体生长时,种子就进入休眠状态,等待下一场雨 【提问】2. 其他沙漠中,会出现类似的现象吗? 【回答】如果该沙漠有这类植物的种子,条件允许,植物就会迅速生长 【提问】3. 从案例阿塔卡马沙漠"花海",我们得出植被与自然环境之间有什么关系? 【归纳】植被与自然环境有"适应、改造、指示"的关系	分析案例;观看视频,回答问题
讲授新课	【板书】三、植被与人类活动 1. 植被为人类提供资源,例如木材、药材等 2. 人类活动对植被的影响具体表现为: (1)保护。例如,封山育林等措施 (2)开发。例如,开垦荒地、种植茶树等,合理的开发是人类生存、发展的需要;但如果开发不合理,就会造成对植被的严重破坏 (3)破坏。例如,毁林烧荒、过度放牧等直接破坏;生态破坏、环境污染等间接破坏	了解植被与人类活动的关系
讲授新课	【板书】四、天然植被生态特征与自然环境 1. 外貌 【图片】森林景观、草原景观 从外貌景观判断出森林植被类型、草原植被类型。 2. 结构 (1)垂直结构 光照强度,从森林植被顶层到底层,强度由强到弱。在稳定	通过资料,观察天然植被生态特征

续表

教学环节	教学内容	学生活动
讲授新课	的植被中,不同种类的植物群体,通过争夺阳光的生存竞争,占据一定的垂直空间,从而形成分层明显的垂直结构 森林植被往往可以分为:乔木层、灌木层、草本植物层等。一般而言,气温越高、降水量越多的地方,植被高度越大,植物种的数量越多,垂直结构越丰富 (2)水平结构 水平结构是指比较小范围内的一种镶嵌现象,与湿度和酸碱度等有关,一般分三种:均匀型、随机型、成群型 (3)季相结构 植被在不同季节表现的外貌 【图片】银杏林夏季景观、秋季景观	通过资料,观察天然植被生态特征
过渡	天然植被生态特征,除了外貌、结构,还有种类组成	
讲授新课	3. 种类组成 例如,亚热带常绿阔叶林主要以樟科、山茶科、壳斗科为主。樟树是优势物种,是代表树种 【图片】校园内的樟树	通过资料,了解天然植被生态特征
活动探究	【板书】五、天然植被类型分布与自然环境 【探究】1. 中国内蒙古地区植被类型的分布 【提问】从图中得出:天然植被类型自东向西如何分布? 天然植被类型自东向西依次是森林、草原、荒漠 【探究】2. 结合中国年降水量分布示意图,该区域年降水量自东向西大体如何分布? 【归纳】本区域的年降水量,自东向西逐渐减少。说明天然植被分布与自然环境中的水分条件密切相关 【探究】3. 结合中国地理,南方地区、北方地区的植被分布情况。中国从南往北,森林植被类型有哪些? 【归纳】中国从南往北,森林植被类型依次为:热带雨林、常绿阔叶林、落叶阔叶林、亚寒带针叶林 【归纳】天然植被分布与自然环境中的热量条件密切相关 【探究】4. 结合珠穆朗玛峰南坡、北坡植被分布示意图,分析其植被类型分布有什么规律? 【归纳】天然植被类型分布具有垂直分异规律。海拔差异,引起热量、水分等方面的差异,造成植被类型差异	通过资料分析、归纳,掌握天然植被类型分布

续表

教学环节	教学内容	学生活动
拓展	天然植被类型的非地带性分布 例如，草甸。在高山、亚高山地带往往分布草甸	了解天然植被类型的非地带性分布
总结	【归纳】从分析可以得出：自然环境影响植被的分布，其中气候是最重要的影响因素，因为气候条件决定了植物所得到的热量、光照和水分的数量	
过渡	相信同学们在校园树木调查活动中，有比较深的体会	
实践活动	结合课前校园树木调查活动： 1. 统计校园树木的植株数量。查阅资料，了解每一种树木生长所需环境条件，如气温、湿度、光照、土壤等。查阅当地气温、土壤等信息 2. 将每种树木生长所需的环境条件与当地环境条件比较，并结合经验把所有树种分为"当地树种"和"引进树种"两类 3. 针对"引进树种"树木的生长状况（如良好或不佳），探究原因	学生实践活动
实践活动	【小组实践活动报告1】 1. 福州夏季炎热、冬季温和，地处亚热带季风气候区 2. 福州当地的植被类型属于常绿阔叶林 3. 福建师大附中校园内，樟树、榕树生长好。说明天然植被一般按类型有规律地分布在适宜其生长的地方	小组实践活动汇报交流、归纳
实践活动	【小组实践活动报告2】 1. 南洋杉生长状况不佳 判断生长状况：(1)长势情况；(2)是否正常开花结果 2. 南洋杉引进自东南亚，原产地为什么气候？ 东南亚热带雨林气候、热带季风气候 3. 根据植被类型的分布，南洋杉没有生长在适宜的地方	小组实践活动汇报交流、归纳
实践活动	【小组实践活动报告3】 1. 散尾葵生长状况良好，"好像"生长在适宜的地方 2. 散尾葵为热带植物，耐寒性不强，气温20℃以下叶子发黄，越冬最低温度需在10℃以上，5℃左右就会受到伤害。福州冬季会出现低温，散尾葵有可能受到伤害	

续表

教学环节	教学内容	学生活动
	3. 我们要树立"人地协调观",在绿化上要因地制宜,避免好心做坏事(干旱种树、外来树种)	小组实践活动汇报交流、归纳
复习巩固	1. 植被的概念、分类 2. 植被与自然环境 3. 植被与人类活动 4. 天然植被生态特征与自然环境 5. 天然植被类型分布与自然环境	
课堂练习	1. 观察、对比树叶,分析其与自然环境的关系 (1)常绿阔叶林,革质叶片 ①革质叶片表面光滑,有利于反射阳光、降温 ②革质叶片质地较硬,防止水分过度蒸腾而脱水 (2)落叶阔叶林,叶片宽阔,呈纸质 ①叶片呈纸质,宽而薄,有利于充分利用光能 ②冬季温度低、干燥,树木落叶进入休眠,更好越冬 2. 结合图文材料分析福建省森林覆盖率高的自然原因 (1)光热充足,森林生长快 (2)该地降水丰沛,水源充足 (3)地形以山地、丘陵为主,宜林地区广	观察、对比树叶,分析其与自然环境的关系;做练习,学以致用,
布置作业	1.【自学】精品公园"精"在何处 2.【网络练习】根据课本阅读资料,网络学习空间的视频、图片等资料,思考人类与植被的关系及营造人工植被	自学、思考、拓展

(三)实践型地理课堂的教学效果

在"植被"一课,教师为学生营造真实的教学环境,激发学生的学习热情。学生通过校园树木调查、交流汇报等学习任务,进行体验、参与、合作与交流,培养了关注生活、善于研究的良好习惯,形成了积极的情感态度,提高了自主学习、合作学习的能力。融通教学发挥地理云平台在课堂内外、线上线下的作用,为师生提供了灵活的交流空间,拓展了学生自主学习的渠道,有利于学生将知识与生活实际融会贯通,实现从课内到课外、从学科到生活应用的拓展,实现核心素养的提升。

五、讲评型地理课堂

"融通教学——地理教学主张"在讲评型地理课堂开展了一系列实践。试卷在检测学生学习情况方面发挥着不可替代的作用,而如何科学、高效讲评试卷则考验着教师的智慧。传统的试卷讲评课,教师要在有限课堂时间内分析试卷考点、讲授试题解题思路、指导学生错题订正,时间紧任务重,教师以自身的教学经验制定教学策略、选择讲评课的重点,往往不能顾及学生易错选项的统计,难以剖析学生答错题目的原因。在大数据环境下,试卷讲评课得到新的发展。现以高二年级上学期期中考地理学科试卷讲评课为例进行介绍[2]。

(一)学情诊断

1. 以数为据,以学定教

"融通教学——地理教学主张"重视讲评课前的教学诊断,重视发挥学生的学习主体地位。讲评课前,加入"诊断"环节就如医生借助仪器对患者病情做出科学、准确的诊断,教师借助技术手段(包括大数据采集、教育数据挖掘分析、数据可视化技术)形成数据报告,并且透视数据背后的问题,正确分析学生的学习情况,进而提出相应的学习对策、改进建议。

本次期中考使用智学网阅卷平台,平台自动形成学生学业数据报告,包括年级总体分析、班级整体分析,学生个体样本多维度数据分析等。教师充分挖掘数据,获得有益信息,可以进行正确的学情诊断,一是利于教师依据各学科优劣势情况(如图 4-11 所示),诊断学生是否偏科严重;二是利于教师依据地理科分数段及学生分布情况(如图 4-12 所示),诊断需要辅优补拐的名单;三是利于教师依据试卷易错题情况,诊断需要重点讲评的题目,例如,试卷易错题情况显示学生在第 1、2、23、24 题得分率较低(如图 4-13 所示);四是利于教师依据知识点分析情况,诊断学生对知识点掌握的缺陷,例如,数据反馈知识点"外力作用与地表形态""土地荒漠化及其防治""森林资源的开发与保护"的得分率较低[2]。

教师通过学情诊断环节,透视数据,分析揭示学习问题的实质及成因,对需要重点讲评的内容心中有数,使讲评课具有"以数为据、以学定教"的特点。

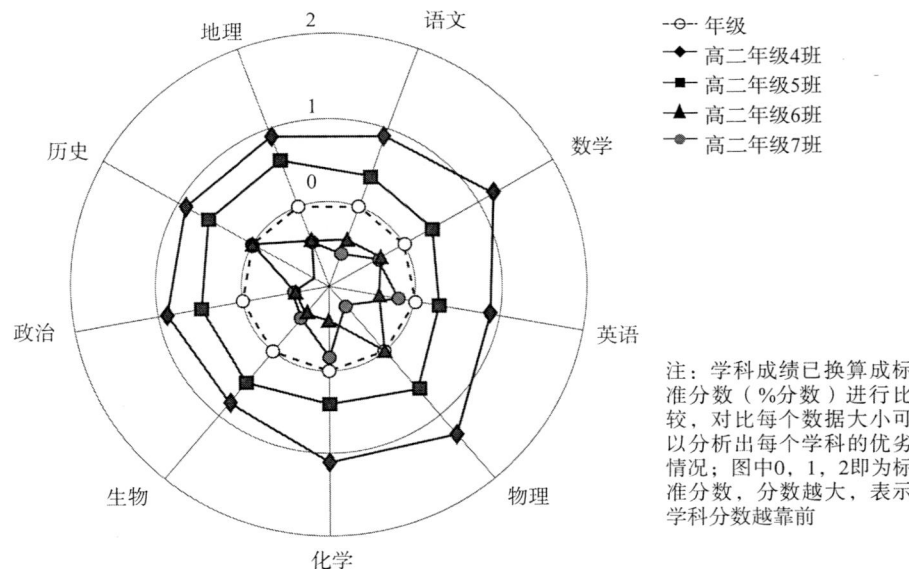

图 4-11 优劣势学科对比

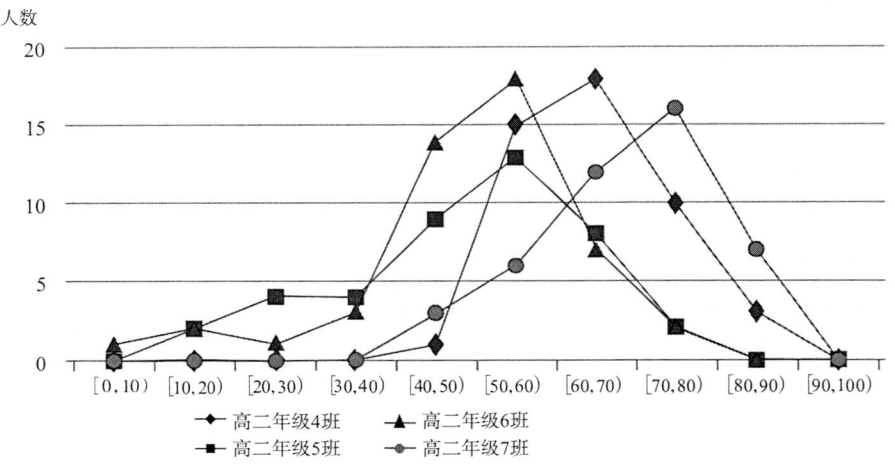

图 4-12 地理成绩分段对比

2. 自我纠错，提高学效

学生开展自我纠错，具有时效性强、印象深刻等优点。一方面，学生登录智学网，可以了解自己得分、答题情况，订正错题；还可以查看优秀率与及格率，错误率较高或较低的题目，查询同伴甚至整个班级的答题情况，据

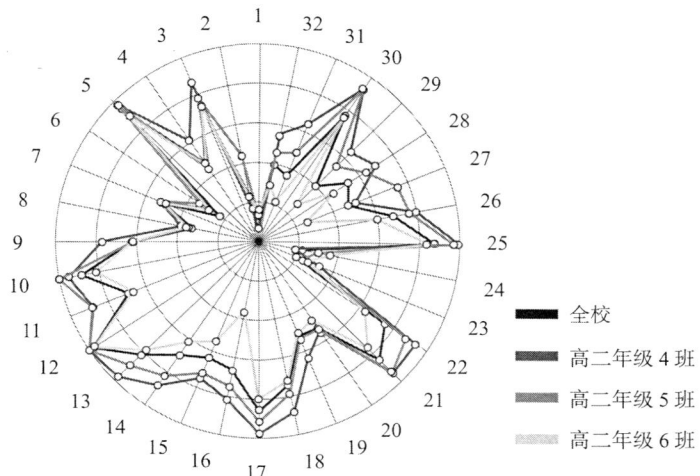

图 4-13 地理各题得分率分析

此分析某道题是否普遍存在问题,反思自己答错的原因,更准确地认识自己。另一方面,师生运用微信等平台进行互动,学生向老师提交需要解决的问题;教师鼓励同学们开展网上讨论,引导学生对其他同学的见解提出反驳,克服学生交流能力弱、不愿主动反思的不足。课前,开展自我纠错、交流互动,有利于激发学生自我矫正、改进和提升的欲望,有利于学生在表达、互辩、思考中实现"通"的达成[2]。

(二)重点诊治

课堂时间有限,教师依据课前诊断及学生提交的问题重点诊治,实施精准讲评,做到目标设定要精确、题目选择要精心、解题思路要精巧、拓展体验要精致,提高讲评课的效率。

1. 目标设定要精确

课前进行考点分析,对照《高中地理课程标准》中"学业质量水平"要求设定教学目标,明确学生应该达到的要求,思考试题知识点的检测目的及相应水平,帮助学生弄清知识点在理解和运用时有哪些注意点。

2. 题目选择要精心

试卷讲评内容要精心选择,一是选择与考查目标关系密切的题目,尽量对试题进行恰当归类,进行比较讲评;二是选择学生课前提交的问题或试卷中普遍存在的错题进行讲评。

3. 解题思路要精巧

高中地理试卷具有情境原创，取材多样，图文并茂等特点，重在考查学生获取解读地理信息、描述阐释地理事象、论证探讨地理问题、准确规范地理表达等能力。讲评课上，教师提供的解题思路要精巧，要善于抓住解题"钥匙"，例如，抓住情境材料"论从图出，据从表算，文为理献"的特征，让学生清楚解题不是浅显的看图说话。解题思路的基本途径是：观察、提取、归纳、推理、表述，即观察提供的新材料、新情境，甚至新知识—联系、迁移原有知识提取关键信息—归纳获取的信息—对应分析或推理、判断—表述的科学性与规范性。

4. 拓展体验要精致

讲评课的拓展体验主要包括交流互动和变式训练两方面。

在交流互动方面，有些题目如果老师直接讲解，相信大多数学生马上表示"懂了"；可事实上，下次遇到类似的问题，相当一部分学生还是容易失分。正如教育谚语"告诉我，我忘了；演示给我看，我会记住；让我参与，我理解了"。所以，对错误率高的题目，老师不要一带而过，要设计精致的交流互动，有的放矢地融合教学内容、教学方法与信息技术，提供学习素材、学习方法、交流机会等，具体解决问题的一个个关键点，引导学生内化所学知识，提升解决问题的能力，实现学业水平进阶。

在变式训练方面，教师透过数据报告分析学生易错选项的原因，对存在学习问题的知识点从不同角度、不同区域进行比较、拓展，让学生打破思维的局限性；同时，注意变式训练的阶梯性，不刻意求难，符合学生所处阶段的学业质量水平要求[2]。

5. 讲评课案例

(1) 目标设定要精确

本次期中考重点考察内容之一是"以某区域为例，分析该区域荒漠化发生的原因，了解荒漠化的危害和综合治理措施"，对照《高中地理课程标准》中"学业质量水平"，明确学生应该达到水平2的要求，即能够简单分析地貌、大气、水、土壤、植被等自然地理要素中多个要素之间的关系，解释地球演化、热力环流、水循环等的时空变化过程，辨识某些自然地理要素与人类活动相互作用的主要方式和结果。

(2) 题目选择要精心

根据试卷数据报告，第1、2、23、24题得分率较低（如图4-13所示），应重点讲评。现以，第1~2题为例讲评：

阴山北麓为农牧交错地带,自南向北地势逐渐低平,地貌依次从中山、低山丘陵、缓坡丘陵到波状高原,具有降水量少、蒸发量大、大风日数多等特点,风蚀作用强烈。据此完成以下两题。

1. 阴山北麓农牧交错地带风蚀作用最强烈的季节是(　　)。
   A.春季　　　　B.夏季　　　　C.秋季　　　　D.冬季
2. 阴山北麓农牧交错地带防御风蚀可采取的措施是(　　)。
   A.在丘陵地带深翻土地,保水保墒
   B.在波状高原发展季节放牧业,淘汰部分过冬牲畜
   C.在丘陵顶部清除原有灌草,改种防风效果好的松树
   D.在波状高原建设基本农田,实现粮食稳产高产

(3)解题思路要精巧

本题组涉及的知识点主要有外力作用与地表形态、土地荒漠化及其防治。第1小题考查阴山北麓农牧交错地带风蚀作用最强烈的季节。根据试卷数据报告,第1题A选项正确,错选D的有24人,高达51.1%(如图4-14所示),学生认为此地风蚀作用最强烈是冬季。

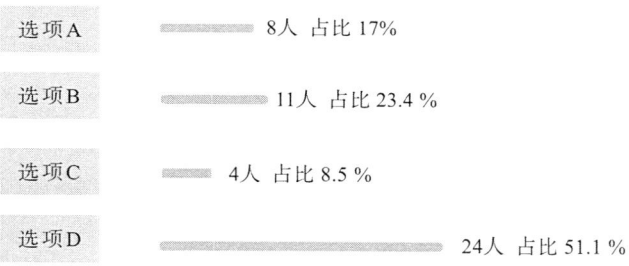

图4-14　第1题作答情况

首先,教师针对性纠错:此地,冬季气温低,盛行西北风,阴山北坡是迎风坡,会形成积雪,土壤处于冰冻状态,从而减弱了风蚀作用,因此选项D错误。

其次,教师通过透视数据来分析学生易错选项的原因:有地域因素的影响,因为本校学生地处亚热带,对冬季降雪没有切身体会,容易忽视积雪、冻土对风蚀作用的影响。此分析环节,为后续"拓展体验"提供了活动

设计依据。

最后,教师提示解题思路:此地,春季降水少,同时气温回升、蒸发量增加,使得土壤湿度过低,易受风蚀;同时,风大、植被缺乏、地表裸露,因此春季风蚀作用最强烈。

第 2 小题考查阴山北麓农牧交错地带防御风蚀可采取的措施,错选 C 的有 24 人,高达 51.1%(如图 4-15 所示);学生认为在丘陵顶部清除原有灌草,改种防风效果好的松树。

班级均分: 0.89 分　年级均分/得分率: 0.46 分/22.99%

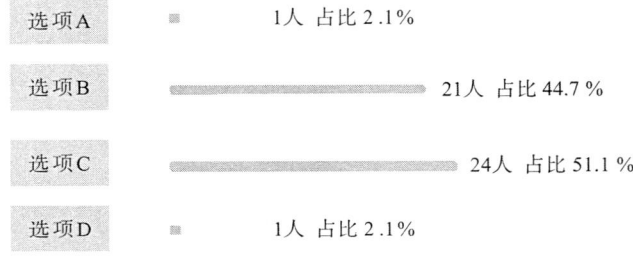

图 4-15　第 2 题作答情况

首先,教师针对性纠错:在丘陵顶部清除原有灌草,会破坏土壤的植被;丘陵地带降水少,松树等高大树木需要水分更多,会加剧生态破坏,因此选项 C 错误。

其次,教师通过透视数据来分析学生易错选项的原因:学生在初中、高中学习森林资源、黄土高原水土保持、亚马孙雨林等章节后,对森林具有保持水土、防风固沙等作用印象深刻,容易形成思维定式,对自然环境的复杂性认识不足。此分析环节,为后续"拓展体验"提供了活动设计依据。

最后,教师提示解题思路:在波状高原发展季节放牧业,减少放牧对草场的压力,淘汰部分过冬牲畜,避免过度放牧,有利于对生态环境的保护,减轻风蚀影响,B 选项正确。

(4)拓展体验要精致

在讲评过程中,教师根据学生需要解决的学习问题和课堂时间有限的实际情况,设计精致的拓展体验环节。"精"即精简,体现在用较少的时间解决问题;"致"即别致,体现在用与众不同的想法或方式让学生茅塞顿开、受益倍增[2]。

例如,第 1 小题设计交流互动,教师布置部分学生课前收集阴山北坡的视频、图片资料,在课堂由他们借助多媒体介绍阴山北坡的自然环境,尤其是冬季降雪等景观,让全体学生身临其境,加深体验。第 2 小题设计变式训练,针对学生对自然环境的复杂性认识不足的缺陷,从多个侧面、多个角度进行合理发散,让学生打破思维的局限性。课堂上,使用 2018 年普通高等学校招生全国统一考试地理(海南卷)的试题进行变式训练。

阅读图文资料,完成下列要求。

20 世纪 70 年代以来,我国对某区域(如图 4-16 所示)的水土流失进行了大规模治理,重点实施了退耕还林(草)等生物治理措施。在年降水量大于 400 毫米的地区,林草植被得到较好恢复。在年降水量小于 400 毫米的地区(地表 1 米以下一般存在含水量极低的干土层),人工连片种植的树木普遍生长不良,树干弯曲,根基不稳,枝叶稀疏,总也长不大,被当地人称为"小老头树"。

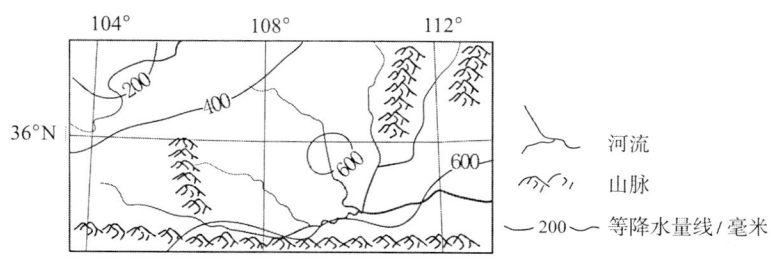

图 4-16 某区域示意图

(1)分析当地出现"小老头树"的环境条件。
(2)分析在降水量 400 毫米以下区域植树造林对生态环境造成的不良结果。
(3)说明"小老头树"现象对于生态建设的启示。

解题思路:本题以黄土高原部分区域的基本地理信息为背景,第 1 小题,提示学生:当地降水量少,树木生长所需水分不足;地表下多存在干土层,影响树木根系发育和下扎;冬春季节多大风,易动摇树木根系。第 2 小题,提示学生:当地植被作用主要是防治水土流失。"小老头树"的存在说明该区域不利于树木的生长,且树木的存在会影响林下草本植物的生长,减弱防止水土流失的生态功能。树木蒸腾水分多,易使当地更干燥。第 3 小题,提示学生:在生态建设过程中,应尊重自然规律,植树或种草要因地制宜。

(三)落实诊效

地理学科核心素养的提出标志着中学地理课程改革的深化。纯粹的知识灌输或训练无益于地理核心素养形成。"融通教学——地理教学主张"帮助教师在教学实践中统领全局,让地理知识成为学生开展探究性学习的对象,实现地理核心素养的有效培育[2]。

"融"是教学手段与途径,在教学中,融合学生发展核心素养与地理学科核心素养,融合教学内容、教学方法与信息技术。在中学地理试卷讲评课的实践中,教师既面向全体,又关注个体,引导学生自主探究性学习与合作性学习,使之成为培养地理核心素养的有效途径。例如,在拓展体验环节,借助云平台学习方式,为不同层次的学生,提供易、中、难三组交互式练习供选择,每组2～3道题,起到检测、巩固的作用,尽可能让每个学生有更多的收获。实践证明,在课堂中应用信息技术,处理好知识、技能与品格的关系,不是"应景"之举,而是促进中学地理课堂教学改革与进步之必需。

"通"是教学的目的,让学生弄通学科思想与知识,弄通学科素养与技能,成为有思想、高素质、会应用的人才。教师通过诊断、诊治等环节,促进学生自我纠错、表达、互辩、思考;通过课堂上有梯度的设问,引领学生不断探寻,步步深入,最终到达思想的新高度。在这个过程中,激活学生重组、整合知识的能力,诱发解决新问题需要的判断、综合、论证等思维能力,唤醒学生的潜能而实现教育的目的。

"融通教学——地理教学主张"在讲评型地理课堂的实践,实现了教师教学效率与学生发展效益之间的平衡,使教师能够剖析学生答错题目的原因,进行针对性讲评,提高讲评课效率;使学生在知识增值和能力发展之外,兴趣、思想、情感、方法等方面发生改变,实现学生发展效益增值。"融通教学——地理教学主张"提出在诊断、诊治的基础上,落实诊效,即让每堂课有效、高效,实现学科育人的长效。有效是目的性的、结果性的;高效是手段性的、过程性的;长效即今天有效,明天更有效。通过地理学科核心素养的培育,促进学生发展核心素养的全面提升,实现立德树人的根本目标[2]。

六、移动型地理课堂

"融通教学——地理教学主张"在移动型地理课堂开展了一系列实践。

许多省市把微课资源的建设作为信息化建设的重要组成部分,其中多数一线教师也都制作了大量优质的微课,但是受限于教学硬件等因素的限制,真正把微课资源嵌入传统教学的很少。如何突破这一微课资源传播和应用的"瓶颈"?一个理想的选择是开发手机门户网站作为微课资源的应用环境平台,让中学生利用手机进行微课资源的移动学习。笔者将微课资源作为移动学习资源的开发称为"微课资源'拇指化'开发"[34]。

（一）微课资源"拇指化"开发的设计原则

1. 操作界面的设计重视"以学习者为中心"

（1）遵循"简约"设计原则

微课资源"拇指化"开发时,学习界面的设计要遵循"简约"原则。首先,移动终端界面的导航设计要简单明了,应侧重考虑"如何让学习者在较短的时间内熟悉操作,以适应新的学习环境",追求"在最短时间内帮助学习者完成学习任务"。其次,手机的呈现能力有限,在微课资源"拇指化"开发设计时,应尽量减少内容呈现量,要突出微课资源"短、小、精、活"的特点。

（2）遵循"交互"设计原则

移动学习界面的设计要充分考虑"个性化需求"的交互功能,使学习者在学习过程中及时解决遇到的问题、检测学习的效果。设计实时型的"人人交互"功能,可以让学习者在需要帮助的时候与教师、同学保持顺畅的沟通,实现信息的双向流通;设计引导型的"人机交互"功能,可以引导学习者了解资源、选择资源,进而轻松锁定自己需要的微课资源;设计检测型"人机交互"功能,可以激发学习者的学习兴趣,其中"检测设计"能起评分、激励的作用,使学习者了解自己的学习情况。

2. 微课资源内容的设计重视"以知识点为核心"

（1）遵循"问题导向式"设计原则

微课资源由学习任务单、微视频、微练习等部分组成,其中学习任务单起导航的作用,让学生明确"学什么"和"怎么学"。在微视频、微练习的设计上,先把重点知识转化为问题提出来,接着进行阅读指导、分析讲解、启发探究等,使学生在解决问题的同时把握知识重难点或其他知识点,从而培养其解决问题和举一反三的能力。

（2）遵循"内容积木式"设计原则

中学地理学科内容多,且各知识点的能力层次要求也不同;具体的知识点之间往往有联系,一些知识点可以单独开发成微课资源,大部分知识点则需要开发成"微课系列"来加以展现。因此,微课资源内容在系列化开发时,宜进行"积木式"分解,再进行系统性开发;学生在学习过程中,宜分步学习,逐个掌握。

(二)微课资源"拇指化"的开发实践

微课资源"拇指化"开发主要包括:制作适合移动学习的微课资源,创建、规划和完善微课资源手机门户网站等。现以"世界陆地自然带的分布"为例,探讨微课资源"拇指化"的开发。

1. 制作适合移动学习的微课资源

(1)微课学习任务单是"导演"

微课学习任务单是微课资源的学习指南,其既在微课资源的开发中发挥"指导作用",又在学生的自主学习中起"导航作用"(提供"学什么、怎么学"的建议)。任务单能以简要的语言反映出微课资源的主要组成,如课题名称、达成目标、学习方法建议、课堂学习形式预告、学习任务、资源链接等。其往往以表格的方式呈现,能让学生根据个人需要自定进度,它一般强调的是任务驱动和问题导向,即把重点知识转化为问题,让学生在问题解决中达成学习目标。在微课"世界陆地自然带的分布"的开发中,设计微课学习任务单(见表4-14)。

表4-14 "世界陆地自然带的分布"的微课学习任务单

一、学习指南
1. 课题名称 高中《地理》(人教版·必修1)第五章"自然地理环境的整体性与差异性"第二节"自然地理环境的差异性"(第1课时)。 2. 达成目标 通过观看教学视频和完成微课学习任务单规定的其他任务,培养学生读图和分析现象成因的能力,让学生建立对地域差异的感知。首先,通过阅读"世界陆地自然带分布图",认识地理环境的地域分异;其次,通过分析自然带的分布,归纳出地理环境的地域分异规律。 3. 学习方法建议 (1)通过对微课资源(视频、课件)中景观图片的学习和启发式提问,突出读图分析、推断的环节,分析归纳地域分异的规律及成因,最后通过"贴图游戏""进阶练习"来达到强化知识、培养能力的目的。 (2)由于"世界陆地自然带的分布"反映的内容比较详细,使得总体规律反而不容易看出来,因此可以将该幅图适当简化,便于学生理解和记忆。

续表

4. 学习形式预告 (1)看:微课内容(视频)由四部分组成:分布概况、分异原因、分异规律、身边地理。 (2)玩:"贴图游戏"(世界陆地自然带的分布)。 (3)练:"进阶练习"。
二、学习任务 1. 探讨分析"由赤道到两极的地域分异"的原因,得出太阳辐射的纬度差异是主导因素。 2. 以"北半球陆地自然带分布模式图"为例,分析由赤道到两极的地域分异规律。 3. 通过"贴图游戏""进阶练习"进行复习巩固。
三、资源链接 1. 福建省教育资源公共服务平台上的戴志龙教师空间 http://www.fjedu.cn/p/dili 2. 福建省教育资源公共服务平台戴志龙名师工作室 http://www.fjedu.cn/index.php?r=studio/index/index&sid=557

(2)微教学设计是"剧本"

微教学设计是微课资源开发的"剧本"。微教学设计要从问题的描述、学情分析、教学类型、设计思路、教学过程、教学反思等方面进行,尽量符合"让教师在较短的时间内运用最恰当教学方法和策略讲清、讲透一个知识点,让学生在最短的时间内自己完全理解和掌握一个有价值的知识点"的微课设计制作理念,让微课资源能够满足学习者"实用、易用和想用"的直接需求。在微课"世界陆地自然带的分布"的开发中,设计微教学设计(见表 4-15)[34]。

表 4-15 "世界陆地自然带的分布"的微教学设计

项目	内容
问题描述	地理环境的差异性是绝对的,地球上不可能找到两个自然状况完全相同的区域。由于各要素的分布具有一定的规律性,它们共同作用而形成的地理环境在地域分异上也具有一定的规律性。本微课系列旨在通过地理环境的地域分异规律,认识地理环境的差异性。本微课为"世界陆地自然带的分布"中的第一部分,即"由赤道到两极的地域分异规律"

续表

项目	内容
学情分析	1. 基础知识和经验：经过之前的学习，学生了解了世界气候类型分布、主要植被类型及自然景观；了解了中国主要分区的气候和自然景观 2. 方法或能力：能够结合世界自然带的分布情况，归纳、分析、比较地理环境的地域分异规律，并能分析形成的原因 3. 障碍：学生要充分利用已经学过的知识和积累的生活经验，进行区域对比，理解"区域是有差异的"这一观念，并能迁移到身边的例子
教学类型	讲授型、启发型、探究学习型
适用对象	学生：针对本学科平时成绩 60~80 分的高中学生 教师：普通任课教师
设计思路	在教学的组织与编排上，重视学生的认知规律。从世界陆地自然带形成、分布概况入手，先探讨产生由赤道到两极的地域分异的原因，得出太阳辐射的纬度差异是主导因素；进而以"北半球陆地自然带分布模式图"为例，分析由赤道到两极的地域分异规律；最后，通过练习进行复习巩固

教学过程

环节	内容	画面	时间
一、片头 （27秒）	这个微课讲解"由赤道到两极的地域分异规律"。通过"导学领航"明确本课由四部分组成：分布概况、分异原因、分异规律、身边地理	第1~2张PPT	27秒
二、正文讲解 （5分37秒）	第一部分内容：分布概况	第3~4张PPT	44秒
	第二部分内容：分异原因	第5~6张PPT	117秒
	第三部分内容：分异规律	第7~8张PPT	58秒
	第四部分内容：身边地理	第9~12张PPT	118秒
三、结尾 （20秒以内）	下个微课，将讲解第二部分："从沿海向内陆的地域分异规律"	第13张PPT	9秒

续表

项目	内容
教学反思（自我评价）	对照《高中地理课程标准》的要求，本微课的教学目的明确，教学思路清晰；教学组织与编排符合学生的认知规律；教学过程主线清晰、重点突出，逻辑性强，明了易懂。微课从世界陆地自然带形成、分布概况入手，引导学生阅读"世界陆地自然带分布图"，让学生建立对地域差异的感知。接着，通过启发式的提问，分析产生由赤道到两极的地域分异的形成原因，得出太阳辐射的纬度差异是主导因素。进而，以"北半球陆地自然带分布模式图"为例，引导学生分析、归纳由赤道到两极的地域分异规律，并以简化图来帮助学生理解和记忆。最后，在"身边地理"练习巩固环节，设置了三个配套习题，习题难度合理，层次性明显，通过景观图片和启发式提问，引导学生运用知识解释身边地理现象，达到认识地理环境地域分异的目的

(3) 微课件与微视频是"主角"

根据微教学设计，在"世界陆地自然带的分布"的微课件中，共设计了13张放灯片（见表4-15）。微视频的制作方法包括拍摄和录屏等，录制现场环境应安静无噪音。参与录制的授课教师应注意语言与演示的协调同步，适当使用鼠标、画笔等充当"教鞭"，要给学生提供提示性的信息，并用字幕方式补充授课中不容易说清楚的部分。微视频录制后要进行后期加工，视频时长一般控制在8分钟左右，使之适宜在手机等移动媒体上传播。

(4) 进阶练习起"检测、激励"的作用

进阶练习是类似"游戏通关"的在线检测系统，是基于学习目标的测试，一般可分为概念辨析、熟练练习和应用拓展等题型。学生在观看微视频后，要完成相应的练习题，系统可以即时显示回答正确与否，对学生起检测、激励的作用。为了给不同层次的学习者提供个性化服务，进阶练习一般提供"难、中、易"三套习题供选择，每套习题有3~5道题目。题目的内容应尽可能暴露学习过程中容易发生的典型问题和典型错误。

(5) 微课知识网络地图起"聚沙成塔"的作用

微课开发既要注重对单个知识点的开发，也要注重学科系列化、专题式、结构化、完整性的微课程建设。这就离不开"微课知识网络地图"的开发，而其开发基础是对学科课程的知识能力层次分析和表现标准的程度分析。例如，为了让学习者通过了解地理环境的地域分异规律，深刻认识地理环境的差异性,在"世界陆地自然带的分布"这一微课知识网络地图中,分别开发"由赤道到两极的地域分异规律""从沿海向内陆的地域分异规律""山地的垂直地域分异规律""因海陆分布、地形、河湖等引起的非地带性地域分异规律"四个单一知识点的微课资源,进而组成微课系列,在知识点之间起着"聚沙成塔"的作用,方便教师的微课开发和学生的学习使用[34]。

2. 微课资源的移动应用环境平台开发

为了让学生更好地进行微课资源"拇指化"学习,必须创建相关的手机门户网站平台,并不断完善网站平台的微课资源。

(1)创建"中学地理微课资源"手机门户网站

网站的设计与开发是一项富有挑战性的工作,需要地理教师和技术开发人员通力合作。在微课资源"拇指化"的开发实践中,开通使用中学地理微课资源网站、福建省教育资源公共服务平台上的戴志龙教师空间、福建省教育资源公共服务平台上的戴志龙名师工作室等,上传微课资源,开辟微课资源传播平台。

(2)规划"中学地理微课资源"手机门户网站

建立一个网站好比写一篇文章,首先要拟好提纲,文章才能主题明确、层次清晰。如果网站栏目庞杂、结构不清晰,不但让浏览者看得糊涂,自己扩充和维护网站也相当困难。如何组织内容才能吸引学生,并提高学习效率呢?

第一,设置清晰、明了的栏目。栏目的实质是一个网站的大纲索引,手机界面大小有限,索引应紧扣主题,按一定的方法分类,并将它们作为网站的主栏目。在"中学地理微课资源"手机门户网站建设中,根据中学地理学科特点,分别建立三个一级栏目:自然地理、人文地理和区域地理。在一级栏目下分别建立二级栏目,在各二级栏目下分别建立若干个三级栏目。这样的栏目设置主题突出,容易给人留下深刻印象,同时有利于使用者进行索引,查找要学习的内容。

第二,设计人性化的栏目。微课资源"拇指化"开发目的是满足个性化的学习差异需求,因此,网站栏目设计要"人性化"。例如,针对网站内容庞大、层次较多,又没有站内搜索引擎的实际情况,在首页设置"最近学习更新"栏目,既照顾常来的访客,又可以帮助初访者快速找到他们想要的内容。设置可以双向交流的栏目"网上留言板""为你喜欢的栏目投票"等,可让浏览者留下他们的信息、建议等。另外,如果经常收到网友关于某方面问题的留言,最好设立一个"常见问题回答"的栏目,既方便网友,也可节约自己的时间。

手机门户网站开发完成后,网站建设者还需要依据设计目标对网站进行综合性的调试和检测。其测试内容主要包括网站内容的正确性和网页链接的准确性。测试过程通常需要几轮才能完成,即测试—记录—修改—再测试—再记录—再修改等。

3. 使用手机门户网站传播微课资源

(1) 中学地理微课资源的共建和共享

手机门户网站制作、测试完成后,上传微课资源,创设基于手机门户网站的微课教学环境。为了提高微课特别是专题化、系列化微课的建设水平与开发效率,要注重团队协作开发。笔者通过漳州市高中地理名师工作室发动相关地理教师一起建设网站、开发微课,避免低水平重复建设。网站建设中,网站管理员要对上传的中学地理微课资源进行审核,确保网站资源的准确性,并及时更新,进而实现"中学地理微课资源"的共建和共享。

(2) 推广手机门户网站传播微课资源

该平台的使用中,一个重要的环节是手机网站的推广,要让更多的学习者进入"中学地理微课资源"网站,开展微课学习。目前,网站推广的方法很多,根据实际情况,在开发实践中主要采取以下两种:一是"搜索引擎注册式"推广策略,搜索引擎是目前最重要、效果最明显的网站推广方式。二是"信息发布式"推广策略,可以通过漳州市高中地理名师工作室网站、QQ群、微信群向广大地理教师介绍网站情况,通过他们介绍给学生,鼓励学生开展微课学习。

总之,通过微课资源"拇指化"开发的设计与实践,有利于让中学地理微课资源传播范围更广、接受程度更高、传播成本更低、互动参与性更强,进而为学生提供个性化的开放式学习服务,也为教师提供灵活的教学空间[34]。

七、在线型地理课堂

"融通教学——地理教学主张"对在线型地理课堂开展了一系列实践。信息技术的发展为在线教学提供了多样的途径与丰富的资源。尤其在新冠肺炎疫情防控期间,在线教学成为教学的主要方式。"在线教学"是按照教学课程安排或活动任务,由教师和学生组成共同体,借助在线教学工具与网络资源,教师和学生之间、师生与网络学习环境之间相互作用的一系列操作行为的总和[117]。下面,笔者结合近几年的实践探索,从在线地理教学模式构建原则、教学策略、实施应用、教学反思等方面,结合高中地理"城市化"内容,谈谈中学地理在线教学的设计与实践,以期促进作为信息化教学重要组成部分的在线教学得到不断发展[33]。

(一)在线地理教学模式构建原则

1. 基于场景融合技术

场景通常指场面、情景。在线地理教学"场景"同时涵盖了家庭物理空间、网络空间等"硬要素",以及师生行为与心理等"软要素",是具体的、可体验的复合场景,也更加尊重"人"的地位和作用。教师构建在线地理教学场景,需要对活动做好顶层设计,充分发挥互联网作用,将教学内容与信息技术相融合,增强体验感,使知识的传播更精准有效。

教师在教学场景设计中应遵循三个要求、四个原则。三个要求分别是:紧扣教学目标、贴近学生实际、教学场景设计内含地理原理。四个原则分别为:一是真实性原则,这是前提和基础;二是交互性原则,师生之间、生生之间的交流互动要贯穿整个教学过程;三是递进式原则,利用递进式的学习任务,让学生逐步建构知识、完善认知;四是应用性原则,通过知识的迁移应用,实现学习能力的提升。教师要根据教学场景设计原则思考在课前、课中及课后,如何把握好信息技术的应用,如何针对具体教学内容、活动环节选择合适的信息技术手段、呈现方式,如何转变学生的学习方式与教师的教学方式。

2. 基于目标融合内容

《高中地理课程标准》提出了"地理学科核心素养""地理学业质量标准",实现了教、学、考的统一。地理学业质量水平采用"表现性"水平描述的方式,关注学生在"什么情境"下"能做什么事情"、"做到什么程度"[39]。中学地理在线教学的目标依据是《高中地理课程标准》、地理学业质量水平。教师在此基础上细化具体教学目标,并通过课前数据收集、分析学情,明确在线教学的重点、难点,融合教学内容,精心设计在线教学环境下的教学环节。

"城市化"一课的《高中地理课程标准》内容为"运用资料,说明不同地区城镇化的过程和特点,以及城镇化的利弊"。课前,教师布置学生网上收集所在城市不同时期的地图、照片。在线授课时,教师通过钉钉软件直播,先引导学生观察、比较所在城市不同时期照片;接着运用视频短片、图表数据分析城市化现象;再指导学生运用地理基本概念和原理去分析评价城市化问题。在线讨论时,鼓励学生在群内述说感受、交流感想,使学生对"城市化对我们生活的影响"有感性认识。教师基于教学目标融合教学内容,运用图片、图表、视频等资源,教学重点难点形象化、直观化。不仅使在线教学生动、有效,学生容易理解,也体现学习来源于生活体验的建构主义思想。

3. 基于学情融合方法

苏霍姆林斯基说:"只有能够激发学生去进行自我教育的教育,才是真正的教育。"教师要善于发挥学生在学习中的主体作用。研究学生的"已知、未知、能知、想知以及怎么知"等。例如,在高二年级"城市化"一课的在线地理教学,教师通过网络平台调查问卷等途径,了解学生对城市化概念的掌握情况。例如,生活在城市里的学生,对城市的服务功能有一定的亲身体会,有助于对本节课的理解,但对城市化过程一无所知;有的学生原来生活在乡村,刚到市区读书,对城市生活较陌生,对城市环境尚处于适应之中,虽然对城市化有切身体验,但对城市化原因和特点不具备理论认识。教师要根据学生的认知水平,结合在线教学环境,选择适当的教学方法开展教学[33]。

(二)在线地理教学策略

1. 同步教学与异步教学相结合

同步教学是教师、学生在同一时段登入直播间或平台开展在线教学活动。在线异步教学是教师、学生在不同时段登入平台、教师空间,教师发布资源、学生根据资源完成讨论、练习等学习任务。在一些教学项目中,师生可以共建共享资源。在线地理教学以同步教学为主,但在线教学的时间要控制,这不仅是爱护学生的视力和健康,也因为在同步教学环境下,师生互动的广度、深度受到限制,需要结合在线异步教学克服不足。

同步教学与异步教学相结合的优点是:一是发挥教师引导作用,通过同步教学,教师的课件、视频能有效提高学生的学习效率,及时进行辅导解答;二是发挥异步教学辅助作用,异步教学允许师生不受时段限制,灵活安排教与学的时间,学生有较长时间来反思、参与讨论;三是同步教学与异步教学相结合有利于"智慧的生成"。例如,一些学习问题在同步教学时,来不及解决或深入探讨,在异步教学阶段,随着问题不断生成、解决,有利于学生在表达、互辩、思考中感悟[33]。

2. 学生自律与他律相结合

相对于传统的班级教学,许多教师认为在线教学的效果不好,不清楚学生的学习状态,需要不断督促学生完成任务。其实,在线地理教学虽不同于传统课堂教学,但也是系统性的教育教学,教师要设法调动学生学习的积极性、营造良好的在线教学氛围,要让学生认识到学习的重要性。这就需要教师思考、建立适合在线教学形式的教学管理机制,而采取自律与他律相结合是有效途径。

皮亚杰所研究的儿童道德发展中的"自律",指的是人的行为受自己内在独立思考和价值标准的支配而非外在的社会规则。在线教学的环境需要学生自律,在缺少其他人现场监督的情况下,自觉要求自己,变被动为主动。自律不是与生俱来的,需要教师引导学生学会自律。自律主要包括自立、自行、自控三个方面,自立即自我要求;自行即自我锻炼、自觉践行;自控即自我评价、自我调控[118]。在线地理教学实践过程中,许多学生表现出自主、独立、主动与积极,值得肯定。相对而言,他律是指由外在因素决定自己意志的道德准则,即道德选择与行为是由主体自身之外的、未经自己理性思考的、被迫接受或考虑的各种规则和原因支配的。有些中学生存在情绪波动较大、自律不稳定的情况,需要靠教师和家长约束其行动。在线教学环境缺少教师现场监督,要保持在线教学良性运行,不能单靠学生的自律,也不宜经常依靠家长监督,必须有他律性规约。孩子有自己的视角,应发挥学生群体自治性的优势,养成学生民主管理、自我管理的文化氛围。一方面,通过制定在线学习公约、在线班级守则等措施,由学生干部对不良现象进行管理、制约;另一方面,充分发挥榜样的作用,及时表扬优秀学生,例如,让小组定期评选"地理学习之星",评选时,结合学生发言的积极性、对其他同学的帮扶等情况,并借助大数据统计学生参与活动、完成作业、习题成绩等信息。自律与他律相结合,为学生营造了一个良好的在线地理教学氛围,让学生有发挥自己个性、表达自己见解、提高自己的机会[33]。

3. 知识结构与认知结构相结合

知识结构与认知结构之间有区别,主要体现在知识结构强调学习内容的逻辑结构,认知结构强调学习者认识过程和经验的作用。知识结构与认知结构之间有联系,主要体现在良好知识结构有利于学生建构良好的认知结构,良好认知结构则为学生获得和建构知识结构提供动力和支持[68]。学生的学习实质上是认知结构不断建立和完善的过程。

"城市化"一课的在线地理教学,教师根据在线教学的环境特点,从学生认知结构特点出发,按照由浅入深的思路合理安排各阶段的教学,用恰当、生动的方法帮助学生建立完整的知识体系。例如,结合照片、视频,进行比对式教学,使学生新知识与原有知识建立联系,指导学生辨别分析不同地区城镇化的过程和特点,以及城镇化的利弊。

(三)在线地理教学实施

1. 整体设计思路

在线地理教学实施是教师、学生根据教学设计规划,借助在线教学工具与网络资源,围绕地理教学内容,在师生之间、师生与平台之间的一系列教学互动,其重要环节包括课前导学、在线授课、在线练习、在线讨论、同步测试、课后专题讨论、拓展活动等。教师在实施过程中起主导作用,要设计教学环节的在线形式,要选择教学活动的在线平台,要对教学内容进行处理整合。为达到良好的教学效果,教师需要运用合适的教学策略,例如,在不同阶段采用"测、融、治、通、联"等教学策略;需要指导学生运用不同的学习策略,例如,根据具体学习任务采用"学、思、习、辨、行"等学习策略(如图4-17 所示)[33]。

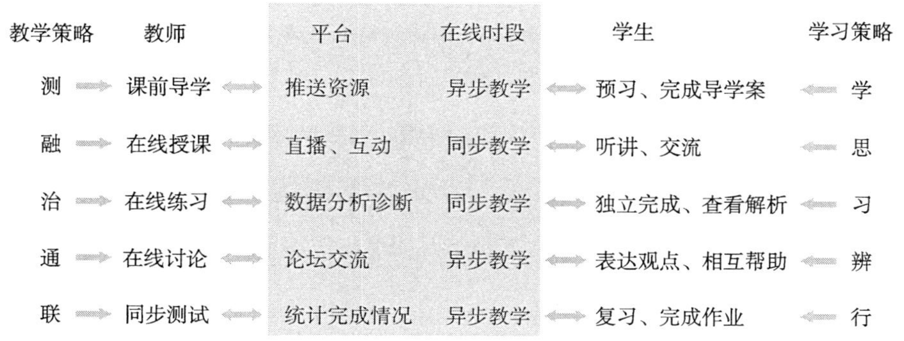

教学策略	教师	平台	在线时段	学生	学习策略
测 ⇒	课前导学 ⇒	推送资源	异步教学 ⇔	预习、完成导学案	⇐ 学
融 ⇒	在线授课 ⇒	直播、互动	同步教学 ⇔	听讲、交流	⇐ 思
治 ⇒	在线练习 ⇒	数据分析诊断	同步教学 ⇔	独立完成、查看解析	⇐ 习
通 ⇒	在线讨论 ⇒	论坛交流	异步教学 ⇔	表达观点、相互帮助	⇐ 辨
联 ⇒	同步测试 ⇒	统计完成情况	异步教学 ⇔	复习、完成作业	⇐ 行

图4-17 在线地理教学实施应用示意图

2. 具体教学规划

课前,教师依据在线地理教学模式构建原则、教学策略进行教学设计规划。教学设计规划是在线地理教学活动的指南,既在课程内容开发中发挥指导作用(提供"教什么、怎么教"的建议),又对学生学习起到导航作用(提供"学什么、怎么学"的建议)[34]。在线地理教学设计规划可以使用任务单(见表4-16)的方式呈现学习任务。任务单描述教学环节、教学资源等信息,例如,课题名称、课标内容、教材分析、教学目标、在线教学形式预告、资源链接等。任务单能让学生清楚教师的设计意图;学生还可根据自身情况,调整任务单中"异步教学"部分的学习进度[33]。

表 4-16 "城市化"在线地理教学设计规划任务单

课题名称	高中《地理》(人教版·必修2)第二章第三节"城市化"(第一课时)
课标内容	运用资料,说明不同地区城镇化的过程和特点,以及城镇化的利弊
教材分析	本节主要从时间、空间维度探讨城市的发展历程及趋势,主要呈现城市化的概念、世界城市化的进程和城市化对地理环境的影响三个部分
教学目标	(1)通过分析长江三角洲地区的城市发展,能够归纳城市化的含义,并能运用城市化的重要标志分析城市化现象;(2)能够利用曲线图分析世界城市化进程中不同阶段的特点,并结合案例分析归纳出发达国家和发展中国家的城市化差异;(3)结合案例资料,以英国城市化进程为例,比较分析城市化过程中不同阶段的特点及问题;(4)通过数据分析和图表应用,培养读图、析图能力

在线教学形式预告

教学环节 (在线形式)	教学活动 (在线平台)	教学内容	预计时长 (分钟)
课前导学 (异步教学)	导学案 (钉钉小群)	学生利用网络收集所在城市不同时期的地图、照片,发布在钉钉小群,并谈论对城市变化的感受;结合资料,分析所在地区的城镇数量、大小发生了哪些变化	自定

续表

在线教学形式预告			
教学环节（在线形式）	教学活动（在线平台）	教学内容	预计时长（分钟）
在线教学（同步测试）	在线授课（钉钉班群）	教师讲授第一部分内容：什么是城市化 （城市化概念结构图：动力——拉力：吸引人群来到城市的因素；推力：使农村人口向城市迁移的因素。前提——经济活动：二、三产业在城市空间集聚。结果——人口活动：人口向城市空间集中；空间地域：农业用地向非农业用地转化。表现——城市数量、城市规模、城市人口。标志——城市人口占总人口的比重上升。意义——带来聚落形态的变化、体现社会经济发展水平、生产方式、生活方式、价值观念的变化、社会进步的表现）	15
	在线练习（钉钉班群）	学生完成"城市化"课堂练习题	5
	在线授课（钉钉班群）	教师讲授第二部分内容：世界的城市化进程 城市化开始时间：全球性城市化在工业革命后 1. 重要指标： 城市化率＝城市人口数/地区总人口数×100% 2. 城市化进程：社会经济发展水平的差异是导致城市化差异的直接原因 (1)空间尺度上的城市化进程：指国家或地区的整体水平差异 (2)时间尺度上的城市化进程：指具体城市在不同阶段的差异	15
	在线讨论（钉钉班群）	学生观看有关"美国逆城市化现象"的视频，谈谈郊区城市化、逆城市化的区别与联系	10
课后作业（异步教学）	同步测试（问卷星）	学生完成"城市化"课后练习题	自定
课后专题讨论（异步教学）	专题讨论（钉钉小群）	课堂"在线讨论"还未发言的同学继续表达观点	自定

续表

教学环节 （在线形式）	教学活动 （在线平台）	教学内容	预计时长 （分钟）
拓展资源链接 （异步教学）	拓展活动 （教师空间）	学生观看有关"英国再城市化现象"的视频，完成互动练习小游戏	自定

3. 在线教学的技巧运用

第一，基于同一在线教学平台的技巧运用。使用钉钉作为在线教学平台时，多学科教师往往在同一班级群中进行在线授课，这样有利于课程时间上的安排，但钉钉群信息容易被覆盖，因此要建立地理学科的小群作为补充，便于学生在异步教学时开展课后专题讨论。在线授课时，教师最好同时使用两个终端（主终端、辅助终端），主终端用于直播，辅助终端用于观看直播，这样可随时了解直播效果，在线练习时，教师可以在不切换直播画面的情况下，通过辅助终端了解学生的答题情况，及时点评。

第二，跨平台的互动技巧运用。钉钉、QQ 群等平台的在线直播效果好，也具有一定的布置、收发作业功能，但缺少对练习结果的智能分析，教师可结合问卷星平台组织学生开展巩固训练，这样便于教师及时诊断学情。

第三，跨平台的呈现技巧运用。在线教学资源有呈现性资源、交互性资源、生成性资源等，教师应根据教学需要融合不同平台的功能优势发布教学资源。例如，"城市化"一课的在线教学资源，发布在福建省教育资源公共服务平台上的教师空间，包括课件、导学案、互动练习、在线课堂视频回放、拓展资源等，有利于学生课后学习，有利于教学资源系列化呈现[33]。

（四）在线地理教学反思

1. 在线地理教学促进师生共同发展

新冠肺炎疫情防控期间，在教育部"停课不停学"的号召下，在线教学焕发出勃勃生机，各大在线教学平台、软件得到广泛应用，师生信息技术素养也有一定的提高，推动了信息化教学的发展。在线地理教学促进了师生共同发展，主要体现在三个方面：一是师生角色定位的转变。教师由传统课堂的"教导核心"转为在线地理教学的"设计者、支持者、服务者"，是学生成长的导师；与传统课堂相比，在线地理教学缺少教师现场督促，学生需要更加自律。二是促进师生"教与学能力"的提升。在线地理教学提供了智能的教学环境、丰富的资源,教师要具有"技术、教学、学科知识"融合的思想[38],学生更加需要自学,成为学习的"主人"。三是促进师生之间的教学互动更加精准有效。在线地理教学中借助互联网、云平台等,能够实现师生互动、生生互动、人机互动,使师生间的教学互动更加精准有效。此外,教师借助大数据开展教学,能够"以数为据、以学定教",及时调整教学活动,帮助学生明确自己的不足,及时矫正。

2. 不足之处

第一,不同在线平台各有优点和不足,不同授课教师有不同的个人使用习惯与运用能力,各学科教师在同一班级开展在线教学时,使用的在线平台五花八门。为此,教师要做好协调,尽量统一使用相同的在线平台开展班级在线教学。第二,学生通过在线平台学习,用眼强度较大。教师要控制在线教学时间,尤其是连续在线时间不宜过长,建议同步教学与异步教学相结合,优化教学环节。第三,在线教学中师生互动的广度、深度受到限制,尤其是提问、回答、讨论等活动,出现师生交流、生生交流迟滞现象。建议在课后运用异步教学的专题讨论来克服问题,鼓励那些"在线讨论"中还未发言的学生继续表达观点[33]。

第五章

融通教学在地理课程的拓展

本章介绍融通教学在地理课程的拓展延伸应用,包括两方面:第一,从关注地理课程主线、开发特色类乡土地理课程资源等方面,从关注地理课程结构、开发运用类乡土地理课程资源等方面,阐述融通教学在地方课程开发方面的应用。第二,从明确研学旅行的目标、提升研学旅行的效益等方面阐述研学旅行的开展,融通教学力求发挥地理学科的优势,做好研学旅行的服务应用,进行活动框架设计,基于场景开展指导,增强学生体验感;基于问题开展指导,提高学生学习能力。

第一节 地方课程的开发

融通教学不仅关注地理课堂教学,也关注身边地理的拓展延伸应用,认识到只有深入了解学校教育环境和社区环境,深入了解学生在地理学习中的心理特征和过程,了解教育、社会各行业对乡土地理课程开发的期望,才能编制出符合实际需要和实际环境许可的学校地方地理课程[119]。

一、特色类乡土地理课程的开发

地理课程的主线是人地空间关系,初中地理课程主要依托世界、中国、乡土等不同尺度的区域,揭示因地而异、因地制宜的区域人地关系特征,高中地理课程主要依托自然环境和社会环境各要素,揭示人类活动与环境要素相互作用的地理规律[120]。融通教学关注地理课程主线,开发"特色类"

乡土地理课程资源,指导思想是在理解人地关系的总体特征的基础上,认识典型地区人地关系的特殊性;配置典型的地域性案例,认识人类活动与地理环境的相互作用,有针对性地认识地质地貌、气象气候、水文、土壤、生物、人口、聚落、产业、文化、旅游等在具体区域的相互作用。

漳州市位于福建省南部,素有"花果之乡"的美誉,仅水果就有47种,330多个品种。春有枇杷、杨梅、越冬柑桔和香蕉;夏有桃子、李子、荔枝、龙眼、西瓜、芒果、番石榴、凤梨;秋有天宝香蕉、平和蜜柚、华安橄榄、梨、余甘、黄皮弹、柿子;冬有芦柑、红桔、橄榄、果蔗[121]。融通教学在开发乡土地理课程资源时,设置"漳州为什么盛产水果"的问题情境,运用"基于场景融合技术"的教学策略,提供相关视频、文字、图片等资料,指导学生融合地质地貌、气象气候、水文、土壤、生物等自然环境要素,以及种植历史、产业、文化、旅游等社会环境要素开展自主学习、分析原因。

闽南语里,"厝"是房子的意思,红砖厝就是用红砖盖的房子,也是闽南最有代表意义的传统建筑。闽南古厝特别是砖石混砌和墙面的装饰及色彩纹样在中国建筑史上有它独特之处,从闽南建筑中可以找到许多中国传统图案的原型,如云卷纹、花草纹、花形纹及拼花等[122],因而有学者认为这个区域的民居是属于"红砖文化区"。闽南人对生活的美好祈愿,也酝酿了红砖厝丰富多彩的建筑表达,形成了红砖文化深沉而独特的底蕴。在中国封建社会典型的农村生活中,必定包含了家居、教育、祭祀三要素。闽南古厝严谨精巧的布局构思,巧妙地结合了居住、家族教育系统、宗庙祠堂三位一体的生活模式,以深远的睿智思考着如何繁衍家族,和谐共存。闽南古厝是闽南人坚韧、开朗、沉稳、豁达的性格,睿智、温良、自省、拼搏的特质以及务实、进取、勇敢、奋斗的作风的概括[123]。融通教学在开发乡土地理课程资源时,组织学生参观闽南传统民居、闽南文化馆,通过观察传统民居建筑风格,思考当地气候、文化等方面的密切联系。

二、应用类乡土地理课程的开发

学校地理课程结构可以从不同的需要出发,从不同的角度来研究。从科学性来看,地理课程由自然地理课程与人文地理课程构成;从系统性来看,地理课程由系统地理课程与区域地理课程构成;从实践性来看,地理课程由理论地理课程与应用地理课程构成。完整的学校地理课程应当包括以上各种地理课程子系统;科学的学校地理课程必须优化上述各种子课程的年级配置,并沟通和协调其内容[119]。

融通教学关注地理课程结构,开发"应用类"乡土地理课程资源,其指导原则体现为"少理论多应用"。现代地理科学无论在理论上,还是在应用上都有新的进展,乡土地理课程本该兼顾理论地理与应用地理的统一。但是,一线教师在理论研究方面比较薄弱,在实证研究方面具有优势,因此开发课程资源时要扬长避短,"少理论多应用",重点思考如何深入浅出地介绍地理科学应用方面的新成果。

地理科学以综合性、交叉性和区域性为特点,现在已与计算机技术、互联网技术、空间技术等现代新技术深度融合,表现出分析研究手段的多元化与数据爆发性增长,深刻影响着地理学理论、方法和模型不断迭代完善,进而提高了实际解决问题的能力,有力地促进了地理学科的快速发展。地理信息系统、多源遥感观测、智能大数据挖掘等正成为地理学分支学科研究必不可少的技术、方法和手段。新技术应用有力地推动了地理科学系列前沿的进展:空间技术支撑地理学开展跨区域和全球尺度问题的研究;自动化和传感网技术支持国土大范围和极端环境观测网络构建;生态修复、环境治理与综合调控新技术服务于重大自然改造工程;大数据"加注",全域、全景、全要素和时空流分析成为方向;虚拟和增强现实技术实现环境研究虚实结合;互联网电子地图全面支撑社会经济发展,成为地理科技成果转化的最好标杆;无人机技术促进景观尺度三维精细化研究和"遥感+"应用发展[124]。

融通教学在开发乡土地理课程资源时,提出"无人机遥感应用探索:漳州农业精准调查"的研究性学习,鼓励学生通过走访科技协会、科技馆、林业部门等单位,以及查阅网络资料等途径获取相关数据;对个别特别感兴趣的学生,在其家庭经济水平允许的前提下购买无人机,利用无人机的拍摄功能(一般不具备专业遥感)开展校园及周边绿化用地调查。

融通教学重视学生获取知识的过程,处理好知识习得与能力养成之间的关系,体现了融通教学从"教学结果"的视角理解——"会融会通",学生学会"融",即学会融合应用的技能与方法,学会迁移应用,让学生实现从"学会"到"会学"的提高,实现"会学",提高学生自我学习能力,提升学生的核心素养。

第二节　研学旅行的开展

一、明确研学旅行的目标

（一）研学旅行的内涵、目标

研学旅行作为课程,是以公益性为主的学校教育和校外教育的衔接,属于学校课程体系中的综合实践活动课程的范畴,各学科课程的理论知识和实践能力可综合用作研学旅行活动的基础,研学旅行活动又是对各学科核心素养培育成效的实践检验。研学旅行与地理实践力核心素养的培育相互交织形成合力,地理实践力为研学旅行的开展提供了坚实的素养基础,而研学旅行为地理实践力核心素养的培育提供了有利的实施途径。中国教育学会地理教学专业委员会响应教育部、国家发改委等部委《关于推进中小学生研学旅行的意见》的精神,组织专家制定了《研学旅行课程标准》,将它作为研学旅行指导性规范,以促进研学旅行规范化、课程化、优质化。《研学旅行课程标准》明确了研学旅行的课程性质与定位,指出研学旅行是由教育部门和学校有计划地组织安排,通过集体旅行、集中食宿方式开展的研究性学习和旅行体验相结合的校外教育活动,是学校教育和校外教育衔接的创新形式,是教育教学的重要内容,是综合实践育人的有效途径;明确了研学旅行课程的总目标是通过亲近和探究自然,接触和融入社会,关注和反省自我,体验和感受集体生活,使中小学生养成价值认同、实践内化、身心健康、责任担当等意识和能力。这让研学旅行有了方向,避免研学旅行与研学旅游、游学等活动相混淆,避免发生"只旅不学"或"只学不旅"等现象[125]。

（二）研学旅行地理类课程

《研学旅行课程标准》将研学旅行课程内容划分为地理类、自然类、历史类、科技类、人文类、体验类等六个方面[126],每类课程都将学生核心素养的培养融入观光游历、参观走访、野外考察、探索体验、讨论交流等学习活动中,充分调动学生的主观能动性,激发学生动口、动手、动脑,并学以致用,促进思维和智慧的发展以及能力与素养的提升。地理类课程体现地理核心素养的培养(如图5-1所示)[127]。地理教师要在研学旅行中勇于担当,落实学生地理核心素养的培育,提升学生在真实世界的复杂情境中解决问题的能力。

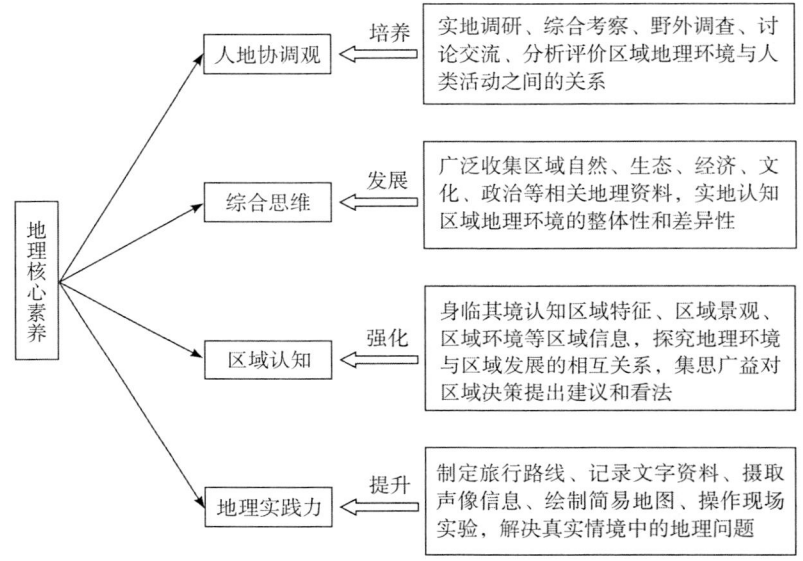

图 5-1 地理类课程体现地理核心素养的培养

(三)研学旅行活动框架设计

融通教学的实践重视"诊断—诊治—诊效"和"基于目标融合内容",力求发挥地理学科的优势,做好研学旅行"方向性"的服务应用,进行研学旅行活动框架设计(如图5-2所示)。

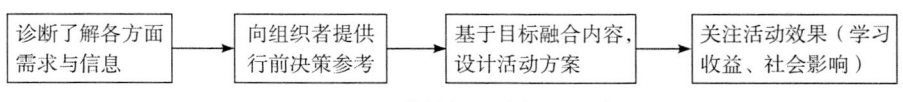

图 5-2 研学旅行活动框架设计

研学旅行活动框架设计包括:(1)诊断了解各方面需求与信息:一是学校的工作计划,研学旅行一般需要学校组织,要了解德育、教学等方面的计划与要求;二是了解学科拓展的需求,往往结合时事热点问题、地方特色等方面;三是了解学生主观愿望与学生家庭经济承受能力;四是了解目的地和途经地的资源信息,包括资源特色、时空可达性、接待条件、安全措施等。(2)在诊断了解各方面需求与信息、进行综合分析的基础上形成可行性报告,向组织者提供行前决策参考,主要包括目的地选择、路线规划、沿途考察点选取、行程安排等。(3)同时,以"基于目标融合内容"的思路设计活动方案,主要采取"情景问题＋具体任务＋地理主题"的模式,突出"问题"导向,以"问题"驱动"任务",逐步实现课程"主题"[128]。(4)关注活动效果,一方面是学生的学习受益情况,关注研学旅行对学生学科拓展、今后生活工作等的帮助情况;另一方面是社会影响,关注研学旅行是否符合学生家长、社会以及学校的希望与要求。

二、提升研学旅行的效益

(一)基于场景开展指导,增强学生体验感

场景通常指场面、情景。美国技术界资深记者罗伯特·斯考伯提出的"场景",同时涵盖了基于空间的"硬要素"和基于行为与心理的"软要素",是具体的、可体验的复合场景,也更加尊重"人"的地位和作用[44]。面对生活世界,学生与学习环境通过"在场"实现融合,从认知视角看,"在场"有两重含义:一是处于在场的状态,二是表现出在场的行动。具体来说,"在场"嵌入在一个"感知—行动"耦合循环(环境刺激—在场感知—在场行动—新的环境刺激—……)的调试机制中,并外显于该循环中学生身体、心理与环境的频繁互动[129]。研学旅行与传统学习活动相比,更关注学生的活动状态及身心投入程度,因此要增强学生在研学旅行中"在场"的体验感,使学生将真实情境中的外显行为与感知体验内化为个人认识,进而促进高阶认知的发展[130]。

融通教学提出在研学旅行中,基于场景开展指导,增强学生体验感。陕西师范大学岳大鹏教授提出通过看(观察、判断、参观)—问(问询、访问)—做(测量、参与、体验)—思(思考、推理)—写(记录、梳理)—说(汇报、表达)等活动环节增强学生体验感。具体做法是:(1)看,指观察、判断、参观。研学旅行中,要观察自然、人文要素与地理过程的现象、格局,并透过现象看本质。例如,"看"河流、生物群落等自然要素,土地利用现状、文物、建筑等人类的劳动成果与文明成果。(2)问,指问询、访问。对地理人而

言,路不仅在脚下,也在嘴上。及时有效的询问,可以快速解决疑惑和发现问题,对于提升知识和技能具有很大的帮助。研学旅行过程中,要通过询问了解不能判识的、感兴趣的事物,了解自然、人文地理环境和社会经济发展情况。问的方法包含问卷法、访谈法等。(3)做,指亲自测量、参与、体验的过程。分为科学测量(如野外采样)和感官体验(如参与集体活动、风味美食鉴赏、爬山运动等)。(4)思,指思考、推理。在研学旅行的过程中,要思考现场有哪些已知事物和新鲜事物,推理现场事物存在的合理性和关联性,探究现实场景中存在的问题与初步解决对策,尝试从不同学科角度对同一事物的认识进行梳理。(5)写,指记录、梳理研学内容,撰写研学旅行心得。(6)说,指汇报、表达。在汇报交流时,要选择具有特色的切入点,遵循清楚、简洁等原则,突出自己的独特感受与收获[131]。

(二)基于问题开展指导,提高学生学习能力

研学旅行作为新型课程,不同于以往的分科实践教学,其学科综合的范畴非常宽广[125],能够促进学生多种能力培养,例如,发现能力、观察能力、判识能力、分析能力、实验能力、推理能力、解疑能力、感知能力、写作能力、记录能力、思考能力、参与能力、调查能力、生存能力、沟通能力、生活能力、创新能力、设计能力、制作能力、语言表达能力等[131]。但是,这些能力往往不能只靠"教"得来。正如华东师范大学钟启泉教授所讲:"核心素养不是直接由教师教出来的,而是在问题情境中借助问题解决的实践培育起来的。"[30]发展学生的地理核心素养,应立足于学生现实的学习生活感知经验、根植于真实的地理教学情境中。研学旅行提供了鲜活、具体的生活地理教学情境,是实现地理核心素养培育的重要路径和有效载体[132]。研学旅行不仅是一个感知体验过程,还是一个目标生成过程。教师不仅要做好问题预设,还要善于捕捉问题生成点,通过交流讨论引发学生持续的思维活动,不断动态生成问题,教师要基于问题开展指导,提高学生的学习能力。

融通教学提出在研学旅行中,应用交互性原则,按照解决地理问题的基本流程(如图5-3所示),基于问题开展指导,培养学生良好的地理思维习惯、地理思维方式和问题解决能力。其核心是地理问题的发现与提出、地理问题的探究与解决、地理成果的表达与交流。

研学旅行中受条件限制,不能对所有的地理事象都给予同等的精力进行探究,因而要选择典型的、重要的、学生并未掌握的地理事象(疑问)进行

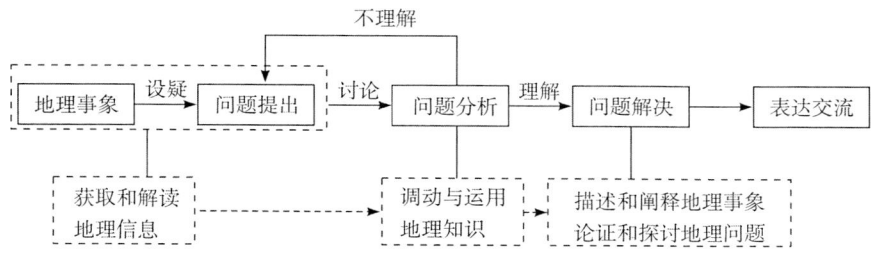

图 5-3　解决具体的地理问题的基本流程

探究。教师要按照解决问题的科学思维脉络,建立探究地理问题的过程模式"发现地理问题—明确问题联系—寻找问题答案"(如图 5-4 所示),指导学生善于发现、解决地理问题,提高学习能力。

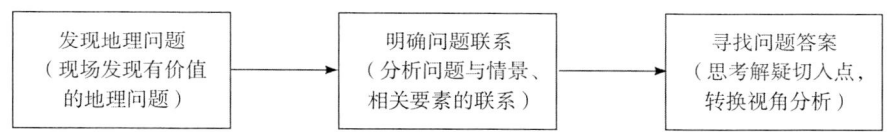

图 5-4　探究地理问题的过程模式

福建师范大学袁书琪教授指出:"发现地理问题位居地理学科能力之首,因为只有能够在特定情景中发现地理问题,才有可能运用地理学科知识和技能,去分析和解决客观世界无处不在的地理问题。"[28]

在实践中,生成有价值的问题、促进学生独立思维是践行"融通教学——地理教学主张"的基础,教师要避免用预设的问题链过度"牵引"学生,要培养学生观察能力、发现问题的能力、提出问题的能力、分析能力、推理能力、思考能力、表达能力等,鼓励学生呈现开放性思维,真正做学习的主人。

参考文献

[1]孙平.知识融通视角下"文理交融"教育的实践与思考[J].广东开放大学学报,2019(4):19-22.

[2]戴志龙,占晓芬.诊断·诊治·诊效:例谈融通教学主张在中学地理讲评课的实践[J].地理教学,2019(7):50-53.

[3]张宁锐.别想歪了,教育部科技司司长告诉你"互联网＋教育"不是那样的![EB/OL].(2020-01-06)[2020-4-22].http://cppcc.china.com.cn/2020-01/06/content_75582897.htm.

[4]林钊.坚持立德树人的根本任务[EB/OL].(2018-10-08)[2020-04-22].http://www.qstheory.cn/wp/2018-10/08/c_1123526742.htm.

[5]吴潜涛.社会主义核心价值观教育:立德树人的必由之路[N].北京日报,2014-01-13(2).

[6]孙明英.论杜威的道德教育方法[J].当代教育论坛(综合版),2011(12):22-23.

[7]沈益洪编.杜威谈中国[M].杭州:浙江文艺出版社,2001:158.

[8]刘长海.杜威德育思想与我国德育变革[J].教育学报,2007(4):69-76.

[9]杜威.学校与社会:明日之学校[M].北京:人民教育出版社,1994:154.

[10]高建军.赫特纳地理教育思想评介[J].地理教学,2002(12):15-17.

[11]彭俊芳,李冰洁,袁书琪.关注基于人地协调观的高中地理新课标内容要求的更新[J].天津师范大学学报(基础教育版),2019(3):32-36.

[12]项贤明.基础教育课程改革如何从理念转化为行动:基于我国70年中小学课程改革历史的回顾与分析[J].课程·教材·教法,2019(10):41-51.

[13]郭华.70年:课堂教学改革之立场、思想与方法[J].中小学管理,2019(9):20-24.

[14]叶澜.让课堂焕发出生命活力——论中小学教学改革的深化[J].教育研究,1997(9):3-8.

[15]北京师范大学教育系《教学认识论》编写组.教学认识论[M].北京:燕山出版社,1988.

[16]郭华.带领学生进入历史:"两次倒转"教学机制的理论意义[J].北京大学教育评论,2016(2):8-26.

[17]杜威.杜威全集·晚年著作·第17卷[M].上海:华东师范大学出版社,2015:240.

[18]中华人民共和国教育部.普通高中地理课程标准[S].北京:人民教育出版社,2018.

[19]吴岱峰.以地理学科核心素养为导向的教学审思[J].地理教学,2019(1):9-13,33.

[20]索比·泰维尔,玛丽·库古勒,侯元丽,等.重温《学习:内在的财富》——评估1996年德洛尔报告的影响(上)[J].世界教育信息,2014(15):8-10.

[21]联合国教科文组织部.教育:财富蕴藏其中[M].北京:教育科学出版社,2014:49-50.

[22]聂晓颖.数学师范生整合技术的学科教学知识影响因素分析与培养模型研究[D].西安:陕西师范大学,2017.

[23]祝郁.过程性数据改变传统教学评价模式[J].上海教育科研,2014(10):19-21.

[24]宋彩萍,张友良.重新认识地理学——初中地理教师专业发展的需求[J].地理教学,2020(5):41-44.

[25]360百科.徐霞客[EB/OL].(2018-12-05)[2020-5-5].https://baike.so.com/doc/638291-675641.html.

[26]陈庆胜.地理课程的核心素养与育人价值[J].地理教学,2015(4):12-14.

[27]于从明.当前中学地理教学的误区[J].地理教学,2009(11):27-29.

[28]袁书琪.地理学科素养的学科能力角度探索[J].地理教育,2015(3):4-6.

[29]段玉山,姚泽阳.地理学科核心素养的几个性质[J].地理教育,

2017(2):4-5.

[30]钟启泉.基于核心素养的课程发展:挑战与课题[J].全球教育展望,2016(1):3-25.

[31]吴向文.数字化学习资源中多媒体画面的交互性研究[D].天津:天津师范大学,2018.

[32]陈丽.远程学习的教学交互模型和教学交互层次塔[J].中国远程教育,2004(5):24-28,78.

[33]戴志龙,占晓芬.中学地理在线教学的设计与实践[J].中学地理教学参考,2020(9):4-7.

[34]戴志龙.微课资源"拇指化"开发的设计与实践[J].中学地理教学参考,2015(4):33-36.

[35]戴志龙.基于云平台互动课堂的地理教学设计与实践反思[J].中学地理教学参考,2017(19):30-32.

[36]戴志龙.交互式练习:开发地理微课自主学习空间的有效载体[J].中小学教材教学,2017(4):62-65.

[37]闫志明,徐福荫.TPACK:信息时代教师专业化的知识基础[J].现代教育技术.2013(3):5-9.

[38]戴志龙.基于TPACK理论的中学地理云平台教学实践:以"地球的运动"一课为例[J].中学地理教学参考,2018(23):36-38.

[39]段玉山,周维兵.基于地理课程标准的高中学业水平考试命题研究[J].中国考试,2018(9):8-15.

[40]戴志龙.多媒体辅助地理教学初探[J].福建地理,2002(3):57-58.

[41]戴志龙.地理多媒体网络教学在新课标理念下的实践[J].福建基础教育研究,2010(2):116-117.

[42]夸美纽斯.大教学论[M].傅任敢,译.北京:人民教育出版社,1984:156.

[43]余文森.有效课堂教学的基本要素[J].教育发展研究,2007(7-8B):38-42.

[44]蔡斐."场景"概念的兴起[N].中国社会科学报,2017-04-20(3).

[45]赵洪福.学、思、习、行:孔子的教学过程[J].语文天地(初中版).2011(12):43-44.

[46]张家辉.试析地理学科核心素养体系[J].中学地理教学参考,2015(9):4-7.

[47]吴岱峰.地理学科核心素养的构建与培养[J].中学地理教学参考,2015(10):6-10.

[48]乐毅.试论制定国家学业质量标准的若干基本问题[J].教育研究,2014(8):40-51.

[49]辛涛.学业质量标准:连接核心素养与课程标准、考试、评价的桥梁[J].人民教育,2016(19):17-18.

[50]杨惠茹.准确把握学业质量标准,落实地理学科核心素养[J].中学地理教学参考,2019(1):25-28.

[51]李家清,常珊珊.高中学生自主学习能力与学业水平的相关性分析——以地理学科为例[J].教育理论与实践,2015(8):53-55.

[52]邵瑞珍.教育心理学[M].上海:上海教育出版社,1997:239

[53]单超.自主学习理念下学生迁移能力的培养策略[J].中学地理教学参考,2019(11):31-34.

[54]张亚南.唤醒[J].中学地理教学参考,2015(15):1.

[55]王庆环."乔布斯之问"问出什么教育问题[N].光明日报,2015-12-08(14).

[56]赫兴无.选择地理教学方法的依据与原则[J].教学与管理(理论版),2016(7):113-115.

[57]王春华.巴班斯基教学过程最优化理论评析[J].山东社会科学,2012(10):188-192.

[58]胡小萍.授人以渔,不如授人以欲[J].教书育人(校长参考),2013(10):37-38.

[59]段玉山.发展性地理学习评价的特点[J].地理教学,2010(15):1.

[60]周曰志.浅谈基于学科基本观念的地理思维建模[J].中学地理教学参考,2011(11):20-22.

[61]论语[M].新疆:新疆人民教育出版社,1995:227

[62]鲁学军,周成虎,张洪岩,等.地理空间的尺度—结构分析模式探讨[J].地理科学进展,2004(2),107-114.

[63]百度百科.教学模式[EB/OL].(2016-01-26)[2020-06-10].https://baike.baidu.com/ item/%E6%95%99%E5%AD% A6%E6%A8%A1%E5%BC%8F/5268353? fr=Aladdin.

[64]何克抗.网络教学结构与网络教学模式探讨[EB/OL].(2001-09-18)[2020-6-10].http://www.edu.cn/edu/yuan_cheng/jiao_yu_xin_xi_

hua/zong_he/200603/t20060323_15427.shtml

[65]毕天璋.论教育诊断学的研究对象和学科体系[J].河南教育学院学报(哲学社会科学版),2002(1):5-8.

[66]舒德全.高中生地理图表阅读障碍及其诊断研究[D].吉林:东北师范大学,2011.

[67]温绣娟,刘建平.中学地理教学设计中学情分析的问题与优化策略[J].中学地理教学参考,2015(12):29-31.

[68]尹天松,张玲.启发:课堂教学中的双刃剑[J].当代教育科学,2004(17):22-23.

[69]张宇.地理课堂"问题链导学"教学模式的应用研究[D].大连:辽宁师范大学,2016.

[70]万力勇,黄志芳,黄焕.大数据驱动的精准教学:操作框架与实施路径[J].现代教育技术,2019(1):31-37.

[71]于文浩,张瑀珊.工作场所中非正式学习的理论框架构建[J].终身教育研究,2019(3):27-33.

[72]冯溪屏,彭毅力.《周易》的生命自然观及其自由意蕴[J].浙江传媒学院学报,2011(4):75-82.

[73]朱承熙,袁孝亭.地理核心素养的"变与不变":对地理核心素养的阶段性再思考[J].地理教育,2016,(1):4-6.

[74]百度百科.温故而知新[EB/OL].(2020-04-01)[2020-4-22].https://baike.baidu.com/item/％E6％B8％A9％E6％95％85％E8％80％8C％E7％9F％A5％E6％96％B0/9142537?fr＝Aladdin.

[75]黄炳耀.地理复习中"知识联系"的分类及特点浅谈[J].中学地理教学参考,1995(6):46-47.

[76]陈琦,刘儒德.当代教育心理学[M].北京:北京师范大学出版社,1997:106,113,114.

[77]李玉萍.知识迁移与相似信息共振[J].晋阳学刊,2001(1):32-35.

[78]周瑞雅.初中生地理学习迁移能力培养现状及策略研究[D].开封:河南大学,2018.

[79]吴庆麟,等.认知教学心理学[M].上海:上海科学技术出版社,2000:125.

[80]王民.人地协调观及其培养重点解析[J].地理教育,2017(6):4-6.

[81]郭勇.地理学科核心素养"人地协调观"研究的文献综述[J].中学

地理教学参考,2018(12):13-15.

[82]张静,于蓉.初中地理"人地协调观"关键能力解读与教学策略[J].江苏教育,2019(27):42-45.

[83]苏珊·汉森.改变世界的十大地理思想[M].肖平等,译.北京:商务印书馆,2009:2.

[84]王民,张元元,蔚东英,等.高中地理核心素养水平划分标准研究(连载二)"综合思维"水平划分标准与案例研究[J].中学地理教学参考,2017(7):28-31.

[85]林培英.对高中地理核心素养中"综合思维"的理解(连载一)[J].地理教育,2017(8):4-6.

[86]卢晓旭,陈昌文,周世科,等.核心素养体系结构验证与课程承载分析[J].教育发展研究,2017(24):64-71.

[87]王文洁,周维国,张琦.地理"综合思维"的内涵和特点.地理教学[J],2017(12):14-16.

[88]韦志榕.与老师们谈谈地理核心素养[J].地理教育,2016(4):4-6.

[89]陈红,吴燕坤,田甜.基于学习进阶的地理综合思维能力培养[J].中学地理教学参考,2016(7):28-30.

[90]何洁,邓昊源,祁岩,等.基于综合思维素养的考生水平表现评价及其对地理教学的指导作用[J].考试研究,2017(1):15-26.

[91]嵇瑾.以综合思维能力培养为导向的地理问题设计与解决:以人教版必修1"大规模的海水运动"为例[J].中学地理教学参考,2018(12):52-54.

[92]林培英.对高中地理核心素养中"综合思维"的理解(连载二)[J].地理教育,2017(9):4-6.

[93]百度百科.分析与综合[EB/OL].(2016-03-01)[2020-4-22].https://baike.baidu.com/item/%E5%88%86%E6%9E%90%E4%B8%8E%E7%BB%BC%E5%90%88/9827273?fr=Aladdin.

[94]王伟.综合思维引领下的区域自然资源综合利用教学探究:以"流域的综合开发:美国田纳西河流域"为例[J].地理教学,2017(24):13-15.

[95]赫特纳.地理学:它的历史、性质和方法[M].王兰生,译.北京:商务印书馆,1986:243.

[96]美国国家研究院地学、环境与资源委员,会地球科学与资源局重新发现地理学委员会.重新发现地理学:与科学和社会的新关联[M].黄润

华,译.北京:学苑出版社,2002.

[97]袁孝亭.区域认知及其培养重点解析[J].地理教育,2017(1):4-6.

[98]袁孝亭.基于地理思想方法的地理课程与教学研究[J].课程·教材·教法,2010(7):82-87.

[99]张丽霞,李家清.基于区域认知的高中地理教材图像系统的教学研究——以人教版必修3"流域的综合开发"为例[J].地理教学,2017(21):11-14.

[100]叶丽丽,赵小平.基于初中地理区域认知能力的课堂观察与思考[J].中学地理教学参考,2017(5):43-45.

[101]刘婷婷.高中生区域认知能力结构解析与评价模式[J].地理教学,2019(1):20-22.

[102]王子栋,王向东.基于学科逻辑向教学逻辑转化的区域认知素养培养[J].地理教学,2020(3):4-8,19.

[103]杜秀敏.核心素养背景下初中生地理区域认知构建:以"南亚"为例[J].地理教学,2017(8):37-39.

[104]黄贤全.美国政府对田纳西河流域的开发[J].西南师范大学学报(人文社会科学版),2002(4):118-121.

[105]李京燕.论地理实践力素养培养途径(连载一)[J].地理教育,2017(4):4-6.

[106]徐国存.以简易实验为抓手提高地理实践力[J].基础教育课程,2018(7):49-53.

[107]黄榕青,陈杰.高中生地理实践力培养及评价方案[J].中学地理教学参考,2018(3):37-40.

[108]宋瑛,关克勇.基于新版课标地理实践力的认知与培养[J].天津师范大学学报(基础教育版),2018(3):64-68.

[109]陈忠煜.认知结构建构化教学策略[J].福建基础教育研究,2015(2):51-53.

[110]李志河,武冰星,常瑾.虚实结合的非正式学习环境模型构建研究[J].中国教育信息化(高教职教),2015(3):86-89.

[111]赵成辉.地理"迷思概念"的原因分析和利用对策[J].地理教学,2013(23):50-52.

[112]何克抗."学习分析技术"在我国的新发展[J].电化教育研究,2016(7):5-13.

[113]李晓庆,余胜泉,杨现民,等.基于学科能力分析的个性化教育服务研究——以大数据分析平台"智慧学伴"为例[J].现代教育技术,2018(4):20-26.

[114]冯士季.认知诊断视角的地理问题解决能力评价研究[D].武汉:华中师范大学,2014.

[115]周文叶.表现性评价的理解与实施[J].江苏教育(教师发展版),2019(14):7-11.

[116]王倩.表现性评价在初中地理实验教学中的应用[J].中学地理教学参考,2019(7):58-61.

[117]刘名卓,王永玲.MOOCs学习活动分类研究与设计分析[J].开放教育研究,2016(4):103-113.

[118]韩传信.论学生自律能力的培养[J].安徽教育学院学报(哲学社会科学版),1996(3):59-61.

[119]袁书琪,郑耀星,刘恭祥.地理课程改革与建设的探讨[J].课程·教材·教法,2002(12):50-53.

[120]张小林,刘继生,冯春萍.人文地理学导论[M].北京:测绘出版社,1995:206.

[121]百度百科.漳州[EB/OL].(2020-04-20)[2020-05-06].https://baike.baidu.com/item/%E6%BC%B3%E5%B7%9E/280360?fr=aladdin.

[122]百度百科.闽南民居[EB/OL].(2019-19-29)[2020-5-8].https://baike.baidu.com/item/%E9%97%BD%E5%8D%97%E6%B0%91%E5%B1%85/6830180?fr=aladdin.

[123]古建家园.闽南古厝:中国传统建筑民居"红砖文化区"[EB/OL].(2019-04-25)[2020-05-08].http://blog.sina.com.cn/s/blog_16ed223410102yv7v.html.

[124]中国科学院地理科学与资源研究所."地理科学进展与无人机应用"专辑征稿启事[EB/OL].(2020-03-30)[2020-05-06].http://www.progressingeography.com/CN/column/item504.shtml.

[125]段玉山,袁书琪,郭锋涛,等.研学旅行课程标准(一):前言、课程性质与定位、课程基本理念、课程目标[J].地理教学,2019(5):4-7.

[126]郭锋涛,段玉山,周维国,等.研学旅行课程标准(二):课程结构、课程内容[J].地理教学,2019(6):4-7.

[127]尹厚霖.《研学旅行课程标准》研读与思考[J].地理教学,2020(5):61-63.

[128]吴振华,袁书琪,牛志宁.地理实践力在地理研学旅行课程中的培育和应用[J].课程·教材·教法,2019(3):102-107.

[129]王美倩,郑旭东.在场:工具中介支持的具身学习环境现象学[J].开放教育研究,2016(1):60-65.

[130]梁美盈,周玉琴.基于具身学习视角的研学旅行设计研究:以"走读长江水,品悟三峡情"为例[J].地理教学,2020(1):56-60.

[131]岳大鹏,王明明.野外场景式研学旅行的内容设计及过程指导——以秦岭太白山研学为例[J].中学地理教学参考,2020(1):4-9.

[132]丁运超.地理核心素养与研学旅行[J].中学地理教学参考,2017(2):18-20.